Bauwelt Fundamente 126

Herausgegeben von
Ulrich Conrads und Peter Neitzke

Werner Sewing

Bildregie

Architektur
zwischen Retrodesign
und Eventkultur

Bertelsmann Fachzeitschriften
Gütersloh · Berlin

Birkhäuser – Verlag für Architektur
Basel · Boston · Berlin

Herausgeber und Verlag danken der Merckschen Gesellschaft für Wissenschaft und Kunst, Darmstadt, für die Förderung dieser Publikation.

Umschlagvorderseite: „Window of the World", Themenpark in Shenzhen, Volksrepublik China, aus: World Architecture Review, No. 68, 1999

Umschlagrückseite: Rotterdam 1998, aus: Profession Architect. De Architecten Cie. Rotterdam (010 Publishers) 2002. Foto: Marcel Molle

Bibliographische Information der Deutschen Bibliothek
Die Deutsche Bibliothek verzeichnet diese Publikation in der Deutschen Nationalbibliographie; detaillierte bibliographische Daten sind im Internet über http://dnb.ddb.de abrufbar.

Der Vertrieb über den Buchhandel erfolgt ausschließlich über den Birkhäuser Verlag.

© 2003 Birkhäuser – Verlag für Architektur, Postfach 133, CH-4010 Basel, Schweiz
und
Bertelsmann Fachzeitschriften GmbH, Gütersloh, Berlin

Bertelsmann
Fachzeitschriften

Eine Kooperation im Rahmen der Fachverlagsgruppe BertelsmannSpringer

Gedruckt auf säurefreiem Papier, hergestellt aus chlorfrei gebleichtem Zellstoff. TCF ∞

Printed in Germany
ISBN 3-7643-6904-3

9 8 7 6 5 4 3 2 1   http://www.birkhauser.ch

Inhalt

Vorbemerkung

Die in diesem Band versammelten Aufsätze sind zwischen 1994 und 2002 erschienen. Das Spektrum der Themen wird von der seit dem Rückzug der Postmoderne beobachtbaren parallelen Entwicklung einer erneuerten, reflexiven Moderne und eines neuen Traditionalismus bestimmt. Beide Tendenzen zehren von der erfolgreichen Erschließung der medialen Autonomie des Imaginären für die Architektur durch die Postmoderne. Mit Raumbildern für Lebensstile und Bühnenbildern für die Stadtkultur hat sich die Architektur in der Erlebnisgesellschaft unentbehrlich gemacht. Stadtmarketing als touristische Bewirtschaftung des Imaginären bedarf des gebauten Bildes.

Diese architekturpolitische Strategie, kurz: Bildregie, bedroht inzwischen die professionelle Identität der Architektur. Architainment ist zu einer nichtbeabsichtigten Folge der Bilderpolitik geworden. Bilder sind indes nicht bloße Simulation, sondern Verweise auf soziales Handeln. Während der Neotraditionalismus zum Signum eines kulturellen und politischen Konservativismus geworden ist, der architekturpolitisch zusehends offensiv wird, scheint sich das ästhetische Fortschrittsversprechen der reflexiven Moderne sozial noch nicht einzulösen. Globalisierung und Individualisierung reichen nicht länger als gesellschaftliche Referenzen einer Architektur, die mehr sein will als ein Etui für Lebensstile.

Das Interesse an der Weiterentwicklung einer reflexiven Moderne jenseits der Bildregie, wie sie bereits im Team Ten erprobt wurde, ist das verbindende Motiv der theoretischen Aufsätze in diesem Band. Sie werden um zwei Texte zur Soziologie der Architektur als Profession und abschließend um drei Arbeiten zum Berliner Architekturstreit der neunziger Jahre ergänzt. Berlin ist das wohl beste Beispiel einer erfolgreichen Lancierung von Images durch eine strategische Leitbildpolitik. Meine Rekonstruktion dieser Politik zwischen 1990 und 1998 hat sich in der Sache bestätigt. Die Texte wurden für diesen Band geringfügig bearbeitet. Teilweise wurden für den Wiederabdruck die Originalmanuskripte den publizierten Fassungen vorgezogen. Auf aktualisierende Ergänzungen wurde verzichtet.

No more Learning from Las Vegas
(2002)

Der Architekturdiskurs ist ein intellektuelles Spiel, das selbstreferentiell seine eigenen Regeln bestimmt. Nicht erst seit Aldo Rossi ist die Autonomie der Architektur die Voraussetzung dieses Spiels. Die Autonomie ist zunächst nur eine ideelle, ihre soziale und professionelle Geltung muß ständig aufs Neue gegenüber der Heteronomie der Umwelt erkämpft werden. Ein Kunstgriff, den erfolgreiche Architekten in der Regel beherrschen, besteht darin, die Übereinstimmung des architektonischen Programms mit den zwingenden Erfordernissen der gesellschaftlichen Entwicklung oder dem „Leben" zu begründen. Chaostheorie, Vitalismus à la Deleuze, Neue Technologien, reflexive Moderne, Individualisierung oder die neue Eventkultur sind einige dieser Überhöhungen, die den Modernediskurs der neunziger Jahre des letzten Jahrhunderts prägten. Klassischer Kanon, Schönheit, Konvention, Würde und Erhabenheit oder das neues Bürgertum und natürlich die „Europäische Stadt" sind einige der konservativen Referenzmodelle. Einzig über Ökologie und Nachhaltigkeit als Ziele besteht in der Fachwelt Übereinstimmung, vielleicht auch, weil sie diffus und sehr frei interpretierbar sind.

Seit einiger Zeit wird es unübersehbar, daß in der Deutungskonkurrenz die konservative Linie an gesellschaftlicher und politischer Zugkraft gewinnt. Die Neue Moderne verliert, selbst in einer ihrer Hochburgen, den Niederlanden, an Rückhalt. Und das eindeutige, parteiübergreifende Votum des Bundestages für die Wiedergewinnung der barocken Schloßfassaden in Berlin wurde denn auch einhellig als Absage an „die" Moderne, als Niederlage der Fachwelt gegenüber dem Publikumsgeschmack, den Laien, gewertet.

Populismus oder Profession?

Die „Politik" und das „Volk", zwei anscheinend nur imaginäre Größen, die im Architekturdiskurs der goldenen Neunziger nicht mehr vorkamen, melden sich zurück und klagen ein Zurück zu Tradition und Konvention ein. Populismus, gar Rechtspopulismus? Power to the People oder Partizipation, dies waren Forderungen der sechziger und siebziger Jahre, die der postmodern Architektur als neuem „Leitmedium" zum Erfolg verhalfen, dann aber schnell zu Gunsten formaler, „autonomer" Diskurskontrolle durch die Fachwelt verdrängt wurden. Als elitäre Veranstaltung ging die Architektur auf Distanz zum häufig als Populismus denunzierten Anspruch der neuen sozialen Bewegung auf Mitsprache. Liberale Kritiker werteten denn auch die Basisideologie der Neuen Linken damals als „Populismus".[1]

Während der Hochkonjunktur der neunziger Jahre bevorzugte auch die Neoavantgarde den unterkühlten Professionalismus als Habitus. Frischer Konservativismus, wie Roemer van Torn für die niederländischen Boy Groups behauptete, als Pragmatismus getarnter Opportunismus, so der Vorwurf Sanford Kwinters an MVRDV?[2] Auf jeden Fall ein Erfolgsmodell, in dem Autonomie und Heteronomie auf ideale Weise ausgewogen schienen, Neoliberalismus und avancierte Ästhetik einander verstärkten. Im globalen Starsystem, das von den Postmodernen geschaffen worden war, wurden langsam die neuen oberflächengehärteten Avantgarden tonangebend. Gerade kleine Nationen, insbesondere die Niederlande und die Schweiz, konnten nun ihre avancierte Architekturkultur für ein global orientiertes Branding nutzen. Für einzelne Protagonisten des Elitediskurses kleinerer Länder eröffnete sich mit der Globalisierung die Chance, als Global Player am globalen Nietzscheanismus aus Unternehmertum und Künstlervirtuosität teilzuhaben: Supermodernism, Superman?[3]

Diese Haltung ist für alle, die es nicht ins Starsystem geschafft haben, angesichts des drohenden Populismus in Politik und Kultur nur noch schwer durchzuhalten. Es scheint, als stünden wir wieder an einer Zeitenwende, in der die Autonomie der Architektur neu in Frage gestellt wird. Das Heteronome wird wieder zum Problem, ein neuer Pragmatismus als Philosophie des Problemlösens steht an, vereinzelt wird sogar wieder eine Repolitisierung der Architektur gefordert.[4] Hatten gerade die ganz Jungen sich ohnehin wieder mit Situationismus und Archigram der trivialen Realität der Konsumgesellschaft und des Alltags geöffnet, so ist nun auch die akademische Moderne gezwungen, ihre gar nicht mehr so sichere Position in der Hochkultur zu überdenken. Die erneuerte Moderne droht ihre selbstverständliche Eliteposition immer mehr zu verlieren. Die Hochkultur geht immer häufiger auf Distanz. Das Brüchigwerden eines hochkulturellen Konsenses droht avancierte Architektur wieder in die Nische des ewigen Dissidenten zu verbannen, in der sie etwa heute in Berlin ihr Dasein fristet. Die drohende Marginalisierung der Moderne in der Hochkultur könnte nun doch, das Crossover der Jüngeren legt es nahe, eine neue Option für die Alltagskultur, das Triviale, die Masse eröffnen.[5] High Culture und Popular Culture scheinen aber nach wie vor nur schwer vereinbar.

Blicken wir kurz zurück: bis in die Zeit *Um 1800* (Paul Mebes) war dieses Verhältnis eher unproblematisch. Architektur war Herrschaftsarchitektur und Teil der Hochkultur. Darüber hinaus war der Großteil des Gebauten das Produkt von Gewerken und folgte handwerklichen Konventionen. In der Typologiedebatte der siebziger Jahre des vergangenen Jahrhunderts hatte es den Versuch gegeben, Populismus über diese anonyme Volksarchitektur, das Vernacular oder den Regionalismus zu definieren, was Dieter Hoffmann-Axthelm aber zu Recht als nostalgisches Unternehmen mit obendrein fragwürdigem NS-Bezug für gescheitert erklären konnte.[6] Eine lebendige Handwerkskultur hatte nämlich, wie auch die Heimatschützer um 1900 bereits erkannten, mit der Industrialisierung und der in deren Gefolge entstehenden Massengesellschaft einer kommerziellen Bauproduktion Platz gemacht.[7] Selbst als Hochkultur mußte sich Architektur nun den Gesetzen des Marktes unterwerfen und wurde in den Sog der Geschmackskulturen hineingezogen, aus dem sie auch der Staat als Bauherr nur sehr bedingt heraushalten konnte.

Spätestens mit dem Deutschen Werkbund aber versuchten die Architekten in die Offensive zu gehen, ihr elitäres Definitionsmonopol nun auch gegenüber der Industrie geltend zu machen und sogar das Alltagsgeschäft der Baumeister zu übernehmen. Kehrseite dieses neuen Bauens war allerdings, daß nun die *architettura minore*, die frühere *Architecture Without Architects* (Rudofsky) in den hochkulturellen Diskurs übernommen wurde. Der zunächst erlangte Autonomiegewinn wurde schließlich mit größerer Abhängigkeit von der Bauindustrie und den gesellschaftlichen Auftraggebern erkauft. Das Verhältnis von Autonomie und Heteronomie in der Architektur, das stets prekär bleibt, muß seitdem immer wieder aufs Neue entlang der kulturellen Unterscheidung zwischen High und Low ausgehandelt werden. Die Differenz von Innen und Außen, Profession und Populismus, reproduziert sich noch einmal innerhalb der Profession: Heimatschutz aus dem Geiste der Hochschule. Von Heinrich Tessenow bis Hans Kollhoff kämpft die Profession mit diesem akademisch kodierten und selbst generierten Konventionalismus, ohne damit der gänzlich unintellektuellen Alltäglichkeit sozialer Konventionen gerecht werden zu können.[8]

Disneyfizierung der Postmoderne oder Nobilitierung der Massenkultur?
Dolphin Hotel in Disney World, von Michael Graves

Populismus oder Pop

Wie immer sind es einzelne Ereignisse, für sich genommen eher ephemer, die unseren Blick für eine verdrängte kulturelle Tiefenströmung öffnen. Der eruptive Durchbruch des Rechtspopulismus, der seit Jahren in vielen europäischen Ländern längst zur politischen Kultur gehörte, wurde selbst in der Konsenskultur der Niederlande im Wahlkampf des Jahres 2002 zum Fanal. Die medial adäquate Dramatisierung lieferte ein radikaler Tierschützer. Ausgerechnet eine Ikone der Neomoderne – MVRDVs Rundfunkgebäude in Hilversum, die Villa VPRO – diente als Kulisse für den Mord an der aufsteigenden Führerfigur der holländischen Rechtspopulisten, dem ehemaligen marxistischen Soziologieprofessor Pim Fortuyn. Erst die danach aufbrandende Emotionalisierung der Öffentlichkeit, die an die Diana-Eruptionen in England fünf Jahre zuvor erinnerte, macht deutlich, daß das Wort Populismus in der Tat auf etwas verweist, was man – eher hilflos – „Das Volk" nennen könnte.

Während das englische Volk den Spagat zwischen den Meistern der Medien, der Queen und Tony Blair überzeugend meistert, Populismus also in der Konsenskultur domestiziert ist, hat sich die holländische Szenerie nach der Wahl ganz erheblich nach rechts verschoben. Nur: was hat ein politischer Rechtsrutsch mit Architektur zu tun? Bart Lootsma, der theoretische Weggefährte von *Superdutch*, sieht hier sehr wohl einen Zusammenhang. Er verweist auf die Erosion der holländischen Moderne. Nun wird deutlich, daß es massive staatliche Förderung war, die den Erfolg der holländischen Boy Groups in der Architektur garantierte. Diese Unterstützung wurde aber bereits von der letzten Regierung zurückgefahren und der private Wohnungsmarkt für die Bauindustrie und die Eigenheim-Freunde geöffnet: *suburbia intra muros*. Ebenfalls über Jahre unkommentiert hatte sich die neotraditionale Architektur nach dem US-amerikanischen Vorbild des New Urbanism breit gemacht. Es bedurfte des jetzigen Schocks, um die kulturelle „Normalität" der Niederlande wahrzunehmen. Hatte die Neo-Avantgarde die ansteigende, tatsächlich gebaute Bilderflut der Neotraditionalisten in den Neunzigern noch ignoriert oder amüsiert belächelt, so kann jetzt nicht mehr übersehen werden, daß deren Idylle der Schönen Stadt nicht auf Seaside oder Celebration in Florida beschränkt ist – denn hier wurde sie sehr wohl wahrgenommen, wenn auch exotisiert und ironisiert. Im Gegenteil, der Neotraditionalismus erweist sich als die eigentliche Gefahr für die Zweite Moderne. Von den USA bis ins neue Rußland triumphieren historisierende, monumentalisierende und pittoreske Theaterkulissen.[9]

Dieser Trend hat allerdings schon länger von der niederländischen Architektur subkutan Besitz ergriffen; Camillo Sitte, der als pittoresker Idylliker zwar mißverstanden, aber gerade deswegen so erfolgreich wurde, wird nun wieder beschworen. Selbst das neue Stadtzentrum von Almere, von Koolhaas maßgeblich verantwortet, buchstabiert diese Motive.[10]

Die verbreitete Rückkehr der Konventionen kann also nicht einfach als Populismus abgetan werden, als Kitsch oder schlechter Stil. In diesem Sinne wäre Populismus lediglich der vulgäre Massengeschmack, dem man in einer Marktgesellschaft eben auch Tribut zollen muß. Und erinnern wir uns: Gerade die Aufnahme des Massengeschmacks mit Elementen aus der Trash-Kultur wurde zu einer entscheidenden Leistung, die in den siebziger Jahren einer Erneuerung in der Architektur zum Durchbruch verhalf. Populismus wurde Pop.[11] Das experimentelle Programm von Robert Venturi und Denise Scott Brown ließ erstmals High und Low, Las Vegas und Borromini aufeinanderstoßen und konnte so – nach dem Vorlauf der englischen Independent Group in den fünfziger Jahren – die akademisch ausgetrocknete Moderne durch die massenkulturelle Vitalkur neu beleben.[12]

Ihr Konzept, kommerzielle Alltagsästhetik und normative Architekturtheorie als gleichwertig zu nehmen und in einer Architektur des Common Sense zu integrieren, wurde häufig als Populismus denunziert. Vor dem Hintergrund von Archigrams Walking City, dem Fun Palace von Cedric Price und Yellow Submarine von den Beatles meinten sie aber eher Pop als Populismus. Die linken Kritiker, darunter auch Kenneth Frampton, zielten aber vor allem auf den kommerziellen Charakter dieses „Populismus".[13]

Diese Kritik ist heute kaum noch möglich. Eine Generation nach Venturi/ Scott Brown ist die Synthese aus Pop-Revolution, Jugendkultur und Kommerz längst selbstverständliche Geschäftsgrundlage kultureller Praxis. Gerade heute, wo jüngere Architekten im Crossover zwischen Web-Design, Mode, Lifestyle-Animation und kommerzieller Subkultur Architektur längst medial diffundieren lassen, sind die Ideen von Venturi reif für ein Retro. Die Berührungsängste von High und Low sind, so bestätigt auch die Konsumforschung, in der Mode der Lebensstil-Synkretismen aufgehoben. Populismus wäre dann also keine Bedrohung der Profession, sondern eine Chance zur Eroberung neuer Terrains durch die Architekten, die durch die Generalunternehmer zusehends aus dem Kerngeschäft des Bauens vertrieben werden. Analog zu Lifestyle-Machern können nun Architekten mit feuilletonistischen Kompetenzen avancieren.

Indes: die Marginalisierung des Büros Venturi/Scott Brown innerhalb des etablierten Architekturdiskurses bereits seit den achtziger Jahren macht stutzig. Tatsächlich dürfte nicht nur ihre entwurfliche Unsicherheit dazu beigetragen haben, sondern auch die konzeptionelle Paradoxie, die dem Spiel mit High und Low zugrunde liegt. Damit dieses immer auch parasitäre Spiel überhaupt möglich ist, müssen die Sphären High und Low, E und U als eigenständige Kulturen vital bleiben und sich ständig regenerieren. Wenn Architektur also nicht als dritte Kultur zwischen High und Low changieren will, ist sie damit nach wie vor gezwungen, sich einer der Sphären zuzuordnen. Nicht nur für Venturi und Scott Brown war der Kontext der Hochkultur lebensnotwendig. Main Street war eben doch nur almost allright.

Der intellektuelle Zugang des Büros sowohl zur Baugeschichte als auch zum *commercial vernacular* war eindeutig elitär. Aber obwohl sie von den hochkulturellen Institutionen viele Aufträge erhielten, so für Universitätsbauten in den USA oder dem Sainsbury-Wing der National Gallery in London, wurden Venturi/Scott Brown auch innerhalb ihrer Profession, zumindest als bauende Architekten, kaum akzeptiert. Der gebaute Intellekt, die gebaute Ironie waren ästhetisch nur schwer konsumierbar, während sich für die aufsteigenden Neomodernisten die historisierende Formensprache ohnehin erledigt hatte. Auf noch größere Ablehnung stießen sie bei den kommerziellen Bauherren, so etwa im Wettbewerb für Eurodisney in Paris, wo ihnen, ebenso wie dem ebenfalls teilnehmenden Koolhaas, Unverständnis für die Bedürfnisse der Konsumenten vorgehalten wurde. Dieser Vorwurf hinderte jedoch weder die Imagineers von Disney noch Architekten wie Jon Jerde daran, bei ihren Themenparks und Entertainment-Malls auf die operativen Konzepte von Venturi zurückzugreifen – nun aber gänzlich ironiefrei.[14]

Die neue Mitte oder Konsenspopulismus

Heute dürfte die Hauptgefahr aber nicht darin bestehen, zwischen High und Low zerrieben zu werden, sondern eher darin, daß sich diese Unterscheidung sozial längst in Auflösung befindet. Bereits in den sechziger Jahren hatte Umberto Eco darauf hingewiesen, daß der ästhetischen und kulturellen Unterscheidung zwischen High und Low keineswegs zwingend eine soziale Distinktion entsprach.[15] Trivialliteratur konnte hochkulturell kodiert werden, Comicstrips galten als salonfähig, während umgekehrt, und damit der Sickertheorie von Kultur entsprechend, sich die Low Culture mit hochkulturellen Accessoires ausstattete, von der Tapete über die „Couchecke" bis hin zum TV-Set als Hausaltar. Schlimmer noch: in einer neueren Untersuchung über Wohnungseinrichtungen in den USA zeigen sich mehr Gemeinsamkeiten als Differenzen zwischen den sozialen Schichten. Das gilt auch für die von den meisten geteilte Ablehnung abstrakter Kunst.[16] Es scheint sogar, als seien die Differenzen in Fragen des Musikgeschmacks erheblich höher als in Fragen der häuslichen und gebauten Umwelt.

Noch in den siebziger Jahren konnte Pierre Bourdieu in einer Fallstudie der Pariser Mittel- und Oberschicht kulturelle Distinktion als zentrales Merkmal der oberen Mittelschicht ausmachen. Heute dagegen wird nicht nur in der amerikanischen Kultursoziologie die Melange kultureller Muster in den gehobenen Schichten beobachtet, man spricht von einem kumulativen Kulturkonsum.[17] Diese Tendenz wird offensichtlich von der Herausbildung einer breiten neuen Mittelschicht sozial und kulturell getragen. Das Volk, in der althergebrachten Theorie des Populismus eher unten als oben, eher am Rand als im Zentrum, kann in einer Gesellschaft, in der sich – wie etwa in den USA – 80 Prozent der Bevölkerung als Mittelschicht verorten, nicht mehr mit „Low" identifiziert werden.[18] Dieser Trend zur Mitte, kulturell noch viel stärker ausgeprägt als ökonomisch, legt nun eine neue Bedeutungsschicht von Populismus frei.

Die gegenwärtige politische Diskussion des Populismus verfehlt diese Dimension, da sie als die Träger populistischer Bewegungen in allen historischen Beispielen nur gefährdete, vom Abstieg bedrohte Mittel- und Unterschichten gesehen hat. Heute spricht man von Modernisierungsverlierern. Populismen bedienen in diesem Verständnis Ressentiments und Ängste, so vor allem Ausländerfeindschaft und Angst vor Kriminalität. Instrumentalisiert werden diese Stimmungen von demagogischen Führern, die mit Law-and-Order-Parolen, und ungefilterten Nationalismen operieren.[19] Gerade die Dialektik von Führer und Masse hat diesem Populismus, häufig zu Recht, den Vorwurf der Faschismusnähe eingetragen. Als Paradigma des Populismus gilt die Peronistische Diktatur in Argentinien nach dem Zweiten Weltkrieg, in der die Symbiose aus Führer und Masse bis heute ein mediales Faszinosum darstellt – Evita Peron hat längst in Madonna ihre Reinkarnation gefunden. Es wird deutlich, daß diese Fixierung populistischer Tendenzen auf symbolische oder reale Führerfiguren (neben Peron sind hier eben heute auch Haider und Le Pen zu nennen) längst ein Bestandteil jeglicher Politik in der heutigen medialen Massendemokratie mit ihren Volksparteien geworden ist.

So ist es kein Zufall, daß der Populismus-Vorwurf mittlerweile fast allen demokratischen Politikern gemacht wird, die mit vereinfachenden Formeln die Stimmungen ihrer Anhänger einzufangen suchen. Damit aber sind alle klassischen Rhetorik-Formeln populismusverdächtig. Könnte es sein, daß moderne Massenkommmunikation in diesem Sinne immer eine populistische Politik generiert? Könnte es sein, daß sogar schon der griechische Polis-Bürger auf der Agora ein Populist war?[20] Immer schwingt im Wort Populismus die Abwertung des Volkes, nämlich des „Gemeinen" Volkes mit. Ganz anders als in der Erfolgsformel „Wir sind das Volk" von 1989 ist im Begriff des Populismus „Volk" denunziatorisch gemeint. Eine positive Bestimmung des Volksbegriffs liegt aber der Verfassung jeder modernen Demokratie mit ihrer Legitimationsformel von der Volkssouveränität zu Grunde.[21] Mit der Formel „We the People" waren die Vereinigten Staaten das erste Land, in dem eine Philosophie des common man zur positiven, verfassungsrechtlichen Begründung von Politik werden konnte.[22] Diese Art von Populismus unterstellt einen mittleren Weg des common sense, aus dem sich alle abstrakteren normativen, ästhetischen und kognitiven Kategorien begründen. Der „Gemeine Mann" wird damit zum Legitimationsgrund auch der Politik.[23] Populismus ist also in diesem Sinne kulturtheoretisch nicht die Definition der Ränder, seien sie politisch rechts oder links, sondern die Definition eines gesellschaftlichen Konsenses. Dieser ist selbst zunächst immer fiktiv, er muß immer wieder neu definiert werden. In der Politik ist nach Carl Schmitt derjenige der Souverän, der den Ausnahmezustand definiert: der Staat. In Abwandlung dieser Formel wäre Volkssouveränität im kulturellen Sinne die Definition des Normalzustandes. Diese Fiktion wird in dem Maße real, wie es einflußreichen Gruppen und gesellschaftlichen Strömungen gelingt, diese Definition als Konsens verbindlich zu machen. In einer Mittelschichtsgesellschaft wäre Populismus also eine Philosophie, mit der die Definition von Mitte immer wieder neu ausgehandelt wird. Die holländische Krise des Jahres 2002, die im Alltag übrigens längst wieder normalisiert ist, wäre dann ein Indikator dafür gewesen, daß der gesellschaftliche Konsens viel konservativer ist, als es der staatlich inszenierte, einschließlich seines Architekturbrandings, suggerieren wollte. Die Mitte ist also konservativer, als es die vorübergehend politische Korrektheit wahrhaben wollte. Das populistische Moment ist eben dies: das Aufbrechen der Differenz von offizieller Sprache und öffentlicher Meinung. Die Gefahr für den Architekturdiskurs der Moderne kommt daher nicht aus der „rechten Ecke", diese ist lediglich Symptomträger, auch nicht von

den Anhängern der deutschen Volksmusik, sondern aus dem Zentrum der Konsensgesellschaft. Wenn Bart Lootsma den neuen Marktpopulismus beklagt, eine Ideologie, die gnadenlose Konkurrenz als wahre Chance des Gemeinen Mannes verkläre, verkennt er, daß dieser Populismus nichts weiter ist als der neoliberale Konsens seit den achtziger Jahren.[24] Ronald Reagan und Margaret Thatcher waren die Galionsfiguren dieser Synthese aus sozialdarwinistischer Konkurrenz, kommerzieller Spaßgesellschaft und architektonischen Pathosformeln, wie sie von Michael Graves über Leon Krier bis hin zu Robert Stern zum guten Ton eines „Neuen Bürgertums" wurden. Der Gegensatz von High und Low hatte sich im ökonomischen Aufschwung der deregulierten Ökonomie verschliffen. „Low" wurde, nachdem die „poppigen" seiner Elemente in den Mittelschichtslebensstil inkorporiert waren, identisch mit sozialem Versagen, mit Ausgrenzung bis hin zu sozialem Tod. „Low" hat in der Ära von Ballermann und Big Brother längst keinen Sex-Appeal mehr. Der „Proll" geriet zur Unfigur in einer Lebensstil-Diskussion, deren Sog zur Mitte sich auch aus der ökonomischen Angst vor dem Abstieg, der „Fear of Falling" speiste.[24] Umgekehrt bedienten sich die neuen Mittelschichten – viele von ihnen soziale Aufsteiger – der überkommenen Versatzstücke aus der Hochkultur, um ihre Aspirationen zu dokumentieren. Neoklassizismus als kulturelles Signal eines Aufsteigers: der Architekt der Berliner Villa Gerl und sein Bauherr verkörpern dieses Programm idealtypisch. Die alte bildungsbürgerliche Hochkultur hingegen ist längst marginalisiert, weder Peter Behrens noch seine Bauherren sind in Sicht.[25]
Es ist kein Zufall, daß gerade in den USA, wo, anders als in den Niederlanden, keine sozialstaatliche Bürokratie die „gute" Architektur alimentierte, der boomende private Häusermarkt den Aufstieg des rückwärts gewandten New Urbanism förderte. Hier wurden die ossifizierten Elemente des Postmoderne-Diskurses (Typologie) geschmäcklerisch präpariert, standardisiert und in einer Vielzahl wählbarer Hausmodule vermarktbar gemacht. Was als Individualismus daherkam, wird mittlerweile von Kultursoziologen ernüchternd als McDonaldisierung gedeutet.[26] Altmeister der Postmoderne, darunter leider auch Venturi, bekommen nun ihr Gnadenbrot in Themenparks à la Disney, ein früher anspruchsvoller Theoretiker wie Vincent Scully sekundiert nun Andres Duany in seiner Propaganda für den New Urbanism.
Hier wird deutlich, daß die heute so beliebte Diskussion über Disneyfication und Event-City, die Aufwertung etwa von Jon Jerde zum hochkulturellen Architekten, der nur noch mit Platon-Zitaten zu verstehen sei

(Ann Bergren), und die neue Liebe zu Las Vegas nichts mehr mit dem High-Low-Impetus von *Learning from Las Vegas* (1972) gemein hat. Event-City steht nicht für die unwägbaren Abenteuer der Großstadt, für Dschungel, Moloch oder Babylon, sondern für die Verharmlosung und Infantilisierung städtischer Kulissenräume. Die Entertainment-Malls von Jon Jerde orientieren sich an Leitbildern europäischer, mit Vorliebe mediterraner Kleinstadt-Images. Disneys viktorianische Zuckerguß-Main-Street hat mehr mit den Brüdern Grimm als mit der realen Main Street des 19. Jahrhunderts zu tun. Der Strip von Las Vegas hat sich längst in eine Kette pittoresker Stadtsimulationen verwandelt, darunter auch eine venezianische Lagune oder das italienische Dorf Bellagio am Comer See: Learning from Lake Como. Die Anverwandlung der Event-City an das Bild der Schönen Stadt, wie wir es aus der Postmoderne zu sehen gewohnt sind, hat nicht nur Las Vegas von einer Spielhölle mit Mafiatouch in einen Ort für die ganze Familie verwandelt, sondern insgesamt den Reiz der kommerziellen Trash-Kultur gelöscht.[27] In dem oben erwähnten Interview mit Rem Koolhaas beklagt denn auch Robert Venturi jetzt, daß das neue Las Vegas die Ikonographie des Massenkonsums zugunsten einer harmonisierenden Szenographie aufgegeben habe. *No more Learning from Las Vegas.*

Warum hat der avancierte Architekturdiskurs von dieser Entwicklung so lange so wenig Notiz genommen? Wahrgenommen wurde sie, aber einseitig unter dem Gesichtspunkt der Trivialisierung kommentiert. Man glaubte, so die hochkulturelle Architekturzeitschrift *Daidalos*, die dahinter liegenden Motive, die Suche nach Atmosphäre, im eigenen ästhetischen Diskurs aufnehmen zu können. Auch Koolhaas, der seit *Delirious New York* (1978) die massenkulturelle Triebkraft der modernen Stadt wie kein anderer begriffen hatte, glaubte noch, dieses Wasser auf die Mühlen einer Kommerzmoderne im Stile Euralilles lenken und gleichzeitig mit der Erotik des Verruchten spielen zu können. Koolhaas teilt die Tragik Venturis, das Telos der Massenkultur nicht verstanden zu haben. Die politische Botschaft von Walt Disney wurde überhört: Disneyfication ist ein Bildungsprogramm, es hat das Relaunching des „Gemeinen Mannes" als Middle Class (und wohl auch als Tourist) zum Ziel.[28] In der Sprache von Jon Jerde: „Relating to the Common Man in an uncommon way is the goal." Das Ziel ist, sich dem gewöhnlichen Mann auf eine ungewöhnliche Weise zu nähern.

Der „frische Konservativismus" der Boy Groups hat die Botschaft des „sentimentalen Konservativismus" aus Anaheim auch deshalb nicht hören können, weil er den Glauben seiner postmodernen Eltern an die semantische Harmlosigkeit der Bilder und Zitate verinnerlicht hatte. Was wir heute erleben, ließe sich überspitzt als Rache der Bilder bezeichnen. Während sich der Architekturdiskurs zwischen New York und London zusehends in biomorphe und technoide Formen flüchtete und die Minimalisten in bewußter Bilderfeindschaft eine neue Erhabenheit der reinen Form und des reinen Raumkörpers propagierten, vollzog sich in der Lifestyle-Architektur jenseits von Box oder Blob nicht nur eine unterschwellige Re-Semantisierung der postmodernen Bilderzeichen, sondern schließlich eine fast an die klassische Moderne erinnernde soziale und politische Aufladung von architektonischem Ausdruck, diesmal aber als ein Zurück zur Tradition. Die Bilder waren immer schon Handlungsappelle, im Wortsinn eben Leit-Bilder, sie lenken die Sehnsüchte nach Lebensformen und Lebenssinn in spezifische kulturelle und soziale Kanäle. Die kulturelle Kristallisation des konservativen „Neuen Bürgertums" hatte somit unbemerkt die Gewichtungen im gesellschaftlichen Konsens verschoben und das postmoderne Bildrepertoire mit der adäquaten lebenspraktischen Semantik unterfüttert – und damit auch politisch nachhaltig besetzt.

Als der deutsche Bundestag im Sommer 2002 sein Bekenntnis zum Barock abgelegt hatte, befand das Feuilleton einer Berliner Tageszeitung, die seit Jahren den Wiederaufbau der Schloßkulissen gefordert hatte, es gebe nun kein einziges intellektuell ernstzunehmendes Argument mehr gegen diese Entscheidung.

1 Robert Held, Wenn eine Minderheit sich für das wahre Volk hält, in: FAZ, 22.9.1984

2 Roemer van Toorn, Frischer Konservatismus, Landschaften der Normalität, in: Archithese, 3/1997; Sanford Kwinter, La Trahison des clercs (und anderer Mummenschanz), sowie Bart Lootsma, Schmutzige Hände – eine Entgegnung auf Sanford Kwinter, beide in: 146 ARCH +, April 1999

3 Hans Ibelings, Supermodernism. Architecture in the Age of Globalization, Rotterdam 1998

4 So von Ernst Hubeli in seinem Festvortrag zur Eröffnung der Ausstellung „Neue Deutsche Architektur" in Berlin am 10.7.2002

5 Exemplarisch das Themenheft von Daidalos, Heft 75, Mai 2000: Alltag. Vgl auch: Steven Harris, Deborah Berke (Hg.), Architecture of the Everyday, New York 1997; John Chase, Margaret Crawford, John Kaliski (Hg.), Everyday Urbanism, New York 1999

6 Dieter Hoffmann-Axthelm, Typologie und Populismus, in: 85 ARCH+, Juni 1986. Auch die von Kenneth Frampton lancierte Paradoxie eines kritischen Regionalismus sollte in die Leere laufen.

7 In London begann diese neue serielle Massenproduktion von Stadt bereits im achtzehnten Jahrhundert. Vgl. Linda Clarke: Building Capitalism, London 1992.

8 Auch jüngere Neomoderne scheitern an der unmöglichen Aufgabe eines akademischen Vernacular: Jonathan Sergison, Stephen Bates, Mehr Toleranz, in: Daidalos, Heft 75, Mai 2000.

9 Für die USA vgl. John Dutton: New American Urbanism, Mailand 2000. Für Rußland: Project Russia Bd. 24: Capitalist Realism. Moskau, Amsterdam 2002. Dmitry Shvidkovsky, Moscow Architecture in 1997: Trade, Power and the „New Russians", in: AA Files 33, Spring 1997

10 Irene Scalbert, Townscape fights back: A Report from Holland, in: AA Files 38, Spring 1999. Frank-Bertholt Raith, Leonhard Schenk: Geschichte als Vorbild?, in: Planerin 01, 2001. Dutchtown Almere, OMA Urban Masterplan Almere Center Block 6. Katalog Galerie Aedes, Berlin 2000

11 Deborah Fausch, Ugly and Ordinary: the Representation of the Ordinary, in: Architecture of the Everyday (Anmerkung 5)

12 Joan Ockman, Toward a Theory of Normative Architecture, in: Architecture of the Everyday (s. Anmerkung 5). Stanislaus von Moos, Venturi, Rauch und Scott Brown, München 1987; Stanislaus von Moos (Hg.), Venturi, Scott Brown & Associates: Recent Work, Archithese, Heft 6, 1995. Ders., Über Venturi und Rauch, die Konsumwelt und den doppelten Boden der Architektur, in: Bauwelt, Heft 20, 1980

13 Kenneth Frampton: Modern Architecture. A Critical History, London 1985 (2.Aufl.), S. 291ff

14 Vgl. hierzu das aufschlußreiche Gespräch von Rem Koolhaas und Hans-Ulrich Obrist mit Robert Venturi und Denise Scott Brown, in: Chuihua Judy Chung, Jeffrey Inaba, Rem Koolhaas, Sze Tsung Leong (Hg.), Project on the City 2, Harvard Design School Guide to Shopping, Köln 2001. Vgl. allgemein dazu: Margaret Crawford, The Architecture and the Mall, in: The Jerde Partnership International: You Are Here, London 1999; Karal Ann Marling (Hg.), Designing Disney´s Themeparks. The Architecture of Reassurance, Paris 1997

15 Umberto Eco, Apokalyptiker und Integrierte. Zur kritischen Kritik der Massenkultur, Frankfurt am Main 1986 (ital. Orig.: 1964). Auch: Diana Crane, High Culture versus Popular Culture Revisited: A Reconceptualization of Recorded Cultures, in: Michèle Lamont, Marcel Fournier (Hg.), Cultivating Differences, Chicago und London 1992

16 David Halle, Inside Culture. Art and Class in the American Home, Chicago 1993

17 Richard A. Peterson/Roger M. Kern: Changing High Brow Taste: From Snob to Omnivore, in: American Sociological Review, Bd. 61, 1996; Paul Di Maggio: Are art-museum visitors different from other people?, in: Poetics, Bd. 24., 1996

18 Werner Sewing, www.janejacobs.com. Überlegungen im Anschluß an Davis Brooks' Bobos in Paradise, in: Centrum. Jahrbuch Architektur und Stadt 2001–2002, Darmstadt 2001 (im vorliegenden Band S. 45ff).

19 Vgl. Helmut Dubiel (Hg.), Populismus und Aufklärung, Frankfurt am Main 1986, insbesondere den Beitrag von Hans-Jürgen Puhle: Was ist Populismus?

20 Zur modernen politischen Öffentlichkeit vgl. Benjamin Ginsberg, The Captive Public. How Mass Opinion Promotes State Power, New York 1986. Zur Demokratie im antiken Athen vgl. Josiah Ober, Mass and Elite in Democratic Athens. Rhetoric, Ideology, and the Power of the People, Princeton 1989

21 Edmund S. Morgan, Inventing the People. The Rise of Popular Sovereignty in England and America. New York, London 1988

22 Bruce Ackerman, We The People, 1: Foundations, Cambridge,Mass., London, England 1991

23 In dieser an der schottischen Philosophie des Common Sense vom Beginn des neunzehnten Jahrhunderts geschulten Sicht entstand auch die einzige genuin amerikanische Philosophie, der Pragmatismus. Vgl. 156 Arch +, Mai 2001 und meinen Kommentar in 157 ARCH⁺, September 2001. Zum common man als Leitfigur amerikanischer Politik bis heute vgl. Michael Zöller, Der Kult des Gemeinen Mannes. Die historischen Wurzeln des Populismus den Vereinigten Staaten, in: FAZ, 11.6.1996

24 Seine Wurzen hat der Marktpoulismus in den USA bereits in der Jacksonian Era unter dem Präsidenten Andrew Jackson in den dreißiger Jahren des neunzehnten Jahrhunderts. Vgl., Harry L. Watson, Liberty and Power. The Politics of Jacksonian America, New York 1990. In dieser Zeit machte Tocqueville seine geistesgeschichtlich folgenreiche Reise durch die USA, auf der er auch die Vorläufer unseres heutigen Kommunitarismus „entdeckte".

24 Barabara Ehrenreich, Fear of Falling. The Inner Life of the Middle Class, New York 1989

25 Zum „Neuen Bürgertum" und seiner Differenz zum „alten" vgl. die sensible Analyse von Tilman Krause, Renaissance der Bürgerlichkeit? In: Merkur, Heft 640, August 2002

26 Zu diesem Konzept des amerikanischen Soziologen George Ritzer vgl. Barry Smart (Hg.), Resisting McDonaldization. London, Thousand Oaks, New Delhi 1999

27 Mark Gottdiener, Claudia C. Collins, David R. Dickens, Las Vegas. The Social Production of an All-American City, Malden,Mass., Oxford, England 1999; Mark Gottdiener: The Theming of America. Dreams, Visions and Commercial Spaces. Boulder, Oxford 1997. The Jerde Partnership International: You are here, London 1999

28 Steven Watts, Walt Disney: Art and Politics in the American Century, in: The Journal of American History, Bd. 82, 1995; Henry A. Giroux: The Mouse That Roared, Oxford 1999; Stephen M. Fjellman, Vinyl Leaves. Walt Disney and America, Boulder, San Francisco, Oxford 1992; Mike Wallace, Mickey Mouse History and Other Essays on American Memory, Philadelphia 1996

Die Gesellschaft der Häuser
(1987/1988)

Das gegenwärtige Revival von Themen der sechziger, siebziger und inzwischen auch der achtziger Jahre, von der Mode der Teenies bis hin zur Documenta X, läßt die spezifischen Topoi der kulturellen Umbrüche seit den sechziger Jahren als kulturelle Zombies in der „Endstation Comeback" (Thomas Eller) der neunziger Jahre umherirren: Zeitgeist als Wiederkehr des Gestrigen? Auch in Architektur und Städtebau ist eine Wiederaufnahme der Themen von '68 zu beobachten. Erneut scheint die Architektur in der Krise, Bauwirtschaft, Großbüros, EU-Recht und vor allen die Globalisierung bedrohen die Baukunst und ihre Träger, die Künstlerarchitekten. Gesellschaftsdiagnosen sind daher wieder gefragt und werden, wenn die jahrelang abgewehrten und abgewerteten Sozialwissenschaften sie nicht liefern, im Eigenbau erstellt – Rem Koolhaas ist hierin mittlerweile ein Virtuose. Was angesichts einbrechender Arbeitsmärkte und forcierter Deregulierung das Krisenbewußtsein schärft und eine vordergründige Parallele zur Krise des „Bauwirtschaftsfunktionalimus" in den sechziger und siebziger Jahren zu sein scheint, unterscheidet sich bei näherer Betrachtung jedoch erheblich. Die Krise ist heute einerseits Ausdruck eines strukturellen Dauerproblems des Architektenstandes als freier Beruf, dem seit seiner Etablierung im ausgehenden neunzehnten Jahrhundert die ersehnte Professionalisierung verwehrt blieb. Die standespolitischen Errungenschaften in der Bundesrepublik, wie das Kammersystem, das Wettbewerbswesen und die HOAI, nutzten vor allem den Netzwerken privilegierter Büroeigner und BDA-Mitgliedern – und werden mittlerweile, wie bei der HOAI, auch noch unterlaufen. Andererseits scheint die aktuelle Gefährdung des Berufsstandes unverständlich, da dieser seit der zweiten Hälfte der siebziger Jahre auf eine ungebrochene Erfolgsgeschichte zurückblicken kann. Für die neunziger Jahre hat Michael Mönninger gar von einem „Aufstieg der Architektur zum kulturellen Leitmedium" gesprochen, das „heute wie die Soziologie in den Sechzigern die Erregung der gesellschaftsverändernden Hoffnungen" vereine. Der heutige Architekt als „Popstar", natürlich wird Rem

Koolhaas genannt, stehe in der geläuterten Tradition der Gegenkultur der APO- Zeit.

Tatsächlich ist die Architektur heute zu einem Kristallisationspunkt der kulturellen Selbstverständigung der „Erlebnisgesellschaft" (Gerhard Schulze) geworden, der als gebautes oder virtuelles Medium sozialer Themen fungiert: Verlust des öffentlichen Raums als Indikator für die Krise politischer Kultur, Suburbanisierung als Symptom sozialer Spaltungen, die kompakte Stadt als Garant von Urbanität, Hochhäuser als Ausdruck von Zentralität usw. Ob der Architekt dabei Seismograph gesellschaftlicher Prozesse ist, so die selbstbewußte These der sechsten Biennale in Venedig 1997, oder gar mehr, nämlich gestaltender Akteur einer Politik der Architektur, bleibt offen und fördert offensichtlich die Faszination. Vordergründig drängt sich der Gegensatz zu dem älterem Leitmedium der sechziger und frühen siebziger Jahre, der Soziologie, auf: Verräumlichung und Verbildlichung, Materialisierung bei gleichzeitiger Virtualisierung kontrastiert mit der Versprachlichung der analytischen Kategorie von „Gesellschaft" in der soziologischen Theorie. Interaktion, Kommunikation, Wertsysteme und symbolische Strukturen lassen in der Sprache der Soziologie räumliche und dingliche Dimensionen (eine „Soziologie der Sachen") nur als Epiphänomene in den Blick geraten. Als kulturelle Leitmedien erscheinen Soziologie und Architektur als Antipoden. Die Erfolgsgeschichte der Architektur wäre somit zugleich eine erfolgreiche Zurückdrängung der Soziologie gewesen. In einer Formulierung von Hans Kollhoff ist Stadt die Gesellschaft der Häuser, der gebaute Raum substituiert den Lebensprozeß. Die Aussage Kollhoffs ist durchaus ambivalent: Sie könnte einerseits eine Ästhetisierung von Stadt sein, die sich der Enttäuschung, dem Verlust von gelebter Urbanität verdankt, so die Deutung von Gerwin Zohlen. Sie könnte aber auch das fast magisch zu nennende Vertrauen in die Kraft des Gebauten als kollektiven Ausdrucks sein; Häuser wären demnach Garanten für Gesellschaftlichkeit.

In der Erinnerung der Protagonisten von einst (und noch immer jetzt) scheint die Überwindung der soziologischen Hegemonie die entscheidende Voraussetzung für die Wiedergewinnung einer Architekturkultur überhaupt gewesen zu sein. So erinnert sich Josef Paul Kleihues in der *Welt* im Dezember 1997, die Durchsetzung des neuen Leitbildes der „Kritischen Rekonstruktion" als Epochenwende im Bauen sei 1975/1979 nur als Wagnis einer „Formaldiskussion" über Modul, Raster, Achse und Symmetrie, als „blanke Provokation" gegen die herrschende Ideologie in der Architektur möglich gewesen. Zu jenem Zeitpunkt sei „Architektur nur noch Soziologie und Sozialpsychologie gewesen". Auch sein Schüler Klaus Theo Brenner klagt in einem Gespräch mit Gerwin Zohlen über das damalige Verständnis von Architektur als „gebauter Sozialarbeit". Architektur „sei zu jener Zeit an der Technischen Universität [in Berlin] hinter soziologischen und politologischen Formeln verschwunden. [...] Generationsschicksal der Achtundsechziger, zumal in Berlin" (Zohlen). Gegen diese biographische Hypothek setzt Brenner eine programmatische Aussage ganz in der Diktion von Kleihues: „Die Formauffassung ist, worauf es ankommt."

In der Rückschau der Formalisten schnurren Sozialwissenschaften und die 68er Bewegung zusammen als Symptome der Krise der Architektur, nicht als Antworten auf diese. Architektur konnte nur gegen diese Heteronomie des Sozialen als eigenständige Disziplin wieder zu neuem Selbstbewußtsein geführt werden. Die Autonomie eines formalen Architekturdiskurses mußte wiederhergestellt werden. Gegenüber wem? Soziologen oder soziologische Theorien werden nicht genannt, eher scheint es sich, die Formulierungen von Kleihues legen es nahe, um eine Auseinandersetzung innerhalb der Architekturszene gehandelt zu haben, bei der die Soziologie vor allem eine Stellvertreterfunktion erfüllte und als Projektionsfläche gedient zu haben scheint. Tatsächlich hatte sich die Durchsetzung der Postmoderne in ihrer Anfangsphase einer Hinwendung der Architekten zur empirischen Realität des Alltags verdankt. Vor allem Robert Venturis und Denise Scott Browns Realismus in der Aneignung der kommerziellen Zeichenwelt von Main Street war hier eine Pionierleistung, wenn diese sich auch dem Vorbild der Independent Group im England der fünfziger Jahre verdankte. In den achtziger Jahren aber konnte die nun von der europäischen Typologiedebatte dominierte Postmoderne ihre nun gewonnene Deutungsmacht besser über den Formdiskurs stabilisieren. Robert Venturi hatte dies bereits Anfang der achtziger Jahre kritisiert. Die Postmoderne hatte nun ihren realistischen Bezugspunkt aufgegeben und wurde ein normativer Kanon: autonome Architektur.

Neben dieser professionsinternen Verwendung von Soziologie gab es aber auch eine in die Öffentlichkeit, nach außen gerichtete Frontstellung der Architekturdebatte gegen die Gesellschaftstheoretiker. Nicht der Übergriff der Soziologie auf die Architektur war abzuwehren, vielmehr wurden Felder der Sozial- und Geschichtswissenschaften durch die Architekturtheorie besetzt. Die damalige Offensive der Architekturtheorie wird heute im schwachen Gedächtnis als Defensive geadelt. Um so herkulischer die Leistung gegenüber den „Vertretern der reinen Lehre", so *Die Welt*, also der angeblich soziologisch beherrschten Architekturtheorie der siebziger Jahre, schließlich der „Form" zum Sieg verholfen zu haben.

Die Schlüsselfigur in der Offensive einer formalen, autonomen Architektur war in Europa Aldo Rossi, der mit seinem 1966 erschienen Buch *Die Architektur der Stadt* ein Manifest der autonomen Architektur in der Tradition des italienischen Rationalismus formuliert und zugleich in der Rezeption historischer und soziologischer Stadtforschung eben diese entwertet und enteignet hatte.

Mit dem jüngst verstorbenen Rossi ist der wohl entscheidendste Vorreiter und Vordenker des Aufstiegs der Architektur zum kulturellen Leitbild genannt. Dieser Siegeszug hatte nämlich bereits in den späten siebziger Jahren begonnen und verlief nicht in den Bahnen der gegenkulturellen Architekturfraktion, den unpolitischen 68ern von Archigram, dem jungen Hollein bis hin zu Koolhaas und Alsop. Nicht der Dynamismus der Pop-Architekten, sondern die Hinwendung zur Geschichte im Rahmen der zunächst noch diffusen Postmoderne ermöglichte die architektonische Offensive und deren Erfolg in einer nach Identität suchenden neuen Mittelstandsgesellschaft.

Die Postmoderne schien zunächst ein weiter Mantel für eine Bewegung zu sein, in der ein neuer Respekt vor Geschichte in behutsame Stadtreparatur münden und der stilistische Pluralismus von Neohistorismus, Regionalismus und Rationalismus einer Polyphonie von Lebensstilen ästhetischen Ausdruck verleihen würde. Zweifellos war es der Eklektizismus eines Charles Moore, James Stirling oder der Brüder Leon und Rob Krier, der die populistische Basis für die neuerliche Renaissance der Architektur bereitete und bis heute im New Urbanism, von Celebration bis hin zum Kirchsteigfeld, bewahrt hat.

Der errungene Konsens zwischen Publikumsgeschmack und professioneller Architektur verdeckte jedoch nur kurzzeitig, so etwa in den Anfangsjahren der Neubau-IBA, die unterschwelligen Konflikte in der wieder zu Ansehen gelangenden Profession. Gerade die Popularität bedrohte die professionelle Identität.

Diese Konflikte hatten mit den Problemen der 68er, mit Kapitalismuskritik, Kulturrevolution und der jugendlichen Forderung nach selbstbestimmtem Leben nur oberflächlich zu tun. Vielmehr verweist der eigentümlich rückwärtsgewandte, identitäts- und ordnungssuchende Grundzug der meisten postmodernen Strömungen seit Ende der siebziger Jahre auf die Affinität von neuen Lebensstilen und neoliberaler Politik mit den vor '68 entwickelten Theorien der Vordenker der Postmoderne. Die Protagonisten der Renaissance der Architektur waren nämlich in der Regel zehn bis zwanzig Jahre älter als die Generation der 68er, und sie hatten ihre Positionen bereits seit den fünfziger Jahren in der Selbstreflexion der Nachkriegsmoderne entwickelt. Die intellektuelle Basis des zukünftigen „Leitmediums" Architektur war bereits lange vor der Studentenbewegung von Kritikern wie Jane Jacobs und Herbert Gans und vor allem von konzeptionell denkenden Kritiker-Architekten wie Rossi, Venturi oder Ungers bereitet worden, konnte aber erst nach einer längeren Inkubationszeit in der langen Krise des Spätfunktionalismus gegen Ende der siebziger Jahre professionspolitisch umgemünzt worden.

In dieser Konstellation bleibt die eigentliche 68er Generation eher unprofiliert. Die linke Politisierung jüngerer Architekten führte zu einer diffusen Mischung von Sympathie für Großbüros und industrielle Bauweisen (Vergesellschaftung der Produktion, der Architekt als Lohnarbeiter), mit einer Ablehnung des Typus des Künstlerarchitekten und der Einnahme einer advokatorischen Rolle des Architekten als Teil einer Selbsthilfe- und Genossenschaftsbewegung: „Die Architektur der 68er ist das Nicht-Bauen", so Hoffmann-Axthelm in einem instruktiven Gespräch mit Ulf Meyer (Der Architekt 7/97).

Diese Tendenz zur Unsichtbarmachung und freiwilligen Zurücknahme der Architekten in der Hülle eines Sozialingenieurs wird bis heute als Einfluß „der Soziologie" mißverstanden, obwohl Nutzerorientierung und Verwissenschaftlichungsdrang, wie Tzonis und Lefaivre bereits frühzeitig zeigen konnten (Bauwelt, 1/2, 1975; 42 ARCH[+], 1978), bereits seit den späten fünfziger Jahren als Positionen (Populismus und Szientismus) innerhalb der Architekturdebatte artikuliert worden waren. Der einzige Soziologe, der hier am Rande eine Rolle spielte, ist der an der Columbia-Universität Sozialpolitik lehrende Herbert Gans, ein Lehrer auch von Denise Scott Brown.

Authentischer Ausdruck eines 68er Zeitgeistes ist vielleicht am ehesten die von Mönninger ge- und überschätzte politisch abstinente Poparchitektur, die aber etwa mit den Yellow-Submarine-Bildern aus der Beat-Szene von Swinging London Papierarchitektur blieb – und erst heute in der „Architektur-als-Design-Lehre" etwa von Peter Cook an der Bartlett School in London eine Langzeitwirkung entfaltet.

Andere Generationsgenossen der 68er hingegen segelten im Windschatten der Gründerväter der Postmoderne, um erst in den achtziger Jahren aus deren Schatten hervorzutreten, wo sie, nach moderater Rebellionsphase

Bühnenbild für Urbanität. Hans Kollhoff, Realisierungswettbewerb Potsdamer Platz, 1992

einiger von ihnen als „junge Wilde" zwischen Dirty Realism, Dekonstruktion und Chaostheorie, das Erbe der „autonomen Architektur" antreten, so etwa Koolhaas, Kollhoff, Dudler, Diener u.a. Mittlerweile haben sich auch versprengte ehemalige Poparchitekten von Haus Rucker-Co. zu diesem generationsübergreifenden Erfolgsmodell gesellt, nachdem sie am Brüser Berg bei Bonn die am Friedhof von Modena orientierten Exerzitien von Archetypen und Lochfassaden absolviert haben.

In der Gesamtschau von mittlerweile mehr als drei Jahrzehnten lassen sich nun die Konturen des kulturellen „Leitmediums" Architektur aus dem Geist der Postmoderne, sowohl in seiner Krisenverarbeitung als auch in seiner Auseinandersetzung mit den Sozialwissenschaften, bestimmen. Das Erfolgsrezept dieses Architekturverständnisses läßt sich im Rückblick als eine eigentümlich antisoziologisch gewendete Verwertung von sozialwissenschaftlicher Themen und Theorien deuten. Die sozialen Inhalte, insbesondere hier die Frage nach der spezifischen Vergesellschaftungsform der Stadt, wurden sukzessive in die formale Sprache städtischer Raum- und Baustrukturen übersetzt. Typologie und Morphologie ersetzten die Analyse politischer und sozialer Prozesse. Dieses Verfahren verdankte der 68er Bewegung wenig, wenn auch deren theatralische Wiederaneignung des öffentlichen Raums durch Demonstrationen und deren Politisierung der Wohnungsfrage den Blick für die räumliche Dimension des Städtischen schärfte. Den sozialen Bewegungen ebenso wie den meisten Sozialwissenschaftlern entging, daß die Wiederentdeckung der „Europäischen Stadt" durch die Architekten eine andere Zielsetzung verfolgte.

Die 68er hatten die Stadt als Ort sozialer Kämpfe und sozialer Bewegungen entdeckt, in denen die Milieus der Lebenswelt gegen die kapitalistische Bodenspekulation verteidigt wurden. In der Entdeckung von historischem Stadtgrundriß, Parzelle, Platz, Block und Hof durch den architektonischen Stadtdiskurs wurde kurzschlüssig eine komplementäre Absicht vermutet und entsprechend begrüßt.

Lange Zeit blieb unbemerkt, daß die als praktisch gerichtete Entwurfsprogrammatik gedachte Architekturtheorie die Stadt als Objekt des professionellen Zugriffs der Architekten präparierte. Ähnlich wie bereits im ersten Professionalisierungsschub seit der Jahrhundertwende, wo die Genossenschaftsfrage und die Wohnreform als Ferment beruflicher Konsolidierung gedient hatten, partizipierte die Architektur auch in den siebziger Jahren an einer sozialen Bewegung, deren Ziele sie in ihrem professionellen Interesse umdeutete.

Mitte der achtziger Jahre konstatierte Walter Prigge, ungehört von den meisten Soziologen, die Architektonisierung des Stadtdiskurses. Damit dürfte zu diesem Zeitpunkt bereits die von Mönninger erst in den neunziger Jahren beobachtete Funktion der Architektur als kulturellem „Leitmedium" eingesetzt haben. Ein altes intellektuelles Projekt hatte sich endlich kulturell, gleichsam als Krisengewinnler, durchgesetzt.

Die Architektonisierung sozialer Diskurse war bereits von Kritikern der Hegemonie der Moderne in der Architektur seit den späten fünfziger Jahren betrieben worden. So wurde die gegen die Theorie der Stadtlandschaft und die Funktionstrennung im modernen Städtebau gerichtete Thematisierung städtischer Vielfalt und Dichte im Strukturalismus (Team Ten) bereits in den fünfziger Jahren im Rückgriff auf ethnologische und anthropologische Theorien vorgenommen. In Deutschland gehörte etwa der junge Ungers zu dieser Strömung, deren Impetus er aber später in den historisch begründeten Rationalismus einer Autonomen Architektur als Kunst überführte. Die Strukturalisten hingegen verweigerten sich der mit der Postmoderne vollzogenen Historisierung.

Auch die ähnlich motivierte, wenn auch architektonisch anders artikulierte Tendenz der „Urbanität durch Dichte" in den sechziger Jahren eignete sich eine sozialwissenschaftliche Theorie von Urbanität an. Der einflußreiche Vortrag des Basler Ökonomen Edgar Salin vor dem deutschen Städtetag 1960 über „Urbanität" hatte noch Urbanität im Anschluß an die antike Tradition der Polis als republikanische politische Kultur eines Stadtbürgertums bestimmt, für die Salin in der modernen Stadt keine Grundlage mehr sah. Der kritisch gemeinte politische Gehalt des Urbanitätskonzepts ging aber unter im Beton der „urban verdichteten" Großsiedlungen, die ihrerseits einen ganz wesentlichen Anteil an der Krise des Spätfunktionalismus am Ende der sechziger Jahre haben sollten.

Im Gefolge dieser ersten immanenten Kritikbewegungen der Nachkriegsmoderne behielten die Pioniere der späteren Postmoderne deren Bezug auf Humanismus und Urbanität bei. Die Kritik an der Funktionstrennung im Städtebeu des CIAM, ein Kernstück der späteren Lehre von der „Europäischen Stadt", hatte ebenfalls die Moderne noch selbst geleistet. Ebenso beerbten die Postmodernen die Strategie einer Architektonisierung sozialer Themenstellungen. Ihre Rückbesinnung auf die klassischen Themen der Baugeschichte und der Geschichte der europäischen Städte hingegen sollte nicht nur das historische Selbstmißverständnis der Moderne, wie es sich in den Texten von Nikolaus Pevsner und Sigfried Giedion äußerte, korrigieren. Langfristig schrieb sie die Agenda der Architekturtheorie und der Baupraxis um.

Der Vorwurf, die Moderne habe in ihrer Fixierung auf Solitäre und den fließenden Raum die Textur des urbanen Raumes zerstört, den die Postmodernen ja bereits in der Diskussion vorfanden, lenkte ihren Blick auf die Geschichte dieses Raumes. Architekturtheorie, Urbanismus und eine wiederbelebte Baugeschichte begannen einander zu ergänzen. Eine rein kontemplative Geschichtsbetrachtung war jedoch nicht beabsichtigt. Ziel war die praktische Intervention, der Bezugspunkt das Selbstverständnis eines kreativen freien Berufs. Es war dieser Anspruch, der die Bewegung am ehesten zur Zielscheibe der Kritik durch die 68er werden ließ, nicht so sehr das inhaltliche Programm der „Europäischen Stadt".

Anders als in dem ironisch gebrochenen pragmatistischen Geschichtsverständnis der soziologisch informierten Amerikaner Venturi und Scott Brown, in dem die Alltagsarchitektur und eine reflexive Aneignung hochkultureller Bautraditionen den eher begrenzten Beitrag der Architektur zur Gestaltung komplexer Agglomerationen bestimmen, wurde im zeitgleichen italienischen Rationalismus der sechziger Jahre um Aldo Rossi und Giorgo Grassi eine ebenfalls historisch fundierte Rehabilitierung des Künstlerarchitekten vorbereitet. Der Führungsanspruch einer hermetischen reinen Lehre wurde zunächst noch leise, aber unüberhörbar artikuliert.

In dieser dominanten europäischen Strömung, die zu diesem frühen Zeitpunkt noch der politischen Linken verbunden ist, beeinträchtigt der Rückbezug auf die eher anonymen Prozesse von Bau- und Stadtgeschichte nicht die souveräne kreative Verfügung über diese im *disegno* des Künstlerarchitekten.

Im Gegenteil. Er stellt vielmehr eine neue Ressource für den Architekten bereit: das „kollektive Gedächtnis". Der Architekt wird zu einem Virtuosen des kollektiven Gedächtnisses, damit einem wesentlichen Kern sozialer Gruppenidentität. Diese Ressource mußte den Sozialwissenschaften, in diesem Fall der französischen Durkheim-Schule, zunächst aber abgenommen werden. Der Schlüsseltext für diesen Aneignungsvorgang ist Rossis *Architektur der Stadt* von 1966. In Emile Durkheims strukturaler Soziologie, die bereits zu Beginn des zwanzigsten Jahrhunderts entwickelt wurde, ist Gesellschaft nur im Medium eines kollektiven Bewußtseins integrierbar. Durkheims Schüler Maurice Halbwachs hatte in einer Präzisierung dieses Theorems die Selbstvergewisserung sozialer Gruppen in der Dimension der Zeit, ihr kollektives Gedächtnis unter anderem auch an symbolisch bedeutsame Bauten und Orte gebunden. Nur im Wechselspiel von Gruppe und Ort hat letzterer eine gedächtnisstiftende Bedeutung. Bei Rossi, der sich die Theorie von Halbwachs aneignet, wird dieser Bezug zur gelebten Erfahrung von Gruppen gelöst. Die baulich-räumliche Struktur der Stadt ist per se Garant von kollektivem Gedächtnis. Dieses wird von Rossi in die bauliche „Permanenz der Stadt" verlegt. Jene wiederum wird durch den Stadtgrundriß und die Monumente verbürgt, nicht durch die austauschbare Alltagsarchitektur der Quartiere. Generell spricht Rossi den sozialen Gruppenprozessen in der Stadt in seiner Kritik an der Chicagoer Stadtsoziologie jede überzeitliche Bedeutung ab. Diese programmatische Ablösung der gebauten von der gelebten Stadt hatte den Kunsthistoriker Joseph Rykwert bereits 1974 zu der Vermutung geführt, Rossis eigentliches Stadtideal sei die Nekropole – und tatsächlich gehört ja der Friedhof von Modena zu den eindrücklichsten Gebäuden Rossis.

Der metaphysische Vorgang der Transsubstantiation von Sozialem in Gebautes, von Rossi in Gang gesetzt, fand eine durchaus kontroverse Fortsetzung in der internationalen Typologiediskussion, die in Deutschland sehr spät, aber ausgiebig in ARCH+ (Hefte 50, 65, 85) dokumentiert worden ist. In deren Verlauf lösten sich die baulichen Typologien aus ihrem sozialen Kontext. Sie wurden beliebig kombinierbare Images und Versatzstücke und fanden Eingang in eine synthetische, virtuelle Welt einer „universalen Architektur" (Rossi). Rafael Moneo sah bereits 1978 nur noch eine Typennostalgie (Oppositions 13).

Was als ernsthafte Wiederaneignung von Geschichte begann, mündete in deren Fiktionalisierung, wie sie bereits 1973 in Arduino Cantaforas Hommage an Aldo Rossi, seiner Collage „Die analoge Stadt", antizipiert worden war. Ähnliche Collagen finden sich bei Colin Rowe und Fred Koetter (angefertigt von David Griffin und Hans Kollhoff, 1978), aber auch bereits 1972, diesmal nur aus modernistischen Images und Ikonen montiert, in der „City of the Captive Globe" von Rem Koolhaas.

Es ist diese Tendenz zur virtuellen Beliebigkeit von Schein- und Wunschwelten, die etwa auch beim späten Rossi immer deutlichere Parallelen zum Imagineering der Disney Company aufwies, die den Geltungsanspruch der Elitearchitekten unterminierte. Typologie, Morphologie und Geschichtstheorie waren keine Garantie gegen Kitsch. Für die öffentliche Wirksamkeit des „Leitmediums" ist dies nicht nachteilig, für das professionelle Selbstverständnis hingegen um so mehr.

Hinter der pluralen und bunten Kulisse des postmodernen Polytheismus hatte sich nämlich frühzeitig eine monotheistische, an einem rationalistischen platonischen Wahrheitsbegriff orientierte elitäre architektonische Hochkultur formiert. Leitmedium hieß auch Kanonisierung, die nicht zufällig von den katholischen Architekten Rossi, Ungers und Kleihues auch in der akademischen Lehre schulbildend forciert worden war: der Architekt als Priester. „Architektur ist Ordnung heterogener Voraussetzungen durch das Mittel der Ratio" (Ungers). Architektur als Garant von Ordnung war zu einem unterschwelligen Leitmotiv nicht nur der harten Rationalisten, sondern auch der „poetischen" Varianten und selbst der populistischen Neohistorismen geworden.

Wenn aber der letztlich vormoderne Geltungsanspruch der klassischen Architekturlehre von Vitruv bis hin zu Palladio, ohne den alle Aussagen etwa von Ungers in der Luft hingen, heute intellektuell nicht durchsetzbar ist, bleiben als Bezugspunkte des Ordnungswillens neben der innerprofessionellen Hierarchie und Autorität nur noch gesellschaftliche Anerkennung, sei es als Konsens, als Herrschaft oder nur als Marktnachfrage. Stehen wir vor einer Resoziologisierung der Architektur?

Zwischen Hochkultur und Populärkultur: Neotraditionalismus in den USA und Großbritannien (1998)

Im akademischen Architekturdiskurs der neunziger Jahre wurden die neotraditionalistischen Tendenzen, die man lange in den Bereich des populistischen Bauens zu verbannen gesucht hatte, durch den überraschenden Beitrag des amerikanischen Pavillons auf der sechsten Biennale in Venedig 1996 ins Zentrum der Hochkultur gerückt. Zur Irritation der Kritiker wurde ausschließlich „The Art of Disney Architecture" präsentiert.[1] Da insbesondere deren Stadtmodell „Celebration" bei Orlando in Florida sich der neotraditionalistischen Strömung im amerikanischen Städtebau anschließt, entsteht zusehends der Eindruck, diese sei vor allem ein amerikanisches Phänomen. Zwar gibt es ein länderübergreifendes Netzwerk von Architekten und einigen Architekturschulen, die sich an der internationalisierten Architekturkultur der Postmoderne orientieren, so in Miami, Bologna und Brüssel.[2] Als breite Strömung jenseits versprengter Protagonisten der Postmoderne und ihrer Schüler ist der Neotraditionalismus aber erst mit dem „New Urbanism" in den USA einflußreich geworden und durch das mediale Gewicht des Disneykonzerns in den neunziger Jahren weltweit rezipiert worden.

Folgt man der Darstellung von Andres Duany, einem Pionier des New Urbanism in Miami, so stammt der Begriff Neotraditionalismus nicht etwa aus einer historischen Theorie, in der er ja das Gegenteil von Tradition als gelebter Überlieferung bezeichnen würde, sondern aus der Lebensstil- und Konsumforschung des Disneykonzerns. 1985 war das empirische Forschungsinstitut Stanford Research von Disney mit der Erforschung der Werthaltungen der Baby-Boomer-Generation in den kommenden drei Jahrzehnten beauftragt worden. In dieser Studie wurde Neotraditionalismus als eine wertbewußte, anspruchsvolle Konsumhaltung definiert, die z.B. einen „old-fashioned room" mit einer modernen „up-to-the-minute German clock" und, natürlich, „modern plumbing" wählt. „The point is that neo-traditionalism tries to incorporate, pragmatically, whatever works best."[3]

Die Restrukturierung der modernen Gesellschaft von der Industrie- hin zur Dienstleistungsgesellschaft hat seit den siebziger Jahren eine neue Mittelschicht entstehen lassen[4], deren Lebensstil die Rückversicherung in einer nostalgisch zu rekonstruierenden Vergangenheit mit der Fortschrittsvision eines Bill Gates und der ökologischen Sensibilität eines Al Gore zu harmonisieren sucht. Nostalgie verliert das Stigma sentimentaler Weltflucht und wird zu einer Sinnressource für die Stabilisierung von Lebenswelten. Die politische Artikulation dieses Mentalitätswandels aufsteigender neuer Mittelschichten hat mit dem Kommunitarismus bereits in den achtziger Jahren die weltanschaulichen Grundlagen der Regierung Clinton vorbereitet. In England wurden mit New Labour wesentliche Elemente dieses ursprünglich genuin republikanischen Denkens in eine immer noch aristokratisch geprägte, gleichwohl bürgerliche Kultur transferiert.

Wirtschaftspolitisch korrespondierte mit dieser sozialkulturellen Tendenz die neoliberale Forcierung der Marktökonomie, die Deregulierung und die Erosion des industriegesellschaftlichen Konsenses. Zeitgleich und abgestimmt mit der Reagan Administration, wenn auch auf dem niedrigen Niveau einer Volkswirtschaft im Niedergang, wurde diese Politik von der Regierung Thatcher in Großbritannien betrieben. Aus der Sicht der heutigen Globalisierungsdiskussion wird dieses gemeinsame anglo-amerikanische Deregulierungsprojekt als das eigentliche politische Erfolgsmodell der postmodernen Ära deutlich. Obwohl in den Publikationen der New Urbanists Verweise auf die englische Stadt- und Architekturdiskussion eher spärlich sind, läßt sich hier eine verwandte, gleichwohl zu unterscheidende architekturpolitische Strömung ausmachen.[5]

Postmoderne, Historismus, Klassizismus:
Zur Genealogie des Neotraditionalismus

Die neotraditionalistische Bewegung in Architektur und Städtebau wurde lange Zeit als eine Dimension der Postmoderne interpretiert. Inzwischen kann diese allerdings als baugeschichtlich abgeschlossene Epoche innerhalb der akademischen Architektur betrachtet werden. Zwar ist eine Abkehr von der Postmoderne auch im Städtebau zu beobachten, gleichwohl hat sich hier die auf Aldo Rossi und Rob Krier zurückgehende Idee der „Europäischen Stadt" besser behaupten können. Zumindest wird auch von den Modernisten der Grundriß der bestehenden historischen Städte respektiert. Der Gegensatz zur Postmoderne bricht jedoch spätestens bei neu angelegten Quartieren auf. Die vermittelnde Position einer „kritischen Rekonstruktion der Stadt" versucht die Hierarchie der öffentlichen Räume – Platz, Straße, Block und Hof – mit gemäßigt modernen, in der Regel rationalistischen Architektursprachen als zeitgenössische Interpretation des historischen Modells zu integrieren. Der neotraditionalistische Städtebau ist hier konsequenter. Nicht nur der Stadtgrundriß, sondern auch konkrete historische Bautypologien und Formensprachen werden kanonisiert. Spielte die Postmoderne mit der Relativität der scheinbaren Pole „Moderne und Tradition", so lebt der Neotraditionalismus von der Unaufhebbarkeit dieses Gegensatzes.

Heute, nachdem die Postmoderne im akademischen Feld marginalisiert ist, wird diese Differenz von Postmoderne und Neotraditionalismus offenbar. Der entscheidende Unterschied besteht in der Art und Weise der Aneignung von Geschichte. Reflektierte die Postmoderne den spezifischen Bruch, der sich mit der Industrialisierung in allen westlichen Gesellschaften vollzogen hatte, indem sie diesen mit den Mitteln von Ironie, Bricolage, Zitat und Verfremdung auf einer höheren Ebene zum Ausdruck brachte, so behauptet der Neotraditionalismus, der undialektische Schritt zurück sei – bei gleichzeitiger Akzeptanz der modernen Infrastruktur – nicht nur machbar, sondern eine vertretbare intellektuelle Antwort auf Gegenwartsfragen. So ist es technisch möglich, wie ein japanischer Vergnügungspark beweist, das Bückeburger Schloß zu „klonen". Der Neotraditionalismus scheint dieser Disneyfizierung gleichsam die Weihe einer theoretischen Begründung zu verleihen.

Nunmehr wird deutlich, daß in der Synthese der Postmoderne drei durchaus unterschiedliche Tendenzen für kurze Zeit als Einheit erscheinen konnten: erstens die baugeschichtlich reflexive, ironische und empiristische Collage aus Hoch- und Alltagskultur, wie sie vor allem von Robert Venturi und Denise Scott Brown unter dem Stichwort „Learning from Las Vegas" seit den sechziger Jahren lanciert worden war; zweitens der typologische Rationalismus, wie er vor allem von Giorgio Grassi und Aldo Rossi in Italien, von der Tessiner Schule um Mario Botta und deren deutschen Adepten Oswald Mathias Ungers und Josef Paul Kleihues vertreten wurde; drittens der „Neohistorismus", der von den Brüdern Leon und Rob Krier am konsequentesten als bildhafte Beschwörung eines alten „schönen" Stadtideals im Sinne Camillo Sittes die öffentliche Akzeptanz der Postmoderne förderte.[6]

Es ist zu vermuten, daß bereits auf dem Höhepunkt der akademischen postmodernen Architekturbewegung der Neohistorismus die eigentliche

Legitimationsbasis für die Postmoderne als „ästhetischen Populismus"[7] schuf. Der Neotraditionalismus, der Geschichte als nostalgisches und ästhetisches Konsumangebot verarbeitet, schlägt die Brücke zwischen Akademie und Markt. Diese populistische Dimension wird deutlich, wenn jener in der Öffentlichkeit vorwiegend über seine Adaptation durch den Disney-Konzern in Celebration oder über die Initiativen von Prinz Charles rezipiert wird. Es wird aber zu zeigen sein, daß die in den USA als unproblematisch geltende Verbindung von Populär- und Hochkultur im elitären Kontext der englischen Hochkultur ausgeschlossen ist.

Populistischer Neotraditionalismus oder elitärer Klassizismus?

Die Verwandtschaft und gleichzeitige Differenz von amerikanischem und englischem Neotraditionalismus hat ihren Ursprung in der immer prekären Einheit von akademischem, „bildungsbürgerlichem" Diskurs und marktvermittelter Nachfrage im Rahmen einer breiten Geschmackskultur der Mittelschichten.[8] Es ist daher zu fragen, inwieweit, trotz aller vordergründigen Parallelen mit den USA, ein spezifisch englischer „Sonderweg" vorliegt. Diese Frage liegt um so näher, als gerade der postmoderne Diskurs gegenüber dem Universalismus der Moderne wieder die nationalen und regionalen Besonderheiten des Bauens rehabilitiert hatte. Der Anspruch auf Pluralität kollidiert mit dem klassizistischen Postmodernismus, aus dem sich die theoretische Legitimation des Neotraditionalismus begründet.[9] Denn Klassizismus ist selbst eine universalistisch fundierte Haltung, gewissermaßen der erste internationale Stil.
Klassizismus als normatives Ideal führt bei seinen Protagonisten zu einer selektiven, um nicht zu sagen, verfälschenden Aneignung von Baugeschichte. Der Relativismus der Postmoderne verdankte seine Legitimation der historistischen Wende in der Kulturgeschichtsschreibung des 19. Jahrhunderts. Rankes Diktum, daß jede Epoche unmittelbar zu Gott sei, hatte zunächst den Eigenwert von Epochen und Kulturräumen begründet. Paradoxerweise war der Stilpluralismus in der Kunst des 19. Jahrhunderts einerseits durch diese Einsicht motiviert, geriet jedoch andererseits in einen Widerspruch zu ihr. Verstand sich die Moderne als eine Epoche, so mußte sie, Ranke folgend, auch ihren eigenen kulturellen Ausdruck finden. Historismus und Eklektizismus, so hatten die Vertreter der Moderne frühzeitig erkannt, verfehlten den Willen zur kulturellen Eigenständigkeit des neuen Industriezeitalters. Hierin lag auch die Faszination der lebens-

Georgianische Renaissance im Geiste des Prince of Wales. Raymond Erith und Quinlan Terry, Dufours Place, London, 1981–1983

philosophischen Attacke Nietzsches auf die Lebensfeindlichkeit antiquarischer Geschichtsphilosophie. So gesehen war der fundamentalistische Anspruch der Avantgarden, Architektur (und Kunst im allgemeinen) müsse formgewordene Zeitwille sein, Erbe und Kritik des Historismus zugleich. Die Postmoderne hatte gegenüber diesem Purismus die „unsauberen" Synkretismen des neunzehnten Jahrhunderts rehabilitiert. Mit dem auf diesem Wege wieder in die Diskussion gebrachten Klassizismus war jedoch in der Gemengelage des postmodernen Polytheismus ein neuer alter Fundamentalismus zurückgekehrt.

Moderne und Historismus verdanken sich den verzeitlichenden, subjektivierenden und relativierenden Motiven einer modernen Geschichtsphilosophie. Der Klassizismus hingegen beruht auf einer über die Renaissance der Antike entlehnten Ordnungslehre, in der Kosmologie und Anthropologie eine Einheit bilden. Klassizismus basiert auf anthropolgischen Konstanten. Das Pathos der Neotraditionalisten, das sich auf Gott, die Anfänge der Baugeschichte in Mesopotamien oder direkt auf die Natur beruft, hat seinen Ursprung in diesem anthropomorphen Motiv: Der männliche Mensch wird – wie schon bei Leonardo da Vinci – in seinen Proportionen das Maß aller Dinge, und dieser ist wiederum, hier spielt das christliche Element hinein, Ebenbild Gottes.[10]

Neotraditionalismus als Klassizismus ist daher als nicht mehr hinterfragbare Ordnungsvorstellung intellektuell, wenn auch nicht zwingend politisch, konservativ. Im Gegensatz zur Postmoderne, die sich als Weiterarbeit an der geschichtlichen Dynamik begriff, ist für den Neotraditionalismus eine Rückkehr hinter die Verwirrungen des 19. Jahrhunderts und dessen Relativismus charakteristisch, ein Motiv, das er mit der Heimatschutzbewegung in Deutschland vom Beginn des zwanzigsten Jahrhunderts und deren Rückgriff auf die Zeit *Um 1800* (Paul Mebes) teilt. Damit gerät der klassizistische Traditionalismus als Monotheismus in eine direkte Konfrontation mit einer fundamentalistischen Moderne, die Architektur als Ausdruck sich historisch verändernder sozialer Lebensbedingungen versteht. Behauptet letztere die irreversible Tendenz modernen Lebens hin zu Reduktion und Minimalismus, so behauptet der Klassizismus, das moderne Leben sei kompatibel mit der bereits seit der Renaissance kodierten geometrischen und anthropomorphen Ordnung der Welt.

Diese Sicht ermöglicht es, als pragmatisch gewendeter Konservativismus noch die neuesten technologischen Entwicklungen in die Formen des 18. Jahrhunderts zu kleiden. Auch die aktuelle Virtualisierung der Kommunikations- und Arbeitsprozesse gerät nicht in Widerspruch zu einer neotraditionalistischen Raum- und Stadtidee. Ein Computer läßt sich problemlos in klassische räumliche Ordnungsmuster integrieren. Hier wird deutlich, daß der hochkulturelle Führungsanspruch des Klassizismus auch mit einer lebensstilorientierten postmodernen Konsumgesellschaft harmonisierbar ist. In den USA kann somit der Neotraditionalismus zu einer breiten Konsumentenströmung werden, in der Ökologie, Säulenordnung und Kolonialarchitektur, „family values" und Kleinstadtideal, Kommunitarismus und Marktorientierung ein weltanschauliches Amalgam bilden.

Bei aller Nähe zum amerikanischen Pendant hat sich der Neotraditionalismus in England, in einem immer noch durch aristokratische und ständische Werthaltungen und Institutionen geprägten Land, anders entwickelt. Nan Ellin spricht in ihrem Buch über postmodernen Urbanismus[11] von einer „anglo-amerikanischen Achse" im Städtebau, die sie klar von kontinentaleuropäischen Tendenzen der Postmoderne unterscheidet.[12] Der Auflösung der alten Stadt im funktionalistischen Städtebau wurden in England bereits in den 50er Jahren mit der Townscape-Bewegung, theoretisch begründet durch den Redakteur der *Architectural Review*, Gordon Cullen, die malerischen, pittoresken und visuellen Raumsequenzen der historischen Stadt entgegengesetzt. In den USA war es vor allen Kevin Lynch, der mit seiner wahrnehmungstheoretischen Studie *The Image of the City* diese Motive fortführte.[13] Bewegungen wie der Regionalismus, das Vernacular Design, der Kontextualismus, der Eklektizismus bis hin zum New Urbanism stehen für Ellin in dieser Traditionslinie, deren Wurzeln sie letztlich in einem Wiederaufstieg der Romantik sieht. Es liegt nahe, diese anglo-amerikanischen Übereinstimmungen in der gemeinsamen Tradition der Gartenstadtbewegung zu suchen. Tatsächlich sind die städtebaulichen Figuren des New Urbanism auf Ebenezer Howard und andere zurückzuführen. Selbst deren ökologische Fundierung findet sich bereits in dieser älteren Diskussion. Neu ist der „New Urbanism" in den USA offensichtlich nicht. Eugene J. McCann interpretiert zutreffend den amerikanischen Neotraditionalismus als die selektive Aneignung zweier Planungstraditionen: der Stadtästhetik in der Tradition Camillo Sittes und des sozialen Utopismus, wie er in der frühen Gartenstadtbewegung bei Ebenezer Howard anzutreffen ist.[14]

Anders als in den USA stellt sich in England der Neotraditionalismus nicht als breite urbanistische Reformbewegung dar, sondern als militante intellektuelle und politische Intervention. Die Kampfansage des „New Urbanism" an den Sprawl, die unkontrollierten suburbanen Wucherungen, ist in England überflüssig, da hier seit Beginn des Jahrhunderts der starke Einfluß der Stadtplaner die Grundideen der Gartenstadtbewegung noch bis in die Nachkriegsprogramme der New Town-Planung hinein implementieren konnte. Zwar war die Stadtflucht der Mittelschichten ein Erbe gewesen, das sich bereits im achtzehnten Jahrhundert in England herauszubilden und erst in der Mitte des neunzehnten Jahrhunderts in den USA Einzug zu halten begann. Um die letzte Jahrhundertwende jedoch hatten sich bei gleicher kultureller Orientierung zwei verschiedene Entwicklungspfade der Suburbanisierung herauskristallisiert.[15] Die Gartenstadtidee, in England von Ebenezer Howard unter dem Einfluß amerikanischer utopischer und kommunitärer Strömungen als soziales Modell gedacht, wurde in ihrer Fortführung durch Raymond Unwin, der von der pittoresken Ästhetik Camillo Sittes geprägt war, in eine nur noch siedlungsästhetisch gemeinte städtebauliche Form überführt.[16] Während sie in England aber Eingang in die Konzepte einer erstarkenden Profession von Stadtplanern fand, wurden in den USA, mit Ausnahme der eher marginalen „Regional Planning Association of America" (1923-1941), Gartenstadtmotive zur Ressource kommerzieller „Community Builders"[17]. Die Multiplikation vieler derartiger communities erzeugte in den USA bei niedrigen Bodenkosten und schwacher politischer Regulation eben den Sprawl, den der heutige amerikanische Neotraditionalismus einzudämmen versucht – paradoxerweise mit dem gleichen Instrument nur mäßig dichter, kompakter Siedlungskerne.

In England hingegen, wo nur elf Prozent des Bodens städtisch besiedelt sind, war es gelungen, trotz einer weitestgehenden Kleinhausbebauung die Städte kompakt zu halten. Eine Ausnahme ist der Großraum London. Hier hatte der Planer Thomas Sharp 1950 für die Suburbanisierung gerade die Ideen Howards verantwortlich gemacht.[18]

Ansonsten aber hatte sich in England der „Town and Country Planning Act" von 1932 bewährt.[19] Auch die New Towns der Nachkriegszeit erfüllten die entscheidende Bedingung für einen Erfolg der Gartenstadtidee: räumliche Distanz zum Zentrum und untereinander sowie eine Eindämmung von spekulativer, privater Besiedelung.

So fehlt in England die Basis für das entscheidende ökologisch-siedlungsstrukturelle Ziel des Neotraditionalismus. Dies um so mehr, als sich die in England erst in den dreißiger Jahren an Boden gewinnende Moderne diese Prinzipien zu eigen gemacht hatte und mit einer genuin „englischen" pittoresken Tradition legitimierte.[20] Noch die Idee des Clusters, die von Alison und Peter Smithson in die Diskussion des Team Ten in den fünfziger Jahren eingeführt wurde, verdankt sich dieser pittoresken Siedlungsästhetik. Erst die Verselbständigung einer an Le Corbusiers Visionen der

„Türme im Park" orientierten kommunalen Politik der Kahlschlagsanierung und die Errichtung gigantischer Turmhochhäuser (Tower Blocks) in der Nachkriegszeit, die allerdings selbst in den wenigen städtischen Zentren weniger als zwanzig Prozent des sozialen Wohnungsbaus umfaßte, lieferte Ende der sechziger Jahre einen Angriffspunkt für die neotraditionalistische Gegenbewegung.

Nicht der Sprawl, die Ästhetik der Moderne ist in England Gegenstand neotraditionaler Krisendiagnose. Sie kann dabei auf das kulturelle Umfeld einer konservativ-liberalen „Gentleman-Kultur" vertrauen, das seit der „Erfindung der Tradition" (Eric Hobsbawm) im neunzehnten Jahrhundert den kulturellen Elitekonsens prägte. „Alte Stadt – neu gebaut" – in der Paradoxie dieser Formel artikuliert sich eine kulturelle Haltung, die der historischen Tradition, der kulturellen Grundstimmung und der gesellschaftlichen Verfassung in Großbritannien sehr nahe kommt: Tradition, die sich nicht als Konservierung erstarrter Formen versteht, sondern als ständig erneuerbare und auch neu zu erfindende Ressource bei gleichzeitiger Suggestion von Kontinuität und Legitimität sozialer Ordnung. Diese Formel ist seit dem späten Mittelalter eine Matrix, in der avancierteste Formen ökonomischer und wissenschaftlicher Zukunftsbewältigung in der institutionellen und habituellen Hülle scheinbar „alter Zöpfe", wie etwa einer starren, ständischen sozialen Hierarchie mit aristokratischer Vorherrschaft, entwickelt wurden. Modernität als Tradition, Tradition als Erfindung, diese Spannung erwies sich seit dem siebzehnten Jahrhundert als evolutionärer Mechanismus, der erst mit dem wirtschaftlichen Niedergang seit 1945 seine Rechtfertigung verlor und in der nachgeholten „bürgerlichen Revolution" unter der Regierung Thatcher eine radikale Neuinterpretation erfuhr.

Unter Tony Blair wird dieser Modernisierungsschub nicht etwa korrigiert, sondern konsequent fortgesetzt und mit Elementen einer kommunitaristischen Theorie sozialer Integration angereichert. New Labour übernahm damit die programmatische Verknüpfung einer neoliberalen Marktvergesellschaftung mit einer kommunitaristischer Integrationslehre von dem amerikanischen Vorbild der Clinton-Administration. Kann der amerikanische Kommunitarismus aber gleichsam organisch an die republikanische und kommunitäre Tendenz der politischen Kultur der USA seit der Revolution anknüpfen, so fehlt gerade diese Tradition in der evolutionären Kontinuität von Parlamentarismus und Monarchie in England.[21] Auch fehlt in England die normative Kraft einer Philosophie des *Common Man*, die in den USA die Ausbildung einer abgehobenen Elitekultur einschränkt. Hier ist eindeutig die Mittelschicht Träger des Neotraditionalismus, und damit wird dieser potentiell zu einer kulturellen Option der Mehrheit der Gesellschaft.

Statt dessen konnte der Neotraditionalismus in Großbritannien zu Beginn der Ära Thatcher zunächst noch den Common Sense einer Tradition beschwören, der aristokratische Distinktion auch dann noch eingeschrieben ist, wenn ihre Protagonisten der Mittelschicht angehören. Bezeichnenderweise sind die führenden Neotraditionalisten in England Repräsentanten der Elitekultur. Es sind zunächst Kunsthistoriker und Philosophen, die das klassische Bildungsideal der „Grand Tour" englischer Gentlemen und dessen bauliche Verkörperung, den englischen Palladianismus, als Ideal gegen die Moderne verteidigten.[22] David Watkins vom politisch konservativen Peterhouse College in Cambridge teilt mit seinem theoretischen Gewährsmann Geoffrey Scott, dessen Buch *The Architecture of Humanism* von 1914 er neu ediert, auch die Stoßrichtung von dessen damaliger klassizistischer Offensive: Der Gegner ist die sozial und kommunitär begründete Arts & Crafts Bewegung aus der Mitte des neunzehnten Jahrhunderts.[23] Der soziale und demokratische Anspruch von Architektur, der im Gefolge von Arts & Crafts auch von der Gartenstadtbewegung aufgenommen worden war, dann aber weitgehend verloren ging, wird nun aufs Neue bekämpft, obwohl gerade in diesem Ansatz Handwerk, Ökologie und alte Stadt als Modell, nicht als Bild erstmalig programmtisch zusammengedacht worden waren. Die Stoßrichtung gegen die Moderne, die bei Watkins hinzukommt, wird deutlich, da sein akademischer Lehrer, Sir Nikolaus Pevsner, der als deutscher Immigrant das Neue Bauen in England intellektuell zu adaptieren suchte, in einer heute nicht mehr ganz nachvollziehbaren Deutung die Arts & Crafts zum Vorläufer des Bauhauses stilisiert hatte: „Von Morris zu Gropius".

Der zweite Protagonist des „klassizistischen Kreuzzugs" ist kein Geringerer als der Prince of Wales. Er teilt den elitären klassizistischen Konservativismus der Professoren, verbindet ihn aber geschickter mit den Beteiligungsforderungen der Bewegung der „Community Architecture" und mit ökologischen Forderungen.

Seit einer berühmten Attacke auf die Moderne 1984, ausgerechnet in der Höhle des Löwen, dem modernistisch orientierten „Royal Institute of British Architects", gelang es ihm, den verbreiteten Unmut am technokratischen und spekulativen Spätfunktionalismus mit seiner Autorität in eine neotraditionalistische Richtung zu lenken.[24] Seine Interventionen brachten mehrere Projekte zu Fall, so den Anbau der National Gallery oder die Neubebauung des Paternoster Square an der St.Paul's Kathedrale. Die anschließend realisierten Bauten entsprachen den traditionalistischen Vorgaben, wenn auch der umstrittene Sainsbury Wing von Robert Venturi an der National Gallery einen reflexiven Umgang mit dem historischen Vokabular zeigt, der intellektuell noch der Postmoderne verpflichtet ist.

Paradoxerweise werden in der englischen Kontroverse die ökologischen und städtebaulichen Dimensionen des Neotraditionalismus vor allem von der königlichen Ein-Mann-Kampagne des Prinz Charles vertreten. Das einzige größere städtebauliche Experimentalvorhaben des englischen Neotraditionalismus entsteht nach Plänen des Neoklassizisten und Albert-Speer-Bewunderer Leon Krier, auf einem Areal des Prinzen, am Rande der Stadt Dorchester: Poundbury.

Die Frontstellung von Charles gegen die Profession der Architekten zwang die Labour nahestehenden Modernisierer, allen voran den „Global Player" Richard Rogers, zum auch politisch geführten Abwehrkampf. Labour machte sich die fast schon als nationales Branding kultivierte Linie des High-Tech von Foster und Rogers zu eigen. So wurde 1997 der privaten Architekturschule des Prinzen vom Royal Institute of British Architects (RIBA) das Recht verweigert, akademische Grade zu verleihen. Mit dem Machtantritt von New Labour verschoben sich nun die Gewichte, zumindest im Kampf um Meinungsführerschaft, zu Gunsten der Vertreter einer modernen Architektur. Richard Rogers, nun Berater von Tony Blair in Fragen von Architektur und Städtebau, kann den symbolisch bedeutsamen Millenium Dome in Greenwich bauen. Ralph Erskine, Veteran einer modernen und zugleich partizipatorischen Architekturauffassung, wird das ökologische Modellprojekt des Millenium Village realisieren. Damit verliert der Neotraditionalismus nun auch noch seinen Alleinvertretungsanspruch in Sachen Ökologie.

In „Cool Britannia" von New Labour, dem neuesten Modernisierungsversuch im Zeichen der Globalisierung, wird nun deutlich, woran der englische Neotraditionalismus bereits in der Ära Thatcher krankte: Waren Tradition und Fortschritt unter den Bedingungen des Empire noch vereinbar, so wurde die Beschwörung eines idealisierten Merry Old England des achtzehnten Jahrhunderts unter den Bedingungen eines dramatischen Niedergangs des Landes selbst zu einem Symptom der englischen Krankheit.

Der amerikanische Neotraditionalismus hingegen hat es verstanden, sich als modernisierende städtebauliche Kraft im Kampf gegen den Sprawl zu profilieren. Anders in England: Die elitäre Vereinnahmung durch die

Professoren von Peterhouse und die polarisierende Politik des Prinzen lassen den Neotraditionalismus nur noch als Marotte des Thronfolgers erscheinen. Tatsächlich aber erwächst in der Lebensstilkultur der neuen Mittelschichten selbst eine Nachfrage nach Konvention und Tradition.

1   Beth Dunlop, Building a Dream. The Art of Disney Architecture, Foreword by Vincent Scully, New York 1996
2   Mittlerweile vermitteln einige Sammelbände einen ersten Überblick, bezeichnenderweise unter dem Stichwort „Klassizismus": Robert A. M. Stern, Moderner Klassizismus, Stuttgart 1990; Andreas Papadakis, Klassische moderne Architektur, Paris 1997
3   Andres Duany, Diskussionsbeitrag, in: Harvard Design Magazine, Winter/Spring 1997, S. 47
4   Eine frühe, scharfsinnige Diagnose dieser Entwicklung findet sich bei Joseph Bensman und Arthur J. Vidich, The New American Society. The Revolution of the Middle Class, Chicago 1971.
5   Eher wird die Verwandtschaft von der englischen Seite betont. So verweist Prince Charles auf das Vorbild Seaside, das 1981 von Andres Duany und Elisabeth Plater-Zyberk in Florida entworfen wurde. Vgl. HRH The Prince of Wales, Die Zukunft unserer Städte, München 1989, S. 142ff
6   Vgl. Heinrich Klotz, Moderne und Postmoderne, Braunschweig/Wiesbaden 1985
7   Frederic Jameson, Postmoderne – zur Logik der Kultur im Spätkapitalismus, in: Andreas Huyssen, Klaus R. Scherpe (Hg.), Postmoderne: Zeichen eines kulturellen Wandels. Reinbek bei Hamburg 1986, S. 46f
8   Die Problematik der Kodierung von Populärkultur im elitären Kunstdiskurs hat Stanislaus von Moos am Beispiel von Venturi und Scott-Brown bereits in den achtziger Jahren thematisiert: Stanislaus von Moos, Venturi, Rauch & Scott-Brown, München 1987.
9   Vgl. dazu die in Anm. 2 genannten Sammelbände, ferner, noch postmodern spielerisch: Charles Jencks, Die Postmoderne. Der neue Klassizismus in Kunst und Architektur, Stuttgart 1987.
10   Vgl. Joseph Rykwert, The Dancing Column: On Order in Architectur, Cambridge, Mass./London 1996
11   Nan Ellin, Postmodern Urbanism, Oxford 1996, Kap. 3, S. 44ff
12   Bei näherem Hinsehen dominieren in ihrer Aufzählung jedoch die amerikanischen Strömungen.
13   Gordon Cullen, The Concise Townscape, New York 1961, und Kevin Lynch, Das Bild der Stadt, Berlin u.a. 1965
14   Eugene J. McCann, Neotraditional Developments: The Anatomy of a New Urban Form, in: Urban Geography, 1995, 16, 3, S. 210-233
15   Robert Fishman, Bourgeois Utopias. The Rise and Fall of Suburbia, New York 1987
16   Einen umfassenden Überblick über die Gartenstadtbewegung und ihre internationalen Folgen bis heute gibt Stanley Buder, Visionaries and Planners, New York/Oxford 1990.
17   Exemplarisch: William S. Worley, J.C. Nichols and the Shaping of Kansas City, Columbia, Missouri 1990
18   Nach: Miles Glendinning und Stefan Muthesius, Tower Block, New Haven und London 1994, S. 116

19 Peter Hall u. a., The Containment of Urban England, London 1973, 2 Bände, und Anthony D. King, The Bungalow, New York/Oxford 1995, S. 255f

20 Vgl. Anthony Jackson, The Politics of Architecture: English Architecture 1929-1951, in: Journal of the Society of Architectural Historians, Bd. 24 1965, S. 97-107, und Nikolaus Pevsner, The Englishness of English Art, London 1956

21 Stefan Collini et al., That Noble Science of Politics, Cambridge 1983, und Stefan Collini, Public Moralists, Political Thought and Intellectual Life in Britain 1850-1930, Oxford 1991

22 David Watkin, Morality and Architecture, Chicago/London 1977, Roger Scruton, The Aesthetics of Architecture, Princeton 1979. Zur Kritik dieser auch politisch artikulierten „Tory"-Ästhetik vgl.: Alex Potts, The New Right in Architectural Aesthetics, in: History Workshop Journal, August 1981, Heft 12, S. 159-162. Zu den Frontverläufen der Theoriedebatte vgl. genauer Michael Rustin, Postmodernism and Antimodernism in Contemporary British Architecture, in: Assemblage 8, Februar 1989, S. 88-103.

23 Hierzu die vorzügliche deutschsprachige Textedition von Gerda Breuer, Ästhetik der schönen Genügsamkeit oder Arts & Crafts als Lebensform , Braunschweig/ Wiesbaden 1998

24 Die Rede wurde abgedruckt in der Zeitschrift des RIBA, Transactions, 1984, S.49-51; vgl. das in Fußnote 5 genannten Buch des Prinzen.

www.janejacobs.com
Überlegungen im Anschluß an David Brooks'
Bobos in Paradise[1]
(2000)

Nach dem Zweiten Weltkrieg meldete die neue Führungsmacht des Westens, die Vereinigten Staaten, auch kulturell den Anspruch auf die globale Avantgarderolle an. In Kunst und Architektur eroberte eine amerikanisierte Moderne die weltweite Hegemonie in der Hochkultur, während Hollywood, Disney, Coca Cola, Blue Jeans und später die Rockmusik eine neue internationale Massenkultur prägen sollten.

Heute hingegen muß man sich die Nachkriegsmoderne der USA nach langer Verdrängung durch die Postmoderne wieder neu erschließen. Seit einigen Jahren aber ist ein Revival, wenn auch noch auf die engere Kunstszene beschränkt, zu beobachten. Mit der Publikation der suggestiven Architekturfotografien Julius Shulmans vor allem in Südkalifornien, aber auch mit der Rehabilitierung des zu Unrecht von Philip Johnson aus dem Kanon des Internationalen Stils ausgeschlossenen Rudolph M. Schindler, einem Wiener aus der Schule Otto Wagners, der bereits in den zehner Jahren des letzten Jahrhunderts eine genuine West-Coast-Moderne in Los Angeles begründete, werden die Faszination und die frappierende Aktualität der utopischen Visionen der amerikanischen Moderne, die zum international style werden sollte, wieder sinnfällig.[2]

Daß diese suburbane Moderne, ihrer Bauherrenschaft folgend, vor allem die Tradition des Hauses Tugendhat fortsetzte und nicht die des sozialen Wohnungsbaus der zwanziger Jahre, ließ sie zusehends zu einer genuinen Architektur der wohlhabenden Mittelschicht werden. Bereits damals wurde Moderne zu einer Lifestylekategorie – und damit abhängig von sich wandelnden Geschmackskulturen.

Die Fallhöhe zum heute in dieser Klientel populären Neotraditionalismus könnte größer nicht sein.[3] Nun waren die gediegenen suburbanen Bungalows eines Richard Neutra seinerzeit nicht minder kostspielig als heute die engen Zuckerbäckerhäuser der Wortführer des New Urbanism, des Ehepaars Elizabeth Plater-Zyberk und Andres Duany aus Florida, die mehr als hunderttausend Dollar teurer sind als vergleichbare Einfamilienhäuser. Als Bauherren kamen und kommen nur die oberen Einkommensklassen in Betracht.

Was also hat sich in den knapp fünfzig Jahren verändert, daß die Upper Middle Class in den USA heute, als Trägerin des Siegeszugs der intelligenten Technologien, die rückwartsgewandte Utopie kleinstädtischer Nachbarschaft und Gemütlichkeit als Lebensideal kultiviert? Aus deutscher Sicht wird die Virulenz dieser Frage noch deutlicher, wenn man auf die Verwandtschaft des New Urbanism mit fast allen Grundsätzen der Heimatschutzbewegung des Kaiserreichs verweist, mit dem er übrigens auch seine effiziente Mischung aus missionarischem Eifer, elitärer Abgrenzung von seelenloser Moderne und Massengeschmack und pragmatischem, durchsetzungsfähigem Handeln teilt. Waren aber die sozialen Träger des Heimatschutzes professionelle kommunale Planer die von einer nicht allzu wohlhabenden bildungsbürgerlichen Mittelschicht getragen wurden, so ist beim „New Urbanism" der Hinweis auf die Mittelschichten als sozialer Trägerschicht irreführend.[4] Deren Wohnideal ist nach wie vor das suburbane Haus, ein Typus, der auch den ethnisch heterogenen, vor allem asiatischen und lateinamerikanischen Immigranten, Arbeitern und African-Americans als Vehikel des sozialen Aufstiegs und der Integration dient. Das „gewöhnliche" Suburbia mit seinen räumlichen „Pufferzonen" ist längst zum multiethnischen Laboratorium geworden.

Plausibler ist die von Peter Tautfest angedeutete Interpretation des New Urbanism als Absetzbewegung einer neuen politisch liberalen, kulturell konservativen Oberschicht von der Masse der Mittelschicht.[5] Anders als die sich in den Enklaven der Gated Communities abschottende konservative Elite[6], garantiert diese ihre Distinktion gerade über den kulturellen Habitus eines urbanen, wenn auch kaum minder exklusiven Kommunitarismus mit seiner eigentümlichen Doppelmoral: der eines „Placebourbanismus"[7], der sich als soziales und ökologisches Projekt der fußläufigen und sozial gemischten Stadt profiliert und damit zum Programm der politischen Elite der ehemaligen Clinton-Administration (Al Gore), des Wohnungsministeriums (HUD, Housing and Urban Development), einiger Staatsadministrationen (Oregon, Maryland) und vieler Kommunen (Portland, Milwaukee) geworden ist.

Auffallend ist die den erklärten politischen Pluralismus dementierende homogene Lebensstilkodierung, eine Synthese aus offensiv national definiertem amerikanischem „vernacular" und „europäischer", also touristisch gewonnener gehobener Lebensart, zu der als Symbole etwa die gänzlich „unamerikanische" Kaffeehauskultur[8] und die konsumistische Besetzung des nach italienischen Vorbildern inszenierten öffentlichen Raums gehören.

Sämtliche Attribute des idealtypischen Nachfragers nach New Urbanism finden sich in einem erfolgreichen, im Jahre 2000 bei Simon & Schuster erschienenen Buch des amerikanischen Journalisten David Brooks. Mit sicherem Gespür für modische Etiketten hat der deutsche Verleger die Übersetzung unter dem Titel *Die Bobos. Der Lebensstil der Neuen Elite*, publiziert. Der Originaltitel ist entschieden präziser: *Bobos in Paradise. The New Upper Class and How They Got There.*

Der Autor, studierter Historiker, früherer Europa-Korrespondent des *Wall Street Journal* und heute leitender Redakteur des konservativen *Weekly Standard* in Washington, schreibt, anders als die Mehrzahl der amerikanischen Gesellschaftsdiagnostiker, nicht über die Mittelschichten. Dieser vage Begriff, dem sich je nach Forschungsansatz etwa 60 bis 80 Prozent der Amerikaner zurechnen, von denen aber wiederum ein Großteil zu den 50 Prozent Arbeitern ohne Collegeabschluß zu zählen sind[9], ist vor allem als kulturelle Kategorie wichtig: Der Begriff markiert den weitgehenden Wertekonsens im Zentrum der amerikanischen Gesellschaft.[10]

Brooks schreibt explizit über das *obere Segment* der Mittelschicht, dem im weitesten Sinne die rund 20 Prozent der Bevölkerung mit Hochschulabschluß angehören. Nur sie haben von der Spaltung des Arbeitsmarktes seit den achtziger Jahren profitiert, und nur sie gehören zu den Einkommens- und Statusgewinnern des Booms der neunziger Jahre. Das Gros der amerikanischen Bevölkerung, mehr als 60 Prozent der Erwerbstätigen, hat seinen Lebensstandard nicht wesentlich erhöhen können und arbeitet sogar mehr als in den sechziger Jahren.[11]

Eigentlich aber bilden die Bobos einen noch engeren Kreis: neun Millionen Haushalte mit einem durchschnittlichen Jahreseinkommen von mehr als hunderttausend Dollar, „und das ist der tonangebende und aktive Teil der Bevölkerung" (S. 282). Entscheidend für diese „Upper Class" ist ihr akademisches Wissen, das sie in den Leitsektoren der Technologieentwicklung, in der Finanzwelt, den Forschungs- und Ausbildungszentren, in der Politik und in den Medien in die Führungspositionen gebracht hat. Anders als die alte Herkunftselite, ist die „Upper Class" primär eine Wissens- und Leistungselite.

Bourgeois Bohemians, kurz Bobos: Der Kunstbegriff steht für die Synthese aus den gegenkulturellen Lebensentwürfen der Jugendrevolten seit den sechziger Jahren und der nüchternen neoliberalen Neuauflage eines

Homo oeconomicus, wie sie die „marktwirtschaftliche Revolution" der achtziger Jahre unter Reagan und Thatcher hervorbrachte. Die eigentlichen Gewinner der achtziger Jahre – die neureichen „Yuppies" der Finanzwelt, Generationsgenossen der Bobos – zählt Brooks nicht dazu. Sie repräsentieren eher den Typus des „alten", ungebildeten Kapitalisten, der Ende der achtziger Jahre in der öffentlichen Meinung in Ungnade fiel („Greed is not Enough"[12]). Die Bobos verstehen sich hingegen als die moralische Elite einer Konsensgesellschaft.

Was noch den globalen studentischen Revolten als unvereinbare Gegensätze erschien – bürgerliche Kleinfamilie oder sexuelle Revolution und Libertinage, Eigennutz oder Gemeinschaftsgeist, Sinnlichkeit oder Zweckrationalität, Konsum oder spirituelle Befreiung –, ist nunmehr, so Brooks, in einer Synthese des Ausgleichs und der Harmonisierung aufgegangen. Bei allen Differenzen hatten die emanzipatorische Kulturrevolution und die konservative neoliberale Marktrevolution ihre Frontstellung gegen den Staat, die Bürokratie, die Großorganisationen, die alte Industriegesellschaft gemein. Zugespitzt lautet die These, daß gerade die aus der Gegenkultur hervorgegangene Ökonomie des „Small is beautiful" der eigentliche Gewinner der Deregulierung und Deindustrialisierung unter Reagan gewesen sei, während Corporate America, Reagans Hauptstütze, zwar noch mächtig blieb, die Entwicklung der Ökonomie jedoch nicht mehr bestimmen konnte.[13] Zu den Verlieren zählten natürlich die Industriearbeiter und viele Angestellte der großen „Corporations".

Als Journalist ist Brooks nicht an die strengen Regeln der sozialwissenschaftlichen Empirie gebunden, sondern orientiert sich an den großen Zeitdiagnosen der fünfziger Jahre, etwa am *Organization Man* des soziologisch informierten Journalisten William Foote Whyte und an der *Lonely Crowd* des journalistisch schreibenden Soziologen David Riesman.[14] Für Whyte und Riesman waren die fünfziger Jahre die Ära eines neuen Mittelstandes der Angestellten, deren aus dem Geist der Großunternehmen und der homogenen neuen Suburbias geborene „außengeleitete" Kultur der Konformität auffällig der „innengeleiteten" Mentalität starker Individuen und Charaktere in der Aufbruchsphase des amerikanischen Kapitalismus im neunzehnten Jahrhundert kontrastierte. Von seinen literarischen Vorbildern übernimmt Brooks auch inhaltlich die Deutungsfolie, sieht aber nun, nach dem Organization Man, einen neuerlichen Generationsbruch, den Aufstieg einer neuen Oberschicht.

Grundlage dieses Triumphzugs der Bobos ist für Brooks die radikale Reform der Eliteuniversitäten seit den fünfziger Jahren: Durch konsequente Anhebung der Zulassungsstandards ist es in wenigen Jahrzehnten gelungen, die Selbstrekrutierung der Oberschichtsnetzwerke durch Leistungsstandards aufzubrechen und eine relative Öffnung der Hochschulen, auch für untere Schichten, ethnische Minderheiten und, ganz entscheidend, für Frauen zu erreichen.[15] Dabei wurde allerdings der korporative Charakter der Elitehochschulen gewahrt. Der Zugang zur Elite führt einzig und allein über einen Abschluß an der Harvard Business School, an der Yale Law School etc. Als Sohn einer Familie aus der jüdischen unteren Mittelschicht nimmt Brooks seine Karriere als Bobo als Beleg für diese These.

Die Öffnung der Hochschulen fällt, hier in deutlicher Parallele zu Europa, mit den studentischen Protestbewegungen, dem weltweiten Generationenkonflikt, zusammen. Etwas vereinfacht gesagt, sind für den Autor die Hippies der „Counterculture", so der zeitgenössische Titel eines Buches von Theodore Roszak, die letzten Vertreter einer Boheme, die die bürgerliche Gesellschaft seit der Industrialisierung als gegenbürgerliche Bewegung von Bürgerkindern begleitet. Natürlich ist sein Lieblingsmodell die Künstlerszene von Paris, der „Hauptstadt des neunzehnten Jahrhunderts", wobei er die durchaus plausible Deutung der Boheme als Vermarktungsstrategien durchaus arrivierter Künstler übergeht. Auch schweigt er über die deutsche Jugendbewegung, der nicht nur Walter Benjamin oder Ernst Bloch angehört hatten, sondern auch viele Sympathisanten der frühen nationalsozialistischen Bewegung.

Daß die Boheme, mit bedauernswerten Ausnahmen, in der Regel immer die Kurve zurück ins bürgerliche Heim fand, ist bekannt. Tatsächlich war die Absorption gegenkultureller Impulse, exemplarisch etwa die Avantgarden der zwanziger Jahre, immer schon ein wichtiger Modernisierungsmechanismus der bürgerlichen Gesellschaft gewesen.[16] Was also wäre neu an den Bobos? Zunächst scheint es, als hätten die früheren Bohemiens den Konflikt zwischen Rebellion und Konvention nur um den Preis einer klaren Entweder-Oder-Entscheidung lösen können. Vor ein ähnliches Problem gestellt, ist es den Bildungseliten nach '68 gelungen, das *Entweder-Oder* durch ein *Und* zu ersetzen: „Die hervorstechendste Leistung der Bildungseliten der neunziger Jahre bestand darin, einen Lebensstil zu entwickeln, der es ihnen ermöglichte, einerseits wohlhabend und erfolgreich, zu sein, andererseits aber auch rebellisch und unorthodox zu bleiben." (S. 48f)

Die strukturelle Grundlage dieses Lebensstils sieht Brooks im Anschluß an die Zeitdiagnose der siebziger Jahre im Übergang von der Industrie-

Small Town America als Ordnungsbild. Postamt in Seaside, Florida, von Andres Duany und Elisabeth Plater-Zyberk, seit 1982

zur Informationsgesellschaft. 1973 hatte der Soziologe Daniel Bell einen säkularen Wandel vorhergesagt: von der industriellen zur postindustriellen, zu einer auf neuen Kommunikations- und Informationstechnologien beruhenden Gesellschaft.[17] Die damit einhergehende Entwertung alter Wissensbestände und der prognostizierte Aufstieg einer neuen akademisch qualifizierten Wissenselite hatte die Soziologie seither zur Suche nach einer neuen Klasse (the New Class) veranlaßt.[18] Während auf dem alten Kontinent noch das „technologische Patt" (Gerhard Mensch) beklagt und die neuen technischen Eliten von Soziologen noch in den Kategorien der alten Klassentheorie als „neue Arbeiterklasse" mißverstanden wurden, entwickelte sich in der deregulierten Ökonomie der Reagonomics eine eigentümliche Melange aus neuen Märkten, neuen Technologien und einer neuen sozialen Trägerschicht, in der sich alte Mittelschichtswerte, die Tugenden des Marktes, mit freieren und sinnlicheren Formen des sozialen Verhaltens – als konservatives Opfer dieser Bewegung sprach der Soziologe Talcott Parsons damals von einer „expressiven" Revolte – und neuen Bildungsansprüchen mischten, die sich aus einer touristischen Öffnung zur europäischen Kultur ergaben.

Der Luxus, subkulturelle Errungenschaften mit wirtschaftlichem Erfolg zu verbinden, war dieser neuen Generation zunächst vor allem deswegen möglich, weil die Älteren den Strukturwandel brachial erzwangen und die große Spaltung der Gesellschaft herbeiführten.[19] Die Bobos hingegen verfügten neben diesen neoliberalen Startchancen zusätzlich über die neuen Wissensmonopole, die zusehends zum elementaren Zivilisationsbestand der neuen Informations- und Mediengesellschaft wurden. Was Bill Gates in der Wirtschaft, das waren Clinton und Blair in der Nach-Reagan- und Nach-Thatcher-Ära in der Politik.

Eine der Stärken von Brooks' Arbeit ist die subtile Beschreibung, wie die Ansprüche der jugendlichen Gegenkulturen durch eine schleichende Rekodierung nicht nur wieder in den Markt zurückgeführt werden konnten, sondern sich dort gerade als besondere Stärken erweisen sollten. Die Aversion gegen den Konformismus der Eltern, der radikale Anspruch auf Selbstverwirklichung und Individualität ließen sich in einer neuen Gründerökonomie als kreatives, innovatives und besonders wagemutiges Unternehmertum feiern, die Spannung zwischen Eigennutz und Gemeinschaft konnte in den neuen Start-Up-Unternehmen als gemeinsames Unternehmertum in einer horizontal vernetzten Gründerökonomie gelebt werden. Durchaus im Sinne der Counterculture schien die Aufhebung des Gegensatzes von Arbeit und Freizeit (coming home to work) zu sein: Kapitalismus für Kreative. Anders gewendet: Jeder Kreative ist ein Unternehmer. Joseph Beuys hatte sein „Jeder ist ein Künstler" anders verstanden.

Auch der Moralismus der Gegenkultur, im Protest gegen den Krieg in Vietnam und im Kampf für die Erhaltung des Regenwaldes erprobt, fand Eingang in den neuen „aufgeklärten" Kapitalismus, in dem „Profit mit progressiven Motiven" verknüpft wird, vor allem mit den Themen Ökologie und Frieden (S. 121).

Mit der ihm eigenen, nur auf den ersten Blick plätschernden Sprache (der sich die Übersetzung anzunähern sucht und dabei öfter über das Ziel hinausschießt) seziert Brooks mit Ironie die Widersprüche im Harmoniemilieu der Bobos, etwa am Beispiel der befreiten und schon wieder domestizierten Sexualität, der individualisierten Spiritualität, die wieder in konventioneller Kirchlichkeit mündet, oder der Tragik der sozial zwar hoch angesehenen, aber relativ schlecht bezahlten Intellektuellen, nein: intellektuellen Unternehmer, die an Status-Einkommens-Disparität leiden (S. 202ff).

Die überraschende Renaissance der amerikanischen Städte ist nicht zuletzt mit der Blüte der Bobokultur zu erklären: neue, durchwegs „historisch" erscheinende Kleinstadtstrukturen, in denen gut gekleidete „Bürger" in üppig gestylten Kaffeehäusern und auf schön gestalteten öffentlichen Plätzen mit Springbrunnen Straßenmusikanten lauschen, deren Songs denen des jungen Bob Dylan verblüffend ähneln. Simulation? Disneyland? Nein, sagen die New Urbanists, nichts als das legitime Bedürfnis der neuen Mittelschichten nach städtischer Kultur. Ein Bedürfnis, dem die Developer auch mit gezielter Animation von Gemeinschaft entgegenkommen. Die Sehnsucht nach „authentischen" Räumen haben bildungshungrige Bobos auf ihren Europaexkursionen zu „authentischen" Orten – mediterranen Dörfern und Städten – kultiviert und deren Simulationen in die puritanisch leeren Räume der amerikanischen Städte und Suburbias transplantiert.

Der kommerziell versierte New Urbanism hat diese Erkenntnis längst offensiv als Standortfaktor vermarktet. Auf einer Tagung in Atlanta mit dem Thema „The New Urbanism for the New Economy" wurde die These lanciert, daß nur Städte, die diesem Leitbild des „New Urbanism" folgen, eine Zukunft hätten: „Those places that attract the talent will thrive. Those that can't are going to be like ghost towns." Oder: „Street life is an amenity you are willing to pay for."[20]

Als Vordenkerin dieses neuen, antimodernen Leitbildes der pittoresken, funktional gemischten schönen Kleinstadt identifiziert Brooks, mit siche-

52

rem Gespür für personale Stilisierung von Ideengeschichte, die Amerikanerin Jane Jacobs, die er als „Proto-Bobo" identifiziert (S. 138ff).[21] Deren Neufassung der Großstadt – immerhin schreibt sie über New York – als malerischer Kleinstadt im Mikrokosmos der Nachbarschaft, hier der Hudson Street in Greenwich Village, die Stilisierung der kleinen Ladenbesitzer zu Garanten von Ordnung, Kontrolle und Vertrautheit und die Poetisierung des öffentlichen Raums, der mit der Kunstform des Tanzes verglichen wird, enthält bereits alle Elemente der späteren Bobokultur und des New Urbanism mit ihrer Idealisierung von Gemeinschaft, Autorität und sozialer Kontrolle.[22] In der Überblendung von Kommerz und Poesie sieht Brooks kaum zu Unrecht die entstehende Synthese von Boheme und Bürgerlichkeit. Bemerkenswert an der Idyllisierung des Urbanitätsdiskurses ist die Ausblendung des politischen Kerngehalts von Stadt, des republikanischen Bürgerbegriffs, der seinerzeit in New York bei Hannah Arendt hätte rezipiert werden können.[23]

Diese Distanz zur politischen Dimension von Urbanität findet sich auch beim New Urbanism, der nicht einmal die offenkundigen Parallelen zur politischen Philosophie des Kommunitarismus zum Thema macht.

So wie die Bobokultur in der Architektur zu der geschmäcklerischen Attitüde des heutigen Neotraditionalismus beigetragen hat, so scheint der latente Kulturkonservativismus generell zum Signum dieser neuen Oberklasse zu gehören. Letztlich muß auch Brooks zugestehen, daß die Subkultur sich eher der alten bürgerlichen Kultur genähert hat, als daß diese sich dem Neuen geöffnet hätte.[24] Den kulturellen Konservativismus deutet er nicht primär als Ausdruck einer selbstzufriedenen Aufsteigerkultur, die sich ihres neuen Ranges vergewissert und ihre teilweise fehlende Tradition neu erfindet. Vielmehr sei es das Projekt der als „Konservative in Jeans" charakterisierten Bobos, die „größte Versöhnung" einer Gesellschaft herbeizuführen, die zwei Umwälzungen zu verarbeiten habe und deren Wunden zu heilen seien. So hätten sich auch die Konfliktlinien der Politik verschoben. Für die Bobos sind ihre wichtigsten Anliegen verwirklicht. Die Gesellschaft befindet sich zwar technologisch, nicht aber in ihren zentralen Institutionen und Werten im Wandel. Erstmals, so Brooks, sei ein Gleichgewicht erreicht. Konsens tritt an die Stelle von Konfrontation. Konflikt und Dissens, wenngleich konstitutiv für offene, demokratische Gesellschaften, werden delegitimiert und marginalisiert .

„Es sind die Kämpfe zwischen denen, die die Sechziger- und Achtzigerjahre glücklich in ihrem Denken vereint haben, und denen, die diese ‚Fusion' ablehnen" (S. 283) – tatsächlich lassen sich inzwischen auch in

Europa mit dieser Unterscheidung viele Kontroversen beschreiben, bis hin zu Petitessen wie dem Konflikt um den Wiederaufbau des Berliner Stadtschlosses.

Noch vor dreißig Jahren hatte Daniel Bell befürchtet, daß diese neue führende Klasse der Informationsgesellschaft sich der Zersetzung der herkömmlichen Hochkultur durch Avantgardismus und Hedonismus verschreiben und damit die moralisch-ästhetischen Grundlagen einer auf der protestantischen Ethik beruhenden Arbeitsgesellschaft zerstören würde.[25] Brooks gibt Entwarnung – sehr zum Leidwesen aller Intellektuellen, die nur noch talkshowkompatibel Überlebenschancen haben, und sehr zum Leidwesen von Architekten, die bloß noch als Dekorateure und Experten für Lifestyleaccessoires gebraucht werden. Der konservative Soziologe Arnold Gehlen hatte diese Kultur des Stillstands in den sechziger Jahren einmal als „kulturelle Kristallisation" bezeichnet.[26] Indes scheint es diese Erstarrung der Bobokultur zu sein, die Brooks nach neuen, „wahrhaft subversiven" Bohemiens Ausschau halten läßt. Er hofft sie in den jungen Zirkeln der „Internetmogule" zu finden[27], während die Kinder der Bobos zu glatten Karrieristen zu werden scheinen.

Die Genese der Bobos veranschaulicht Brooks am Beispiel von Dustin Hoffman, der in Mike Nicols' Film *The Graduate* (*Die Reifeprüfung*, 1968) als junger Collegestudent mit der Tochter der von Simon and Garfunkel verewigten Mrs. Robinson aus der Totenstarre von Suburbia flieht, um, so hätte es sein können, in einer Kommune in Haight-Ashbury in San Francisco zu landen (S. 35f). Der Beginn einer hoffnungsvollen Bobokarriere?

Dreißig Jahre später nimmt der Film *American Beauty* (Sam Mendes, 1999), auf den sich Brooks nicht bezieht, den biographischen Faden wieder auf, erzählt die Geschichte jedoch anders zu Ende. Die Hauptfigur (Kevin Spacey), ein arbeitsloser Mittvierziger in Suburbia und unglücklicher Ehemann einer karrierebewußten Frau (Annette Bening), die, anders als Mrs. Robinson, im Berufsleben aufgeht, hat seine Ideale verloren, hadert mit Frau, Beruf und Tochter und wird zum Ende des Films eher beiläufig von einem Nachbarn erschossen. Auch die Tochter und ihr Freund – als Außenseiter im Konformismus der High School verkörpern beide das Nachleben der Ideale der sechziger Jahre – verlassen fluchtartig Suburbia. *Dieser*, den Sechzigern analogen Konstruktion einer Entfremdung zwischen den Generationen scheint Brooks nicht zu trauen. Statt dessen hat er sich unter Studenten der Ivy-League-Universität Princeton umgesehen: zielstrebig an ihrer Karriere arbeitende, angepaßte und autoritätsgläubige workoholics, lautet der Befund.[28] Der auf Versöhnung und Autorität, Konsens und Leistung gerichtete Lebensentwurf der Bobos nimmt bei ihren Kindern, denen der Moralismus der Eltern fehlt, auffallend die Züge der Großelternkultur an, genauer: von deren Idealbildern. Whytes *Organization Man* erlebt seine Reinkarnation im *Organization Kid*.

Brooks erschreckende, ungemein sachhaltige Schilderung der Konditionierung des Bobonachwuchses, der bereits in der Schule, einschließlich großzügiger Medikamentierung, auf das Leitbild von Leistung und Konformismus getrimmt wird, kann als beunruhigender Verweis auf die mit der Gentechnik verknüpften Züchtungsutopien gelesen werden. Über Moral oder Charakter mag der Organization Kid, so der konservative David Brooks mit spürbarer Beunruhigung, nicht sprechen.

Daß die Prognose *Back to the Fifties* uns gemäß der herrschenden Retrologik wieder eine Architektur bescheren könnte, die der Ästhetik der Fotografien von Shulman folgt – nur technisch zeitgemäßer und energieeffizienter, wie etwa das Haus Sobek in Stuttgart –, wäre angesichts solcher sozialer Visionen ein allzu schwacher Trost.

1 David Brooks, Die Bobos. Der Lebensstil der neuen Elite. Aus dem Amerikanischen von Martin Baltes, Berlin/München 2001. Die Seitenangaben beziehen sich auf diese Ausgabe. Originalausgabe: Bobos in Paradise. The New Upper Class and How They Got There, New York 2000.
2 Julius Shulman, Architektur und Fotografie, Vorwort von Frank O. Gehry, Köln 1998; Pierluigi Serraino/Julius Shulman, Modernism Rediscovered, Köln 2000; R. M. Schindler, Composition and Construction, hg. v. Lionel March und Judith Sheine, London 1995
3 Werner Sewing, Zwischen Hochkultur und Populärkultur. Neotraditionalismus in den USA und Großbritannien, in: Die Alte Stadt, Heft 1998, S. 359-371 (in diesem Band, S. 32ff); Eugene J. Mc Cann, Neotraditional Developments: The Anatomy of a New Urban Form, in: Urban Geography, 1995, Heft 3, S. 210-233
4 Vgl. Stadtbauwelt 12/2000, 31.3.2000, sowie Centrum. Jahrbuch Architektur und Stadt 2000–2001, S.114-117
5 Peter Tautfest, Die Sehnsucht der Booboisie, in: Centrum. Jahrbuch Architektur und Stadt 2000–2001, S.120-121
6 Edward J. Blakely and Mary Gail Snyder, Fortress America. Gated Communities in the United States. Washington, D.C. / Cambridge, Mass. 1997
7 Ivonne Audirac/Anne H. Shermyen, An Evaluation of Neotraditional Design's Social Prescription: Postmodern Placebo or Remedy for Suburban Malaise, in: Journal of Planning Education and Research, S. 161-173
8 Zur Kommerzialisierung des Kaffees als Lifestyleelement seit der Yuppiekultur der achtziger Jahre vgl.: William Rosebery, The Rise of Yuppie Coffee and the Reimagination of Class in the United States, in: American Anthropologist, 98. Jg., Dec. 1996

9 Joel Rogers/Ruy Teixeira, Americas Forgotten Majority, in: The Atlantic Monthly, Juni 2000, S. 66-75

10 Vgl. aber die Differenzierung des Begriffs bei Barbara Ehrenreich, Fear of Falling. The Inner Life of the Middle Class, New York 1989

11 Barry Bluestone/Stephen Rose, Overworked And Underemployed, in: The American Prospect, March-April 1997, S. 58-69

12 David Brooks, The Good Old Boys, in: New York Times Magazine, 20. Februar 2000

13 Annalee Saxenian bestätigt diese These in ihrem Vergleich der Regionen von Boston und Silicon Valley: Regional Advantage. Culture and Competition in Silicon Valley and Route 128, Cambridge/Mass., London/England 1996 (zuerst 1994).

14 William H. Whyte, The Organization Man, New York 1956; David Riesman (mit Reuel Denney und Nathan Glazer), Die einsame Masse, Reinbek bei Hamburg 1958, am. Orig. 1950. Kritisch: Carl N. Degler, The Sociologist as Historian: Riesman's The Lonely Crowd, in: American Quarterly XV, Winter 1963, S. 483-497

15 Noch in den sechziger Jahren wurde die Überlagerung des Leistungsprinzips durch „Klub" und „Kaste" beklagt. E.Digby Baltzell, The Protestant Establishment. Aristocracy and Caste in America, London 1964.

16 Martin Albrow, Abschied vom Nationalstaat. Staat und Gesellschaft im globalen Zeitalter. Frankfurt am Main 1998, S.92 ff., engl. Orig. 1996

17 Daniel Bell, Die nachindustrielle Gesellschaft, Frankfurt am Main/New York 1975, am. Orig. 1973

18 Alvin W. Gouldner, Die Intelligenz als neue Klasse. Frankfurt am Main 1980

19 Für Reagan vgl. Kevin Phillips, The Politics of Rich and Poor. Wealth and the American Electorate in the Reagan Aftermath, New York 1990

20 New Urbanism Linked to New Economy, in: New Urban News, Jan./Feb. 2001, S. 14

21 Jane Jacobs, Tod und Leben großer amerikanischer Städte, Gütersloh/Berlin 1963, ³1993 (Bauwelt Fundamente, Bd. 4), am. Orig. 1961. Vgl.: Roger Montgomery, Is There Still Life in The Death and Life, in: Journal of the American Planning Association, Summer 1998, S. 269–274

22 Der konservative Gehalt der Poesie von Jacobs wurde früh gesehen: Robert Fishman, The Anti-Planners, in: Gordon E. Cherry (Hrsg.), Shaping an Urban World, London 1980, S. 243-252, ebenso der touristische Blick und der Einfluß eines pittoresken Mißverständnisss von Camillo Sitte: John W. Dyckman, The European Motherland of American Urban Romanticism, in: Journal of the American Institute of Planners, Bd. 28, Nov. 1962, S. 277-281

23 Hannah Arendt, Über die Revolution, München o.J., am Orig. 1963; vgl.: Wolfgang Heuer, Citizen, Berlin 1992

24 „... ich hätte es in meinem Buch vielleicht etwas deutlicher machen sollen, daß bei dem Verschmelzen von Bohémiens und Bourgeoisie die Seite der Bourgeoisie zu dominieren begann." David Brooks im Gespräch mit der Berliner Zeitung, 12./13. 8. 2000

25 Daniel Bell, Die Zukunft der westlichen Welt. Kultur und im Widerstreit, Frankfurt am Main 1976

26 Arnold Gehlen, Über kulturelle Kristallisation (1961), abgedruckt in: ders., Studien zu Anthropologie und Soziologie, Neuwied/Berlin 1963, S. 311-328

27 David Brooks, The Good Old Boys, in: New York Times Magazine, 20. Februar 2000

28 David Brooks, The Organization Kid, in: The Atlantic Monthly, April und Mai 2001

Die Moderne unter den Teppich gekehrt
(1996)

Block oder Zeile – auf diese Alternative schien sich seit längerem die Typologie des Wohnbaus zu reduzieren. Der Block ist, nachdem er in den siebziger Jahren endgültig rehabilitiert worden war, als die eigentlich städtische Form des Wohnens zu einem zentralen Baustein in der Rekonstruktion der „Europäischen Stadt" geworden. Als Form auch zum Superblock steigerbar oder mit einer Turmvariante ergänzt, scheint der Block zusammen mit Straße und Platz die urbane Spannung von Privatheit und Öffentlichkeit zu garantieren.

Demgegenüber hat der mittlerweile wieder, insbesondere in Randlagen vertretene Zeilenbau das Stigma einer unstädtischen Lebensform nicht verloren. Daher plädieren die Befürworter der Stadtidee des 19. Jahrhunderts für die Blocktypologie auch in den peripheren, ausfransenden Vororten. Die neuen Berliner Vororte, etwa Karow Nord von Charles Moore oder das Kirchsteigfeld in Potsdam von Rob Krier, inszenieren städtisches Wohnen am Stadtrand – mit beträchtlicher Resonanz zwar nicht in der Fachwelt aber dafür um so mehr in der Öffentlichkeit.

Spätestens hier am Stadtrand wird aber deutlich, was bereits vor zehn Jahren auch in der innerstädtischen Blockbebauung in der Internationalen Bauausstellung in Berlin sichtbar wurde: Die formale Typologie kann nicht die soziale Qualität der städtischen Vielfalt wiederherstellen. Das scheinbar vertraute Bild der Stadt drapiert nur die soziale Typologie der Siedlung. Die Qualität städtischen Lebens, sofern sie baulich beeinflußbar ist, scheint weder im undifferenzierten Block noch in der Zeile ermöglicht zu werden. Eine Rückwendung zur historischen Parzellenstruktur andererseits ist nur noch als Simulation denkbar.

Um so bemerkenswerter ist angesichts dieser Sackgasse eine seit einigen Jahren vor allem an den Architekturschulen erfolgreiche Gegentendenz, die mit anderen Mitteln die Feinstrukturen städtischer Wohnverhältnisse jenseits von Block, Parzelle oder Zeile auch am Stadtrand wieder zu kultivieren verspricht. Viele Beiträge zum Europan-Wettbewerb 4, dessen Thema „Die Stadt über der Stadt" war, belegen einen Trend hin zu gewebeartigen, dichten Teppichstrukturen, in denen wenige Elemente, hier etwa der Typus des Patiohauses, vernetzt werden.[1]

Diese Entwurfshaltung steht zwar in der Tradition des Wohnbaus der klassischen Moderne, drückt aber zugleich ein neues Lebensgefühl aus. Die Ambivalenz der postindustriellen Dienstleistungsgesellschaft wird baulich sichtbar: der forcierten Individualisierung und Privatisierung korrespondiert eine gewachsene Unsicherheit im öffentlichen Bereich. Das alteuropäische Bild einer Verschränkung von Privatheit und Öffentlichkeit weicht der Beschwörung defensiver Bollwerke, in denen sich Enklaven der Intimität behaupten. Die Dialektik von Cocooning und Konkurrenz ist der Schlüssel zu der Programmatik, wie sie vor allem von Piet Vollaard mit seinem Projekt „Kasbah" vertreten wird: „Das Bild einer Enklave ist das eines umschlossenen festungsähnlichen Gebildes; schroff gegenüber der Umwelt, weich im Inneren."[2] Was inhaltlich als defensive Wendung einer einstmals offensiven Moderne erscheint, ist, formal zunächst nur, durchaus im Einklang mit anderen Erscheinungen des Zeitgeistes, ein Revival der Fifties und Sixties. Teppichartige Netzstrukturen, zusammengesetzt aus kleinen Elementen, suggerieren eine städtische Differenziertheit und Kleinteiligkeit, die den alternativen Modellen von Block oder Zeile fehlt, aber das Grundmotiv der traditionellen Parzellenidee übernimmt. Unverkennbar wird damit neben dem Rückgriff auf die klassisch-moderne Idee der Teppichsiedlung (Le Corbusier, Hilberseimer u.a.) theoretisch der Strukturalismus der fünfziger Jahre beschworen.[3] Dieser neuerliche Rückgriff auf die Tradition des Team Ten weist jedoch eine eigentümlich abweisende Introvertiertheit und Hermetik auf, die sich als programmatisches Dementi dieses formalen Rückgriffs deuten läßt. Dem Zeitabstand von fast vierzig Jahren entspricht sozial der Abstand zwischen einem humanistischen Gemeinschaftsgedanken und einem radikalen Privatismus medial vernetzter Einzelkämpfer.

Der alte Strukturalismus war in den fünfziger Jahren aus einer Revolte innerhalb des CIAM hervorgegangen, deren Wortführer vor allem in den Niederlanden um die Zeitschrift *Forum* (Jacob Berend Bakema, Aldo van Eyck) und in England (Alison und Peter Smithson) die jüngere Generation repräsentierten. Sie gehörten der Vorbereitungsgruppe für CIAM X 1956 an, dem danach benannten Team Ten. Ihr Bruch mit dem Kanon der Charta von Athen war durch die Einsicht bestimmt, daß das Prinzip der Funktionstrennung und der Gliederung der Stadt in Solitäre in offenen Räumen zu einer Auflösung der Städte in einer verstädterten Landschaft führte. Dieser Atomisierung versuchten die Strukturalisten entgegenzuwirken, indem sie die räumliche Konzentration städtebaulicher Strukturen als Grundlage gemeinschaftlichen Lebens wiederherstellen wollten, ohne aber die Idee der Stadtlandschaft zugunsten einer kompakten Kernstadt aufzugeben. Die Vernetzung kleiner Einheiten zu Clustern sollte Individuierung und sozialen Kontakt gleichermaßen gewährleisten. Ein gleichsam pädagogisches Modell dieses humanistischen Anspruchs stellt Aldo von Eycks Amsterdamer Waisenhaus (1957-1960) dar.

Ähnlich wie in den vorstädtischen Teppichsiedlungen, die unabhängig vom Team Ten im Rahmen der alten CIAM-Programmatik seit den vierziger Jahren von so unterschiedlichen Architekten wie Jörn Utzon und Roland Rainer oder von Hans Scharoun sogar als innerstädtisches Wohnmodell (Wohnzelle Friedrichshain 1949) lanciert wurden, stand die Idee der Clusterstruktur nicht im Gegensatz zur natürlichen Umwelt, sondern begriff sich als Durchdringung von Stadt und Land. So öffnen sich in van Eycks Waisenhaus ähnlich wie in Scharouns Geschwister-Scholl-Gymnasium in Lünen (1956-1962) die Höfe zum Außenraum.

Ganz anders die hermetische Logik der neueren Ansätze. Einerseits verweisen sie auf die Kontinuität dieser vor allem in den Niederlanden ungebrochen entwickelten Moderne, einer Moderne, der sich auch der ältere Strukturalismus trotz seiner Kritik an der Charta von Athen konsequent verpflichtet fühlte (Van den Broek und Bakema, Hermann Hertzberger). Andererseits folgen sie bereits der defensiven Haltung ihres Spiritus Rector Rem Koolhaas. Glaubte die klassische Moderne noch an die progressive Planbarkeit der räumlich-sozialen Umwelt, so hat Rem Koolhaas diese anthropozentrisch-humanistischen Grundannahmen revidiert. Nicht mehr der normative Anspruch auf Gemeinschaftsbildung, sondern die ernüchterte empirische Einsicht in die Unvermeidlichkeit der „Stadt ohne Eigenschaften", der chaotischen Agglomerationen motivierte seine städtebaulichen Interventionsvorschläge seit den siebziger Jahren. Stanislaus von Moos hatte bereits 1988 am Beispiel des nicht realisierten Rathausprojekts von OMA für Den Haag einen „Abschied von den ‚humanistischen' Reformstrategien der Forumgeneration" beobachtet, verbunden mit „einer nicht bloß ironischen Sympathie für die funktionalistischen ‚Planungssünden' der sechziger Jahre"[4]. In dieser pragmatischen Sicht erscheint angesichts der Reduzierung des öffentlichen Raums auf die schnelle Bewegung im Verkehr und der Ortlosigkeit der verstädterten Regionen die im Bild der „Europäischen Stadt" beschworene Dialektik von Privatheit und Öffentlichkeit illusionär. Privatheit wird in dieser neuen Sicht zu einem Bollwerk gegen eine sozial wie baulich amorphe

Gesellschaft. Dieser Festungsgedanke des Wohnens markiert denn auch die programmatische Differenz zwischen den naturnahen Teppichsiedlungen der fünfziger Jahre und den von einer unwirtlichen Umgebung demonstrativ abgeschotteten Wohnungsclustern. Lag jenen noch die Idylle der Stadtlandschaft zu Grunde, ist diese von dem fast zynischen Realismus des „defensible space" der „City of Quartz" (Mike Davis) geprägt.

Rem Koolhaas hatte mit seinem 1991 gebauten Projekt „Nexus World" im japanischen Fukuoka diese Idee geradezu idealtypisch Gestalt werden lassen und damit den Prototyp der neuen Tendenz geliefert. Bezeichnenderweise wird hier nicht die offene Struktur, sondern die hybride Verbindung von festungsartigem Block mit einer internen Feinstruktur individualisierter Einheiten kombiniert: „Das Projekt bestand aus 24 individuellen Häusern, jedes drei Stockwerke hoch, die so zusammengebündelt waren, das sie zwei Blöcke bildeten. Im Kontrast zu der Kompaktheit wird jedes Haus durch einen privaten vertikalen Hof durchdrungen, der Licht und Raum in das Zentrum eines jeden Hauses einführt."[5]

Die autistische Organisation dieser dreigeschossigen Luxuswohnungen wird vor allem an zwei Eigenschaften deutlich. Weder besteht eine Blickbeziehung zum umliegenden Straßenraum, noch verfügen diese Gebäude über Bodenhaftung – über Rampen und Treppenhäuser muß eine Zwischenzone im Erdgeschoß erst überwunden werden, um das erste Wohngeschoß zu erreichen. Von hier aus entfaltet sich über drei Etagen eine geräumige Wohnlandschaft in unterschiedlichen Appartmenttypen zwischen ca. 102 und 222 qm Wohnfläche. „Das erste Geschoß enthält einen privaten steinernen Garten und Eingang; das zweite verschiedene Schlafräume und im dritten Geschoß befinden sich ein kombinierter Bereich für Wohnen und Essen, sowie ein gesondertes Zimmer. Während im zweiten Geschoß alle Zimmer intim und introvertiert sind, entladen sich im dritten Geschoß die aufgebauten Spannungen in einem einzigen extrovertierten Raum, der sich zum Außenraum, zur Aussicht, zum Himmel öffnet."[6]

Was im japanischen Kontext noch als Anpassung an die kulturellen Konventionen einer Gesellschaft ohne Öffentlichkeit verständlich ist, wird bei den europäischen Nachfolgeprojekten sichtbar als Vision einer, so Hoffmann-Axthelm polemisch, „asiatisch globalen Stadt"[7]. Insbesondere das Projekt von Vollaard, das mit seiner horizontalen Megastruktur von aufgeständerten Patiohäusern, vertikal dem Vorbild von Koolhaas entspricht, in seiner Ausdehnung jedoch die Größe eines Quartiers annimmt, macht die Abwendung von gesellschaftlichen Bezügen deutlich, obwohl es programmatisch unter dem Label „Kasbah" (Piet Blom hatte 1965-1973 in Hengelo die Siedlung Kasbah gebaut) gerade die kommunitäre Tradion des Team Ten beschwört. Die Antwort auf den atopischen Zustand der Peripherie ist nicht mehr der heroische, „alteuropäische" Versuch einer Ortsbildung, sondern die rationale Organisation der Ortlosigkeit. Hier nun wird der Abstand zur kommunitären, humanistisch motivierten Tradition strukturalistischen Bauens deutlich. Piet Bloms Wohnsiedlung Kasbah, Frank van Klingerens Quartierzentrum in Eindhoven (1973), aber auch die Wohnsiedlung in Halen bei Bern des Atelier 5 (1961) sind formal als Prototypen der neueren Europaentwürfe erkennbar. Gleichwohl wurde damals noch der Anspruch artikuliert, in der Tradition eines protestantisch und republikanisch (nicht sozialistisch) motivierten Gemeindegedankens, Individiduierung und Gesellschaftlichkeit ortsbildend Raum zu geben. Andererseits wird in der Verarbeitung dieser Programmatik durch Koolhaas ein zweiter Traditionsstrang übermächtig: die Megastruktur. Auch diese Richtung hat ihre Ursprünge in den strukturalistischen Debatten der sechziger Jahre, wendet die Idee der Vernetzung und Überlagerung modularer Elemente aber in Richtung technoider Superstrukturen: die englischen Großsiedlungen im Sinne des Golden-Lane-Projekts der Smithsons, Kenzo Tange und der Metabolismus, Yona Friedmans Raumstadt oder Archigrams Plug-In-City. Ihrer utopischen und poppigen Momente beraubt, mündete diese Richtung in der Praxis in den Selbstlauf technokratischer Großprojekte, etwa in der Großsiedlung Toulouse-Le-Mirail oder der sogenannten Rostlaube in Berlin, beide von den Team-Ten-Mitstreitern Candilis, Josic and Woods. Der technokratische Strukturalismus erstickte somit gerade die Potentiale sozialer Selbstbestimmung, die der humanistische Strukturalismus des Team Ten freisetzen wollte. Es ist diese Logik der Megastruktur, die sich bereits in den achtziger Jahren wieder in der Lancierung der Großform als Antwort auf den Siedlungsbrei der urbanen Zwischenräume geltend machte, nicht zuletzt auch in den Konzepten von OMA. Die neuen Konzepte serieller Teppichsiedlungen, etwa von MVRDV mit 140 Patiohäusern in Den Haag, entsprechen eher dieser technokratischen Strukturidee als der sozialen Philosophie des Amsterdamer Waisenhauses: was die Großform in der Vertikalen, ist der Teppich in der Horizontalen. Sollte Yona Friedmans utopische Raumstadt als Stadtutopie auf gigantischen Stützen hoch über den Dächern von Paris schweben, so lastet die realistisch gemeinte Teppichsiedlung von Vollaard in Höhe des ersten Stockwerks über einer verdunkelten Halbwelt aus

Serialität und Gemeinschaft, Kasbah in Hengelo, 1972–1973, von Piet Blom

Garagen, Mülltonnen und Autozufahrten. In Friedmans „himmlischer" Vision jedoch fehlte es immerhin nicht an „rooms with a view", in der ebenso luxuriösen wie autistischen „Nexus World" bleibt hingegen nur die „Aussicht" in den „Himmel", die angesichts des bleiernen Himmels in West- und Mitteleuropa wohl kaum als „Entladung von Spannungen" (Vollaard) zu begreifen ist.

Bei aller Kontinuität zu diesem Erbe der Moderne der sechziger Jahre ist auch hier das Neue nicht zu übersehen: Wurde die Megastruktur der sechziger Jahre noch als technologisches und sozial-utopisches Projekt der Moderne betrieben, so ist der von allen utopischen Dimensionen gereinigte „amerikanisch-pragmatische" Modernismus der Randstädter Architekten dort gelandet, von wo Archigram noch abheben wollte: im Innenhof eines, und sei es noch so avantgardistisch gefalteten Vorstadt-häuschens in der Allerweltsstadt zwischen Manchester, Den Haag und Fukuoka. Der emphatische Gesellschaftsbezug, den sowohl das Team Ten als auch noch die technischen Utopisten bis hin zu ihren Nachzüglern etwa im Coop(!) Himmelb(l)au beanspruchten, ist aufgegeben. Statt des-sen: Introvertiertheit, Privatismus, die Idylle im Hof, der Verzicht auf den Blick „nach draußen": Patio-Moderne in der Wohnfestung als Traum des post-postmodernen Angestellten zwischen Blade Runner, Pulp Fiction und Short Cuts.

Telepolis als Teppich: dem introvertierten Lebensstil öffnet sich die Welt medial, die Nutzeroberfläche ersetzt die Nutzung städtischer Räume. Je weniger der Blick aus dem Fenster sieht, um so mehr bietet das multi-medial vernetzte elektronische Fenster. Introvertiertheit kann in dieser Vision nicht mit der Konzentration und meditativen Kraft klösterlichen Lebens verwechselt werden. Die Raumfahrerideologie der sechziger Jahre ist hart auf dem Boden der Vorstädte gelandet und verschanzt sich dort, ohne wirklich Fuß fassen zu wollen. Ortsbildung und Identifikation sind nicht vorgesehen: ein Programm, das dem atopischen Wohnverhalten von Singles durchaus entgegenzukommen scheint.

Soweit die soziale Vision des Teppichs in der „Teppichmetropole" (W. J. Neutelings), wie sie aus der neuen Entwurfshaltung, trotz mancher gegenteiliger Begleittexte, abzulesen ist. Zumindest Rem Koolhaas aber ist ein zu guter intuitiver Soziologe, um nicht zu wissen, daß diese Vision nur ein Bild unter vielen, tatsächlich aber keine realistische Prognose der (post)urbanen Entwicklung ist. In seiner Eindimensionalität unterschlägt es gerade die auch in der „eigenschaftslosen Stadt" vagabundierenden Bedürfnisse nach Öffentlichkeit und Orten mit Eigenschaften. Als ästhetisierende Form dementiert der neue Strukturalismus gerade seine vorgeblich nur empirische Begründung. Er ignoriert, darin doch wieder dem Fortschrittsbegriff der alten Avantgarden verpflichtet, alle „überholten" Ansprüche, die dem vorgeblichen Zeitgeist widersprechen. Hinter dem Pathos empirischer Nüchternheit wird die Lancierung eines ästhetisierenden Lebensstilentwurfs sichtbar, der in der Konkurrenz der postmodernen Politik der Lebensstile um seinen kulturellen Marktanteil ringt.

Empirisch dürfte das Marktsegment für den in Europan 4 kultivierten Lebensstilentwurf eher schmal sein. Der Publikumserfolg der Stadtsimulationen etwa von Irvine in Kalifornien, Seaside in Florida bis hin zur „Altstadt" von Luzern wäre nicht zu begreifen, wenn er nur auf „leerer Inszenierung" (Kenneth Frampton) beruhte. Vielmehr meldet sich hier in kommerzialisierter Gestalt der alte Anspruch nach gesellschaftlichem Ausdruck und öffentlichem Raum wieder. Ein Anspruch, den die Generation der „neuen Individualisten"[8] keineswegs verabschiedet hat. Ob er nur noch über Bilder simulativ erzeugt oder als gelebte Form Architektur werden kann, ist die Frage, an der auch der neue Strukturalismus zu messen sein wird.

1   ARCH+ 133, September 1996, Europan 4, Die Generation X
2   Das Projekt findet sich in ARCH+ 133, S. 44ff. Das Zitat entstammt einem nicht abgedruckten Begleittext des Architekten.
3   Arnulf Lüchinger, Strukturalismus in Architektur und Städtebau, Stuttgart 1981; Wim J. van Heuvel, Structuralism in Dutch architecture, Rotterdam 1992
4   a+u, Nr. 217, Oktober 1988, S. 91
5   El Croquis, Nr. 53, 1992, S. 86 (Übers. W.S)
6   Ebd.
7   ARCH+ 132, Juni 1996, S. 76f
8   Paul Leinberger, Bruce Tucker, The New Individualists, New York 1991

Reflexive Moderne. Das Erbe des Team Ten
(1998)

Die heutige Architekturentwicklung scheint einer Rückbesinnung auf selbstkritische Reflexionen der Moderne nicht zu bedürfen. In der akademischen Diskussion über Architektur ist der Einbruch von Historismus, Regionalismus und Populismus in der kurzen Ära der Postmoderne spätestens seit Beginn der neunziger Jahre überwunden. In einigen Ländern, etwa in den Niederlanden, der Schweiz, in Japan, aber auch in Frankreich und Skandinavien, hatte er ohnehin geringe Spuren hinterlassen.
Der internationale Konsens, markiert durch Namen wie Rem Koolhaas, Toyo Ito, Steven Holl, Herzog & de Meuron, Peter Zumthor, Dominique Perrault oder Jean Nouvel, wird von den Interpreten bereits zu einer neuen Epoche im Geist der klassischen Moderne erklärt, als „Zweite Moderne" (Heinrich Klotz), als „reflexive Moderne" (Ulrich Beck) oder gar als „Supermodernism" (Hans Ibelings). Gleichwohl ist jenseits der Seiten von *Archis*, *El Croquis* oder *Quaderns* dieser Siegeszug durchaus noch fraglich. Einerseits sind die Positionen der Postmoderne nach wie vor präsent. In den USA profiliert sich der „New Urbanism"als politikfähige, ökologisch und kommunitaristisch legitimierte Strategie gegen Sprawl und Suburbia.[1] In Osteuropa, insbesondere in Polen und Rußland, herrschen historistische und regionalistische Architektursprachen vor.[2] Auch in Westeuropa ist etwa Rob Krier nicht nur in Potsdam (Kirchsteigfeld), sondern sogar in der Höhle des modernistischen Löwen, in Den Haag, als Städtebauer aktiv, wie überhaupt im Städtebau die traditionalistische Idee der „Europäischen Stadt"immer noch das dominante Leitbild bildet.[3]
Andererseits ist neben dieser externen Infragestellung der Neuen Moderne aber auch ihre interne Selbstdefinition noch offen. Die Praxis eilt der Theorie voraus. Es bieten sich eine innerprofessionelle und eine gesellschaftsbezogene Deutung an. Die neue Tendenz zur Reduktion, zur „Neuen Einfachheit", zum Minimalismus, die Thematisierung von Materialität (Herzog & De Meuron, Zumthor), die Ablehnung einer symbolischen Aufladung der Architektursprache und die Ästhetisierung elementarer monolithischer Objekte einschließlich eines an Louis Kahn erinnernden Monumentalismus verweisen vor allem auf eine interne Neu-

definition der Profession.[4] In der Abkehr von der narrativen, bildhaften und zitatenreichen Sprache der Postmoderne vollzieht sich heute in der Architektur eine neu Identitätsfindung, wie sie ähnlich bereits zu Beginn der Moderne stattgefunden hatte. Damals waren Sachlichkeit, Reduktion und Monumentalismus, die Befreiung des architektonischen Kerns aus seiner Stilhülse[5], Voraussetzung zur Befreiung des Architektenberufs aus dem Handwerk und von der Marktnachfrage des populären Geschmacks nach Eklektizismus und Stilarchitektur. Ein Nachhall der damaligen heroischen, an Nietzsche geschulten Geste klingt noch heute in Rem Koolhaas' Sehnsucht nach der Tabula Rasa an.[6] Gleichwohl verzichtet die Neue Moderne in der Regel demonstrativ auf den avantgardistischen Impetus der Klassischen Moderne. Eher bezieht sie sich auf die nüchterne, visionär eher abstinente Attitüde der Nachkriegsmoderne.[7]

Die Selbstbezüglichkeit des aktuellen Modernediskurses ist als Antwort auf die Bilderflut der Postmoderne ohne diese nicht vorstellbar. Die modernen Söhne der postmodernen Väter, die Schüler von Oswald Mathias Ungers, Aldo Rossi oder Bernard Huet, folgen nämlich einem architektonischen Fundamentalismus, der sich bereits in der Postmoderne herausgebildet hatte. Hinter deren Polytheismus hatte sich ein am italienischen Rationalismus orientierter monotheistischer Fundamentalismus durchgesetzt.[8] Ironischerweise stellte der Altmeister Ungers 1996 mit seinem „Haus ohne Eigenschaften"in Köln die Quintessenz der „Neuen Einfachheit" vor. Paradoxerweise beerbt der Neue Minimalismus damit die formalistische Tradition einer „autonomen Architektur".[9]

Neuerdings hat der niederländische Architekturhistoriker Hans Ibelings gegen diesen selbstreferentiellen Formalismus eine Interpretation stark gemacht, die, ganz im Geiste der klassischen Moderne, diese neuen Tendenzen wieder als Ausdruck gesellschaftlicher Entwicklungen deutet.[10] Wie vor ihm bereits die Klassiker der modernen Fortschrittsgeschichte, Sigfried Giedion und Nikolaus Pevsner, bedient sich Ibelings der Zeitgeisttheorie: In der Neuen Moderne, so seine These, kommt der internationalistische Impuls des alten Neuen Bauens wieder zum Tragen und heute erst wirklich weltweit zur Geltung. Wie nach dem Ersten Weltkrieg die forcierte Rationalisierung der Industrie, als Fordismus von den Avantgarden zelebriert, so ist heute die Globalisierung der Weltwirtschaft die treibende Kraft, unter deren nivellierendem Diktat Regionalismus und Postmoderne unter der Hand zu einer Maskerade für universelle, austauschbare Nutzungen wurden. Nach Ibelings ist es die Ironie der Baugeschichte, daß gerade der kurzfristige Triumph der Postmoderne deren Unmöglichkeit demonstrierte.[11] Die Rückkehr zu den Prinzipien der Moderne stellt damit nur deren säkulare Gültigkeit wieder her, die Postmoderne wird zu einer kurzen, aber notwendigen Zwischenphase in der endgültigen Durchsetzung der „Supermoderne".

Unter den Bedingungen der Globalisierung ist jedoch die avantgardistische Attitüde der frühen Modernen obsolet geworden. Die Vorhut von einst marschiert nicht mehr vorneweg, sondern schwimmt nur noch mit, die utopische Vision umfassender Kontrolle verwandelt sich in den flexiblen Pointillismus disparater räumlicher Interventionen entlang der Globalisierungskorridore und in den metropolitanen Regionen. Wie bereits im „Dirty Realism" der achtziger Jahre, wird nun die chaotische und banale Realität der „Generic City"(Rem Koolhaas) akzeptiert. Ibelings changiert hier zwischen kulturkritischer Resignation und einem nüchternen Pragmatismus, der aus der Homogenisierung und Uniformität der weltweiten Verstädterung noch ästhetische Funken zu schlagen versteht.[12]

Dennoch zeigen die Beispiele von Ibelings, daß diese Deutungsfolie eines Siegeszugs der Supermoderne, gleichsam als „Überbau"der globalen Ökonomie, nur begrenzt trägt. Sicher: der Verlust des charakteristischen Ortes in der Mobilität der Weltgesellschaft kann natürlich an Bahnhöfen oder Flughäfen, an Autobahnen oder in der amorphen Peripherie demonstriert werden. Hier folgt der Autor der kulturkritischen Diagnose des „Non-Lieux" des Anthropologen Marc Augé, von dem er auch den Begriff des „Supermodernism"entlehnt.[13] Aus der Negativdiagnose des Sinnverlustes der Nicht-Orte den generischen Charakter des neuen Reduktionismus und einer erneuerten Abstraktion abzuleiten, mag etwa bei dem Stellwerk von Herzog & de Meuron am Bahnhof von Basel oder bei Renzo Pianos Kansai-Flughafen in Japan ebenso plausibel sein wie bei einem Supermarkt von Massimiliano Fuksas in Salzburg. Aber weder steht die Fondation Cartier von Jean Nouvel an einem Nicht-Ort noch die Sporthalle von Abelos & Herreros in der spanischen Kleinstadt Simancas.

Der vorschnelle Universalismus dieser Interpretation, die nur den Fortschrittsglauben der frühen Moderne in der kulturellen Globalisierung als Pragmatismus wiederauferstehen läßt, übersieht sowohl die Vielfältigkeit der gegenwärtigen Strömungen als auch die Komplexität der Nachkriegsmoderne, deren Erbe beansprucht wird. So unterscheiden sich heute der Minimalismus der Schweizer oder der katalanische Reduktionismus erheblich von dem forcierten Modernismus der holländischen Infrastrukturalisten im Umkreis von OMA. Diese Richtungen sind oft stärker nationalen Traditionen als internationalen Moden verpflichtet.[14]

Die Unübersichtlichkeit und Fragmentierung des synthetischen „internationalen" Architekturdiskurses haben denn auch dazu geführt, daß eine wichtige Strömung der fünfziger und sechziger Jahre, der sogenannte Strukturalismus des Team Ten, erst jetzt langsam wieder wahrgenommen wird, obwohl er bereits seit Jahren im Werk von OMA oder in den Europan-Wettbewerben erkennbar ist.[15] So verweisen etwa die komplexe Verschränkung von öffentlichem und privatem Raum in Rem Koolhaas' Bibliothek von Jussieu in Paris oder in der niederländischen Botschaft in Berlin ebenso wie in dem Hilversumer Rundfunkgebäude von MVRDV auf ein soziales Programm, das unter Beibehaltung des universalistischen Anspruchs der Moderne sowohl einen charakteristischen Ort, also definitiv keinen Nicht-Ort, als auch ein anspruchsvolles Raumangebot für kommunikative und soziale Prozesse bereitstellt.

Bei diesem methodischen Vorgehen von Koolhaas wird das abstrakte Programm des Gebäudes derart transformiert, daß ein spezifischer Ort mit sich wechselseitig durchdringenden Sphären und Kommunikationsräumen entsteht. In diesem Sinne hatte bereits in den fünfziger Jahren der dem Team Ten assoziierte Kenzo Tange architektonische Struktur als Kommunikation dechiffriert.[16] Es ist diese Flüssigkeit und Beweglichkeit sozialer Interaktion, die die spätere Postmoderne durch die Permanenz des gebauten Objekts zu bannen versuchte. Koolhaas wie seine Vorläufer im Team Ten hingegen begreifen Architektur als Bewegungs- und Ermöglichungsraum des Sozialen.

Architektur als Verweisungszusammenhang von gebautem Raum und sozialer Aneignung: Es ist diese Tradition der Nachkriegsmoderne, bereits befreit vom überzogenen Führungsanspruch des alten Avantgardismus, die sich heute etwa in der Wiederaufnahme des Begriffs der „opera aperta" von Umberto Eco in der jüngeren Architektur findet. Erst in der „Vervollständigung" der unfertigen Architektur durch die vielfältigen sozialen Nutzungen erweist sich die Offenheit des Raums als sozialer Freiheitsraum.[17] In diesem Sinne hatte Aldo van Eyck, neben Alison und Peter Smithson der führende Theoretiker des Team Ten, bereits von der „Polyvalenz der Räume" gesprochen.

Eine ähnliche Entwurfshaltung findet sich, allerdings erheblich schematischer, in der aktuellen Tendenz, verdichtete Stadt, nicht in der Typologie Block, Straße und Platz, sondern in Form teppichartiger Strukturen als Balance von individueller Selbstverwirklichung und gemeinschaftlicher Kommunikation zu konzipieren.[18] Gerade die Teppichsiedlungen wurden in den fünfziger Jahren von den in Frankreich tätigen Architekten Candilis, Josic und Woods im Rahmen des Team Ten schulbildend, wenn auch Roland Rainer in Wien, Hans Scharoun in Berlin oder Jörn Utzon in Kopenhagen unabhängig vom Team Ten an Prototypen arbeiteten. Trotz dieses französischen Anteils an der programmatischen Arbeit des Team Ten, hat diese in Frankreich nur geringe Wirkungen gezeigt.[19] In einem Portrait von Christian de Portzamparc, der bei Candilis studiert hatte, vermutet Hana Cisar, daß sowohl die Ideen des Team Ten als auch das Projekt von Rob Krier in Frankreich deswegen marginal geblieben seien, weil sie als nostalgisch abgelehnt wurden.[20] Diese Gleichstellung eines konsequent modernen Konzepts mit einem postmodernen trifft paradoxerweise sehr gut das Grundmotiv des Team Ten, obwohl dieses definitiv jede Nostalgie ablehnte.

Damit rückt zusehends das Team Ten als eine eigenständige Formation der Nachkriegsmoderne in den Blick der Baugeschichte. Im folgenden möchte ich die Vermutung erhärten, daß es sich bei dem Vorgang der Selbstreflexion und Selbstkritik innerhalb der Moderne, der mit dem ersten CIAM-Kongreß nach dem Zweiten Weltkrieg begann und schließlich in die Revision der Idee der funktionellen Stadt , wie sie in der Charta von Athen kanonisiert schien, durch das Team Ten mündete, um die eigentliche reflexive Phase der Moderne handelt. In ihr wurden die Defizite der klassischen Moderne einer weitreichenden Kritik unterzogen und eine komplexe Stadtvision entwickelt. Alle Themen der späteren Postmoderne und auch die der heutigen Idee der „Europäischen Stadt" und das Themea der Nachhaltigkeit wurden bereits formuliert, gleichwohl aber nicht historisierend, sondern experimentell in einer Idee der funktional gemischten, verdichteten Stadt in einer stadtlandschaftlichen metropolitanen Region behandelt.[21] Diese Diskussion fand statt im institutionellen Zentrum der internationalistischen Moderne, im CIAM, und sollte letztlich zu dessen Auflösung in den fünfziger Jahren führen.

Die Protagonisten dieses Streits waren auf der einen Seite die „heroischen" Gründer der klassischen Moderne, etwa Le Corbusier, Gropius, Sert und ihr Sekretär und Theoretiker Sigfried Giedion, auf der anderen Seite eine jüngere Generation, deren Sprecher vorwiegend aus der britischen und der holländischen Moderne stammten.[22] Von dieser Krise, die ganz wesentlich auch ein Generationenkonflikt war, kann zugespitzt als von einem „Anglo-Dutch Moment"gesprochen werden.[23] Zwar bestand der lose Zusammenschluß des Team Ten nicht vorwiegend aus Engländern und Niederländern, dennoch dominierten diese den Diskurs. In ihren hei-

Working Class Community im Cluster. Siedlung Park Hill, Sheffield, 1961. Stadtplanungs-amt Sheffield (J. Lewis Womersley, Jack Lynn, Ivor Smith und Frederick Nicklin)

matlichen Baukulturen waren sie aber zunächst eher Außenseiter. Während sie in Holland schließlich hegemonial werden konnten, blieben sie in England am Rand. Dort waren Alison und Peter Smithson eher markante Außenseiter, die „zu Hause", wo sie nach ihrem großen Anfangserfolg, der Hunstanton Secondary School (1949-1954) vor den sechziger Jahren keine nennenswerten Aufträge bekamen und erst durch ihre internationale Reputation intellektuellen Einfluß erlangten.

Dennoch wären die Beiträge aus Großbritannien und den Niederlanden ohne die unterschiedlichen nationalen Fassungen eines Problems der internationalistischen Architektur nicht möglich gewesen.[24] Was war das Problem? Folgt man der Rekonstruktion von Kenneth Frampton[25], so durchlief die 1928 mit der Deklaration von La Sarraz auf die architekturpolitische Bühne getretene CIAM, die „Congrès Internationaux d'Architecture Moderne" als Sammlungsbewegung der europäischen Moderne drei Phasen: Die erste, mit den Kongressen in Frankfurt 1929 und in Brüssel 1930, wurde dominiert vom Neuen Bauen in Deutschland. Die Wohnung für das Existenzminimum, rationelle Bebauungsweisen, Industrialisierung und Standardisierung: Diese Themen beherrschten als eine Synthese aus Fordismus und Sozialpolitik diese ersten Kongresse und indizierten sehr früh die technokratische Verengung der sozialen Motive der modernen Bewegung. Mit der Fahrt der S.S. Patris zwischen Marseille und Athen 1933 beginnt die zweite, die urbanistische Phase des CIAM, die mit der „Charta von Athen" gleichsam das Problem formuliert, auf das bald 20 Jahre später das Team Ten reagieren sollte. Das Problem war die „funktionelle Stadt", somit ein in der CIAM-Programmatik erzeugtes Problem, das sich in den dreißiger Jahren als Problemlösungsstrategie für die Modernisierungskrise der alten Städte und neuen Metropolregionen anbot. Als Lösung der unkontrollierten Verstädterungsprozesse forderte die Charta die konsequente Entflechtung der städtischen Grundfunktionen Wohnen, Arbeit, Erholung und Verkehr. Das Motiv der Funktionstrennung war zwar schon länger bekannt, es lag etwa schon dem Umbau der lothringischen Stadt Metz im Kaiserreich zugrunde. Allerdings wurden der geschlossene Stadtraum der alten Stadt und ihre Bautypologie nicht in Frage gestellt. Dies geschah nun mit den Modernen. In Le Corbusiers Konzept der Tabula Rasa sollten von der historischen Stadt nur noch ausgewählte Monumente erhalten bleiben. Diese zweite Phase bildete, wenn man so will, den „French Moment" des CIAM, die Handschrift Le Corbusiers war unverkennbar, als die urbanistische Programmschrift, die *Charta von Athen*, erst zehn Jahre später, 1943, auf dem Höhepunkt des Zweiten Weltkriegs, veröffentlicht wurde. Die radikale planerische Umsetzung der nur analytisch sinnvollen Funktionsteilung war ein Frontalangriff auf die historische Struktur der europäischen Stadt und wird bis heute, insbesondere in der Kritik des postmodernen Gegenschlags, als der eigentliche Sündenfall der Moderne begriffen. Tatsächlich aber begann im CIAM bereits auf dem fünften Kongreß in Paris 1937 zum Thema Wohnen und Erholung ein vorsichtiger Rückzug von der funktionalistischen Radikalität. Sowohl die historischen Strukturen als auch die regionalen Besonderheiten wurden wieder thematisiert. Spätestens seit dem sechsten Kongreß 1947 in Bridgwater in Somerset, England, nachdem paradoxerweise die Kriegszerstörungen in vielen Städten nun erstmals die Voraussetzung für die funktionelle Stadt geschaffen hatten, geriet im CIAM die humanistische Frage nach der Identität der Stadt ins Zentrum der Debatte. Es wurde erkannt, daß analytische Zergliederung zwar wissenschaftlicher Rationalität entsprach, aber dem Ganzheit stiftenden, synthetisierenden Entwurfs und Planungshandeln nicht gerecht wurde.

Ohne die Prämissen der modernen Bewegung in Frage zu stellen, wurde nun das „romantische" Thema von Identität, Ortsbezug und sozialer Zusammengehörigkeit reformuliert. Unter dem Einfluß der bereits seit Ende der zwanziger Jahre weltweit erfolgreichen neoklassizistischen Monumentalarchitektur[26], die damals aber von den Modernen vor allem als totalitäre Architektur begriffen wurde, hatten bereits 1943 Sigfried Giedion, José Luis Sert und Fernand Léger ein Bedürfnis nach Monumentalität als anthropologische Konstante entdeckt.[27] Stadtzentren mit monumentalen Gebäuden der Gemeinschaft in freier Komposition im fließenden Raum, so wie es 1945 Le Corbusier für das zerstörte Stadtzentrum von St. Dié in den Vogesen vorschlagen sollte, wurden zur Antwort der Gründergeneration des CIAM auf das von ihnen selbst geschaffene Identitätsproblem.

Nicht nur die jüngere Generation im CIAM blieb von dieser Antwort unbeeindruckt. In der Baugeschichtsschreibung der Moderne wurde gern übersehen, daß sich in den meisten Ländern zu dieser Zeit regionalistische, traditionalistische und nationalistische Gegenbewegungen formiert hatten, die sowohl Kompromißreaktionen hervorriefen, etwa den an schwedischen Vorbildern orientierten „New Humanism" in England, als auch innerhalb der nichtdogmatischen Moderne eine Regionalismusdebatte förderten, die etwa Alvar Aalto zu einer Erneuerung seiner Entwurfspraxis veranlaßte.[28] Im sowjetischen Einflußbereich hingegen konnten traditionalistische Beaux-Arts-Architekturen Motive der historischen Stadt in monumentaler Steigerung als „sozialistischen Realismus"reformulieren, der allerdings bei näherer Betrachtung eher eine Fortsetzung der internationalen Baux-Arts-Renaissance einer „monumentalen Ordnung"(Franco Borsi) seit den zwanziger Jahren war.

Auf diesem Hintergrund stellt sich die Thematisierung von Identität, Monumentalität und Urbanität im CIAM nicht nur als interner Lernprozeß dar, als reflexive Bewegung, sondern auch als defensive Reaktion auf ein bedrohliches kulturelles Umfeld. Der diffus defensive Zug dieser zunächst nur als Ergänzung, nicht als Revision der Charta von Athen gedachten Problemvorgabe durch die „Alten" der Moderne selbst zeichnete noch latent die CIAM-Kongresse 1947 in Bridgwater und 1949 in Bergamo aus.

Der 8. CIAM Kongreß, der 1951 begann – dem Jahr, in dem in Ostberlin die Stalinallee Planreife erlangte (Grundsteinlegung war im Februar 1952) –, im englischen Hoddesdon stattfand, stand unter dem programmatischen Titel „Das Herz der Stadt: Auf dem Wege zu einer Humanisierung des städtischen Lebens". Die alte Elite des CIAM glaubte, ein zentrales Thema der Stadtkultur, die räumliche Organisation des Verhältnisses von Öffentlichkeit und Privatheit, dessen Fehlen in der bisherigen Konzeptbildung sie nun einräumte, immer noch unter der Prämisse der Funktionstrennung behandeln zu können[29]: „Das Herz der Stadt"wurde als eine zusätzliche Funktion, als „Civic Center"(Sert) eingeführt, so wie es Le Corbusier für St. Dié vorgesehen hatte. Im CIAM setzte sich hierfür die Bezeichnung „Core"durch, die Sigfried Giedion schon länger verwendet hatte. Auch wird über die Engländerin Jacqueline Tyrwhitt, die einzige Frau im Machtzentrum des CIAM, die Idee ihres Lehrers, des schottischen Stadtplaners und Lebensreformers Patrick Geddes vom Anfang des Jahrhunderts wirksam, der in den neuen ausufernden metropolitanen Regionen in der Kernstadt das spirituelle und bauliche Zentrum akzentuieren wollte. Um den gleichwohl noch diffusen Begriff des Core sollte sich in der Folgezeit eine Deutungs- und Interpretationskonkurrenz entwickeln. Obwohl noch von den „alten Herren"eingeführt, reklamierten spätestens seit dem 9. CIAM-Kongreß in Aix-en-Provence, die „Jungen" diesen Begriff für sich. Vorbereitet war diese Konfrontation im Rahmen von Seminaren, die Sigfried Giedion in London und Venedig durchgeführt hatte, und sie fand Eingang in eine Zeitschrift im studentischen Umkreis von Giedion in Zürich mit dem Namen „TEAM"[30]. Mit der Verbindung von Kompositionsregeln aus der Bildenden Kunst mit der Frage nach der sozialen Zusammengehörigkeit und des Zentralen

Ortes nahm, wenn auch noch diffus, ein komplexes soziales und ästhetisches Modell Gestalt an.

Gegenüber der Komposition großvolumiger Solitäre im offenen Raum im Sinne Le Corbusiers formulierten die Jüngeren eine kleinteilige, vernetzte, „infrastrukturelle"Raumstruktur als Bedingung für die Entstehung eines spezifischen Ortes. Im Rahmen dieser Diskussion war es ein Assistent von Giedion, André Studer, der als zeitweiliger Mitarbeiter von Georges Candilis und Shadrach Woods die Idee einer Struktur von wabenförmig vernetzten Einheiten, etwa als „Teppichmuster"nach dem Vorbild nordafrikanischer Siedlungsmuster, in die Diskussion einbrachte.[31] Mit dem Erfolg dieses erfahrenen Büros, ATBAT Afrique, dessen Leiter Mitarbeiter von Le Corbusier gewesen waren, sollte sich eine latente Ethnologisierung ankündigen, die auch im holländischen Strukturalismus über Aldo van Eyck folgenreich wurde.

Auf dem 9. Kongreß in Aix-en-Provence kulminierte der sich anbahnende Generationenkonflikt mit einer scharfen Attacke Aldo van Eycks gegen Walter Gropius – und geriet ansonsten in der Ikone der Unité d'Habitation zu einer Huldigung Le Corbusiers durch die Jungen. Unter den älteren Mitgliedern des CIAM war inzwischen das Anliegen der Jungen, ein umfassendes, ganzheitliches Verständnis des menschlichen Habitat zu gewinnen, begriffen worden. Vermittelt durch Georges Candilis (Jahrgang 1913) und den Niederländer Jacob Bakema (Jahrgang 1914) wurden die ersten Versuche unternommen, die Jüngeren aktiver am CIAM zu beteiligen. Wie die Revolutionsforschung aber zeigt, befördern solche zu spät einsetzenden Integrationsbemühungen die Zerfallsprozesse von Institutionen.

Aix-en-Provence sollte der Anfang vom Ende des CIAM werden. Dabei konnte von einer einheitlichen Front der jungen Generation keine Rede sein. In der Kommission 6 zum Thema „La Charte de l'Habitat" fanden sich aber erstmals sehr unterschiedliche Personen der jüngeren Generation in der gemeinsamen Einsicht, daß „das Leben durch das Netz der vier Funktionen falle"[32]. Neu hinzugekommen waren aus England die Architekten Peter und Alison Smithson und John Voelcker. Diese gehörten zum jungen „anti-establishment"[33] der 1933 gegründeten englischen CIAM-Gruppe MARS (Modern Architecture Research Society).[34] Zusammen mit den Niederländern Aldo van Eyck, Jacob Bakema und H. P. Daniel van Ginkel entstand hier die Kerngruppe des späteren Team Ten, die schließlich noch durch Georges Candilis, Shadrach Woods und den Schweizer Rolf Gutmann ergänzt wurde. Als informelle Gruppe stellten sie die bürokratische Struktur des Primadonnenvereins CIAM in Frage. Beauftragt mit der Vorbereitung des 10. CIAM Kongresses, der 1956 in Dubrovnik abgehalten werden sollte, wählte die Gruppe, die bis zu ihrem Ende 1981, nach dem Tode von Jacob Bakema, immer eine informelle – quasi familiäre – Struktur behalten sollte, den Namen Team Ten.[35] Zwar hat es tatsächlich, wie Giancarlo de Carlo behauptet, kein Team-Ten-Manifest gegeben, gleichwohl gibt es eine Art Proto-Manifest. Im Januar 1954 hatte sich die Kerngruppe in Doorn in den Niederlanden zu einem Vorbereitungstreffen versammelt. Die Frage nach dem Habitat stand im Mittelpunkt, so daß auch der Sozialwissenschaftler Hans Hovens Greve geladen war. Darüber hinaus präsentierte Bakema die gerade fertiggestellte Lijnbaan im neuen Stadtzentrum Rotterdams. Das Ergebnis der Tagung war ein Manifest – das Doorn-Manifesto. Was als CIAM-Charta gedacht war, wurde nun zu einer inoffiziellen Gründungsurkunde des Team Ten. Die sozialwissenschaftliche Grundlage des Manifests war die bereits von den älteren CIAM-Mitgliedern favorisierte „Valley Section"von Patrick Geddes. Der Einfluß von Geddes, der als Zeitgenosse sowohl Ebenezer Howards als auch des jüngeren Raymond Unwin schon auf die frühe britische Gartenstadtbewegung eingewirkt hatte, war zu diesem Zeitpunkt vor allem in den regionalistischen Stadtplanungstraditionen wirksam gewesen, besonders im Werk des amerikanischen Kritikers Lewis Mumford. Dieser war gerade zum Zeitraum der Debatten in den CIAM ein scharfer Kritiker der Funktionalisten.[36] Geddes hatte in einem simplen Schema eine regionale Siedlungstopographie entworfen, in der sozial und räumlich in einer klaren Hierarchie Großstädte, Städte, Dörfer und Einzelgebäude in ihrem jeweiligen geographischen Umfeld verortet werden. Der ebenso schlichte wie weiterführende Gedanke des Team Ten bestand darin, Urbanismus als die regionale Zuordnung von Gemeinschaften mit unterschiedlichen Komplexitätsgraden zu differenzieren. „Habitat is concerned with the particular house in the particular type of community."[37] Die Valley Section diente als Versuch, der Funktionsteilung des alten CIAM ein ganzheitliches Bild des Habitat mit räumlichen Differenzierungen entgegenzusetzen. Dieses Konzept aber blieb zunächst viel zu allgemein, um konkrete bauliche und soziale Folgerungen daraus abzuleiten. Dennoch gab es im Punkt 7 des Manifests eine sehr weitreichende Aussage, die durch den Ansatz von Geddes nicht gedeckt war: „The appropriateness of any solution may lie in the field of architectural invention."[38] Alison Smithson spricht in der Rückschau von einer „certain moral attitude – that we used to half-jokingly term ‚the northern European – protestant ethic'"[39].

Der „Anglo-Dutch"-Moment des Team Ten ist damit zunächst die Konvergenz protestantischer, sozialer und politisch-republikanischer Mentalitäten.[40] Diese soziale und moralische Aufladung des Architekturdiskurses richtete sich gegen den formalistischen Rückzug der „Väter", blieb aber als Rückgriff auf die sozialen Wurzeln der klassischen Moderne ein Reformationsversuch innerhalb der „Kirche", des CIAM. Noch auf dem 10. CIAM-Kongreß arbeiteten das Team Ten und die anderen Kommissionen des CIAM zwar nebeneinander, aber unter einem institutionellen Dach. Die Smithsons waren sogar davon überzeugt, daß nun der ganze CIAM in eine selbstkritische Phase eingetreten sei: Reform, nicht Revolution. Nach dem Kongreß intensivierten sich jedoch die Trennungspläne in beiden Generationen. In England löste sich die MARS-Gruppe auf. Im CIAM erwogen Gropius, Giedion, Sert und Tyrwhitt ebenfalls eine neue, losere Organisationsform.[41]
Der nächste Kongreß, 1959 in Otterlo von Jacob Bakema ausgerichtet, wurde bereits zu einer Bühne des Team Ten.[42] Die 50 Teilnehmer waren von Bakema ausgesucht worden. Die Kerngruppe des Team Ten war anwesend: Jacob Bakema, Aldo van Eyck, Alison und Peter Smithson, Georges Candilis, Alexis Josic, Shadrach Woods, sowie Ralph Erskine, Jerzy Soltan, Giancarlo de Carlo und Kenzo Tange. Mit Louis Kahn war der Erneuerer der amerikanischen Architektur geladen, dessen Konzept der dienenden und bedienten Räume in die späteren Arbeiten des Team Ten Eingang fand. Mit Ernesto Rogers aus Mailand, dessen Büro BBPR mit der Torre Velasca einen historistischen Affront gegen die Puristen der Moderne gestartet hatte, kam es zu einer heftigen Kontroverse.[43]
Damit stellt sich die entscheidende Frage nach der architektonischen und urbanistischen Umsetzung der ethischen Postulate des Team Ten. Zwischen funktioneller und historischer Stadt mußte ein Terrain besetzt werden, das die sozialräumlichen Qualitäten der traditionellen Stadt in der Sprache der Moderne erzeugen konnte. In der Folge des Kongresses von Otterlo wurde deutlich, daß man lediglich einen gemeinsamen Problemhorizont formuliert hatte, innerhalb dessen sehr unterschiedliche Entwurfshaltungen möglich waren. Das nächste größere Treffen, 1962 in der Abtei von Royaumont, versuchte, diesen Horizont mit der Frage nach der reziproken Beziehung von urbaner Infrastruktur und baulichen Gruppierungen inhaltlich zu füllen.[44]
In der historischen Rückschau bleiben neben vielen individuellen Beiträgen drei Positionen intellektuell identifizierbar: erstens der „New Brutalism" der Engländer, zweitens der anthropologische Strukturalismus

der Holländer um Aldo van Eyck[45] und drittens der ebenfalls strukturalistische Beitrag der Franzosen um Candilis und Woods, der es aber schwer hatte, sich gegenüber den weltanschaulich starken Positionen aus England und Holland in seiner technokratisch-pragmatischen Grundhaltung zu profilieren.

Die Gemeinsamkeiten Hollands und Englands bestanden nicht nur in einer protestantisch geprägten Kultur. Auch ihre politischen Kulturen wiesen in ihrer Synthese aus konsensorientierten Institutionen und einer konstitutionellen Monarchie Parallelen auf, wenn auch in Holland die egalitäre, republikanische Komponente ausgeprägter war. Als im CIAM das Verhältnis von Architektur und Gemeinschaft zum Problem wurde, konnte vor allem in diesen Ländern auf eine eigenständige Formulierung dieses Themas zurückgegriffen werden. In den Niederlanden war die moderne Architektur bereits seit Berlage mit sozialistischen und genossenschaftlichen Positionen identifiziert. Nach 1945 reformulierte sie in einer neuerlichen Kontroverse mit der traditionalistischen „Delfter Schule" diesen Anspruch. Jacob Bakema verkörperte im Team Ten die personelle Kontinuität dieser baugeschichtlichen Tradition.[46] Der damals junge Aldo van Eyck hingegen stand ihr zwar nahe, entwickelte aber in Auseinandersetzung mit künstlerischen Avantgardepositionen nach 1945 eine individuelle Haltung, die den Künstlerarchitekten in seiner gemeinschaftsstiftenden Rolle rehabilitierte.[47]

Anders als in den Niederlanden war in England das Thema der Gemeinschaft in Architektur und Städtebau von der formal traditionalistischen Gartenstadtbewegung seit der Jahrhundertwende besetzt und kultiviert worden. Die Moderne hingegen hatte erst in den dreißiger Jahren Eingang in die nationale Architekturkultur gefunden, war aber marginalisiert und ohne den sozialen Rückhalt, den die kontinentale Moderne in politischen Reformbewegungen mobilisieren konnte.[48] Erst in der Nachkriegszeit ergab sich eine dem Kontinent vergleichbare Konfrontation mit der dominanten Tradition. Im Rahmen des Wiederaufbaus, der Planung der „New Towns" und des umfangreichen sozialen Wohnungsbaus stießen die modernistischen, an Le Corbusier orientierten Konzepte mit den regionalistischen Gartenstadtideen von Heimat und Nachbarschaft , der englischen Kultur des Pittoresken, aufeinander. Die Moderne hatte ihre institutionelle Hochburg in der *Architectural Association* und in den Planungsstäben des *London County Council* (LCC). Ebenso konnten die Modernen in dem umfangreichen Neubauprogramm der Labour-Regierung von fast 2500 Schulen Fuß fassen. In diesen Kontroversen, die zunächst unabhängig vom CIAM das Verhältnis von sozialer Identität, Nachbarschaft und Gemeinschaft als architektonisches Thema formulierten, sollten sich vorwiegend moderat traditionale Ansätze (Neo-Georgian) sowie eine an Schweden geschulte humanisierte, „pittoreske" Richtung der Moderne behaupten.[49] Gegen diesen „New Humanism" oder auch „New Empiricism" machten die jüngeren Architekten der Gruppe MARS und das LCC Front. Zu dieser Gruppe gehörten Alison und Peter Smithson, Alan Colquhoun, Denys Lasdun, Colin St. John Wilson, Peter Carter und William Howell.

Die erste Ikone der jungen englischen Bewegung wurde im Rahmen des Schulprogramms errichtet, die 1949 entworfene, aber erst 1954 fertiggestellte Hunstanton School in Norfolk, ein eindeutiger Kommentar zu Mies van der Rohes Illinois Institute, in strengen palladianischen Proportionen und demonstrativ roher Materialausführung.[50] Der keineswegs naheliegende Übergang vom Palladianismus zum Brutalismus wurde mit einem ästhetischen Programm ermöglicht, das sich auf die Idee der Materialgerechtigkeit beruft, die – so der deutsche Immigrant Nikolaus Pevsner, der führende Architekturhistoriker der Modernen in England – von der englischen Arts-and-Crafts-Bewegung bis hin zum Bauhaus führte und damit zum Kernelement eines modernistischen Programms avancierte. Wichtiger aber als die Ästhetik des Brutalismus wurde die urbanistische Programmatik, die sich in Auseinandersetzung vor allem mit dem Vorbild Le Corbusier entfaltete. Dessen solitäres Konzept der Unité d'Habitation wurde in eine komplexe Raumstruktur übersetzt, einen „cluster", in dem die „interne Straße" Le Corbusiers als High Deck an die Gebäudefront verlegt wird oder als Brücke verschiedene Häuser und Gebäudekomplexen verbindet. Der Übergang vom Solitär, von der Unité zum Cluster, in dem öffentliche und private Zonen sich zur komplexen Struktur aus Wohnungen, dem privaten Raum, und halböffentlichen und öffentlichen „Straßen" verdichten, ist eine Antwort auf das pittoreske Leitbild des „Townscape" von Gordon Cullen, des Redakteurs der *Architectural Review*, welches das Kleinstadtidyll von Merry Old England beschwört. Die Smithsons sind bemüht, die Qualitäten der historischen Stadt, allerdings gereinigt von vordergründigen bildlichen Bezügen, neu zu formulieren, bleiben dabei aber zu sehr der rationalistischen Wohnmaschinenlogik Le Corbusiers verhaftet, um den kulturellen Code von „Englishness", Empirismus und Malerisches, in ihrem Sinne erfolgreich umdeuten zu können. Dies wurde besonders in dem spektakulären Projekt des Golden Lane Housing am Nordrand der City of London von 1952 deutlich, das ebenso wie die Erweiterung der Universität Sheffield von 1953 zwar publizistisch in England Aufsehen erregte und innerhalb der Profession paradigmatisch wirken sollte, nicht realisiert wurde. Die spätere monumentale Umsetzung des Konzepts für Golden Lane durch das Stadtplanungsamt von Sheffield (genauer: Absolventen der AA) der Siedlung Park Hill (1961) machte jedoch dessen Problematik deutlich. Die Unüberschaubarkeit und Monotonie der Großstrukturen, die Unsicherheit auf den hochgelegenen Straßendecks und die bewußte Low Culture-Attitüde und die betonte Brutalität des Materials ließen die Siedlung für einige Zeit zum Gegenteil von „Community" und „Association" werden: zu einem Slum mit hoher Kriminalitätsrate. Ofenkundig erwies es sich als schwierig, die traditionellen Elemente städtischer Räume in die Megastrukturen zu transformieren.

Der Grundbegriff des Clusters, der als baulicher Ausdruck menschlichen Zusammenlebens konkrete Typologien wie Haus, Straße oder Gasse ersetzen und sogar neue Gruppenbildungen, Associations, fördern sollte, erwies sich als programmatisch unterdeterminiert.[51] Ähnliche Probleme bereiteten später auch die aus vernetzten Clustern bestehende Großsiedlung Toulouse Le Mirail oder noch später die Belagerung der historischen Altstadt von Tilburg mit einer mäandernden Hochhausmauer durch van den Broek und Bakema.[52]

Während sich die Smithsons mit ihrem Beitrag zum Hauptstadtwettbewerb Berlin 1957 als infrastrukturalistische Stadtplaner profilierten, sollte sich in England hingegen wieder das alte Modell vom Turm im Park durchsetzen.[53] Erst 1969-1975, als das System der Tower Blocks in eine Legitimationskrise geraten war, die es schließlich, mit einigen spektakulären Sprengungen, beenden sollte[54], konnten die Smithsons noch einen Prototyp ihres Clusters verwirklichen, die Robin Hood Gardens an den Docklands in London (1969-1975). Mit diesem Projekt gerieten sie indes in den Strudel der Entwertung der Spätmoderne und konnten die weiterreichenden sozialen Visionen ihres alten Programms nicht mehr verfolgen.

Nach dem Niedergang der Tower-Block-Ideologie sollte sich im Zuge der Postmoderne ein neotraditionaler Gegenschlag als erfolgreich erweisen. Dieser fand mit Prinz Charles in den achtziger Jahren seinen Fürsprecher, der geschickt die kommunitäre, politisch „links"profilierte „Community Architecture" mit Hilfe von Leon Krier in ein konservativ-aristokratisches, klassizistisches anti-modernes Projekt verwandelte. Nicht das Team Ten, sondern die pittoreske Tradition ging zunächst als Sieger aus der Krise des Spätfunktionalismus hervor.[55] Nicht nur in England sollte von nun an die Postmoderne die Themen des Team Ten enteignen.

Ähnlich erging es Aldo van Eyck in den Niederlanden, der sich bereits in den siebziger Jahren von Vertretern des Neorationalismus herausgefordert sah. Gleichwoh l konnte er, ebenso wie der ältere Bakema an der TU Delft lehrend, im eigenen Land schulbildend wirken. Was in der englischen Architekturtheorie der Cluster, wurde in den Niederlanden das Konzept der Struktur. Bereits in Royaumont 1962 stellte van Eyck mit einem Projekt seines Schülers Piet Blom, „Arche Noah", eine vernetzte Struktur als Alternative zu den baumartig verästelten Clustermustern vor. Als nicht-hierarchisches Netzwerk ambivalenter baulicher Strukturen aus offenen und geschlossenen, privaten und öffentlichen und dienenden und bedienten Räumen (hier ist Louis Kahns Einfluß evident) wurde ein baulicher Rahmen für das komplexe Ineinander von Individuum und Gemeinschaft entworfen. Bereits 1955 hatte Aldo van Eyck mit seinem 1958-1960 realisierten Waisenhaus in Amsterdam den Prototyp für diese teppichartige räumliche Organisation geliefert. Ähnlich wie die Smithsons abstrahiert van Eyck von den historischen Typologien europäischer Städte, da er nicht mehr an ihre Fähigkeit zur Gemeinschaftsstiftung glaubt. Er fundiert seine Abstraktion hingegen in einer universellen anthropologischen Theorie. Studien in Afrika bei den Dogon führten ihn zu den ethno-psychoanalytischen Theorien der schweizer Psychoanalytiker Fritz Morgenthaler und Paul Parin. Aus der Grundform des Kreises als elementarer Kommunikationsform, welche bei den Dogon die Form der Hütten, Häuser und Dorfe begündet, leitet Aldo van Eyck räumliche Konfigurationen sowohl für zwischenmenschliche Beziehungen als auch für die Individuierung des Einzelnen ab. Die Nähe dieses Ansatzes zur strukturalistischen Anthropologie hat den schweizer Architekturtheoretiker Arnulf Lüchinger veranlaßt, diese Entwurfshaltung als Strukturalismus zu bezeichnen.[56] So naheliegend dieser Begriff angesichts der Vorliebe zu komplexen Netzbildungen verdichteter baulicher Strukturen in der auf von Eyck zurückgehenden Entwurfshaltung vordergründig auch sein mag, so wenig erfaßt er die komplizierte Philosophie Aldo van Eycks, die auf der Verknüpfung einer Lehre über anthropologische Konstanten mit der modernen Relativitätstheorie basiert. So findet sich auch der naheliegende Rückgriff auf die strukturale Anthropologie von Claude Lévi-Strauss bei van Eyck nicht.

Der Strukturbegriff wird aber zentral bei dem jüngeren Hermann Hertzberger.[57] Er verwendet das Konzept im Sinne des Systembegriffs des

Genfer Sprachtheoretikers Ferdinand de Saussure, neben dem Soziologen Emile Durkheim einer der Begründer des strukturalen Denkens in Frankreich.[58] Des Saussures Unterscheidung von „langue" und „parole", die später in der Linguistik von Noam Chomsky als „Kompetenz" und „Performanz" reformuliert wurde, ermöglicht es Hertzberger, zwischen baulichen Strukturen und den Spielräumen vielfältiger Aneignungsformen durch die Nutzer zu unterscheiden. Der Begriff bleibt in dieser Verwendung allerdings nur metaphorisch, da sich der Gebrauch von Räumen durch Menschen wesentlich von der Verwendung etwa der Grammatik durch die Sprechenden unterscheidet. Strukturalismus handelt von symbolischen Tiefenstrukturen menschlichen Bewußtseins, etwa Sprache, Religion, Verwandschaftssystemen. Strukturen sind in diesem Verständnis dem Handeln zugrunde liegende Regelsysteme, die sich dem direkten Zugriff entziehen.

Architektur hingegen konstituiert bauliche, räumliche Figurationen, deren symbolische Dekodierung nur in Kenntnis historischer Semantiken und sozialer Praktiken möglich ist. Das Verständnis von Architektur ist also abhängig von symbolischen Deutungsmustern, die ihren Ort außerhalb ihrer selbst haben. [59]

In Kenntnis der symbolischen Codes, auf die bauliche Konventionen verweisen, können Kunsthistoriker mit der ikonologischen Rekonstruktion symbolische Tiefenstrukturen erschließen. In der modernen Architektur hingegen erfordert deren bewußter Verzicht auf diese Konventionen, etwa die symbolisch hoch geladene Säulenordnung, der auch bei den Smithsons zu eine Aufgabe der neopalladianischen Formenrhetorik führte, einen nichtikonologischen Zugang. Eine strukturalistische Theorie führt zu einem Verständnis von Architektur als Sprache oder sprachanalogem Zeichensystem, in dem die Dimensionen der Bedeutung von der Semantik, die formalen Strukturen von der Syntax und die Verwendungsweisen von der Pragmatik analysiert werden können. Konnte zumindest die Postmoderne dieses umfassende Verständnis von Architektur als Sprache mit ihrer Rehabilitierung der historischen Konventionen wieder als Programm formulieren, so waren gerade die „strukturalistischen" Konzepte des Team Ten nicht sprachfähig. Mit dem Verzicht auf die Dialektik von Bild und Weltbild und der Abkehr von einer autonomen Typologie werden ein semantischer und syntaktischer Begriff von Struktur gerade ausgeschlossen. Ein syntaktischer Strukturbegriff könnte hier lediglich als technologischer, als baukonstruktiver verwendet werden, wie es in der Ideologie des High-Tech denn auch geschah, oder aber müßte zur

Begründung einer transhistorischen Architekturphilosophie führen, die nur in einer Naturphilosophie ihren Grund haben könnte. Evolutions- und Chaostheorie sollten viel später eben diese metaphysische Leerstelle mit einer irrationalen Lebensphilosophie besetzen.

Dieser Rückgriff war den Theoretikern im Team Ten jedoch ebenso verwehrt wie die Theologie einer autonomen Typologie im Sinne Ros- sis, da ihre philosophische Pointe, sprachtheoretisch gesagt, ja gerade in der Pragmatik bestand, in der soziologischen (Smithsons) oder anthro- pologischen (van Eyck) Verortung des Bauens in der Handlungs- und Lebenswelt menschlicher Gemeinschaften. Die baulichen Typologien wie Cluster, Teppich, Netz, infrastrukturelle Überlagerung etc. erweisen in dieser Sicht ihre Tragfähigkeit erst in der Ermöglichung einer gelungenen Lebensform. Wenn nach den Smithson „the architect's function is to pro- pose a way of life"[60], so wird die Aneignung des gebauten Habitat durch die Bewohner zum eigentlichen Qualitätskriterium der Architektur. Als *opera aperta* bleibt das Gebaute unfertig und wird erst in der sozialen Aneignung zu Architektur. Mit der Hinwendung zum Alltag und zur Lebenswelt ebenso wie mit dem Verzicht auf den klassischen Kanon von Repräsentations- und Pathosformeln bereitete das Team Ten der partizi- patorischen Mentalität der späten sechziger Jahre das Feld.[61]

In diesem Feld jedoch konnten die nicht mehr geschlossen agierenden Individuen des Team Ten sich nicht mehr behaupten. Insbesondere Aldo van Eyck geriet mit seinem gleichzeitigen Insistieren auf der Definitions- macht des Künstlerarchitekten in die Fallstricke seiner widersprüchlichen Haltung und wurde ein Opfer der Politisierung nach '68.

Dennoch gingen gerade die professionell keineswegs bürgernahen Post- modernen als Gewinner aus der Architekturkrise hervor. Als Künstler- architekten gelang ihnen die neuerliche Befriedigung der Bildersehnsucht der Bürger mit den vertrauten Kulissen der Konvention. Partizipation schien sich da zu erübrigen. Auch in den partizipatorischen, zusehends ökologisch und regionalistisch orientierten Bewegungen setzten sich „Heimatbilder" mit dörflich-kleinstädtischen Motiven durch, eine popu- listische Begleitmusik zum postmodernen Choral der Stararchitekten. Selbst Aldo van Eyck näherte sich in einigen Projekten diesem konventio- nellen Regionalismus, so in Zwolle 1971 (mit Theo Bosch).

Es ist daher wohl nicht zufällig, daß die heutigen Erben des Team Ten, die „Dritten Modernen", zwar die Reflexivität ihrer Vorläufer, wenn auch politisch anämischer, weiterführen, deren brutalistische Ästhetik aber mit großem Aufwand verfeinern und veredeln: béton doux, nicht mehr béton brut. Bis heute wird der soziale Impuls des Team Ten zugunsten eines bloß formalen Retroimages verfehlt. Er scheint sich nun eher im Rahmen eines situationistischen Revivals zurückzumelden.

1 Vgl. die Diskussion in: Harvard Design Magazine, Winter/Spring 1997, S. 46ff; Peter Katz (Hrsg.), The New Urbanism, New York u.a. 1994
2 Zu Rußland vgl.: Dmitry Shvidkovsky, Moscow Architecture: Trade, Power and the „New Russians", in: AA Files 33, 1997, S. 3 ff
3 Vgl. Heidede Becker u.a. (Hg.), Ohne Leitbild? – Städtebau in Deutschland und Europa, Stuttgart und Zürich 1998
4 Vgl. Anna Klingmann, Philipp Oswalt, Formlosigkeit, in: ARCH+ 139/140, 1997/98, S. 142ff; Vittorio Savi, Josep Ma Montana, Less is More: Minimalism in Architecture and the Other Arts, Barcelona 1996; Rodolfo Machado, Rodolphe el-Khoury, Monolithic Architecture, München, New York 1995
5 Vgl. Werner Oechslin, Stilhülse und Kern. Otto Wagner, Adolf Loos und der evolutionäre Weg zur modernen Architektur, Zürich, Berlin 1994
6 Marianne Brausch, Marc Emery, (Hg.), Fragen zur Architektur, 15 Architekten im Gespräch, Basel, Boston, Berlin 1995, S. 99ff., hier S.104 und S. 106
7 Diese Abstinenz verdankte sich wohl weniger einer Absage an das Fortschrittspathos als vielmehr der Gewißheit, daß die Moderne alltäglich geworden war.
8 Vgl. Werner Sewing, Die Gesellschaft der Häuser, in: ARCH+ 139/140, 1997/98, S. 83 ff; im vorliegenden Band S. 7ff
9 Unabhängig von dieser Traditionslinie hat sich seit den sechziger Jahren vor allem in England und Frankreich, aber auch in Japan eine an den konstruktiven und technologischen Möglichkeiten orientierte Moderne behauptet, die als High-Tech aber oft formalistisch erstarrte.
10 Vgl. Hans Ibelings, Supermodernism. Architecture in the Age of Globalisation, Rotterdam 1998
11 Aldo Rossi hatte in seinen späten Texten mit seiner Programmatik einer „universalen Architektur" indirekt die Diagnose von Ibelings vorweggenommen.
12 Zur strategischen Ambivalenz von Rem Koolhaas vgl.: William S. Saunders, Rem Koolhaas's Writing on Cities: Poetic Perception and Gnomic Fantasy, in: Journal of Architectural Education, Band 51, 1997, S. 61ff
13 Vgl. Marc Augé, Non-Lieux: Introduction à une anthropologie de la surmodernité, Paris 1932
14 Das gilt z.B. für Peter Zumthor und den Schweizer Minimalismus, vgl.: Bundesamt für Kultur (Hg.), minimal tradition. Max Bill und die „einfache" Architektur 1942-1996, XIX. Triennale di Milano, 1996.
15 Bereits 1995 hatte aber Bernard Colenbrander in einer Ausstellung im Niederländischen Architekturinstitut unter dem Titel „Referenz: OMA" auf diesen Zusammenhang hingewiesen. Seine Formel „Team X Revisited" stieß aber noch auf den Widerspruch der Architekturkritik: Vgl. den Katalog „reference oma", Rotterdam 1995 und die Kritik von Arthur Wortmann in: Bauwelt 1995, H.35, S. 1906
16 Vgl. Jürgen Joedicke, Architektur im Umbruch, Stuttgart 1980, S. 143
17 Finn Geipel Stufen des Unfertigen, in: Werk, Bauen + Wohnen, Nr. 6, 1995, S. 57ff

18 Zu den Projekten von Koolhaas allgemein: ders., S,M,L,XL, New York 1995; zum
    Thema der Teppichsiedlungen: Werner Sewing, Die Moderne unter den Teppich gekehrt,
    in: ARCH⁺ 133, 1966, S. 72ff; im vorliegenden Band S. 57ff
19 1975 stellte L'Architecture d'Aujourd'hui allerdings das Team Ten in einem umfang-
    reichen Dossier vor (n. 177). Auch die Ausstellung „La Ville. Art et Architecture en
    Europe 1870-1993" 1994 im Centre Georges Pompidou berücksichtigte die wichtigsten
    Vertreter des Team Ten (vgl. den Katalog S. 415ff).
20 Hana Cisar, Christian de Portzamparc: From La Villette to Euralille, in: Archis, Heft 10,
    1995, S. 25
21 Stanislaus von Moos, Verwandlungen der modernen Architektur, in: Günther Eifler,
    Otto Saame (Hg.), Postmoderne – Aufbruch einer neuen Epoche?, Passau 1990,
    S.117ff
22 Den besten neueren Überblick über das Team Ten gibt 1992 ein Themenheft von Rasse-
    gna unter dem Titel: „The Last Ciams" (Heft 52; 14. Jahrgang, Heft 4), vgl. auch Kenneth
    Frampton, Modern Architecture, Teil III, Kapitel 2 und 3, London 1985; ferner Charles
    Jencks, Modern Movements in Architecture, Kapitel 7 und 8, Harmondsworth 1985.
    Der mit dem Team Ten verbundene, über dieses aber hinausgehende „New Brutalism"
    wird ausführlich von dem Kritiker und Historiker (und damaligem Parteigänger) Rey-
    ner Banham dargestellt, vgl.: ders., Brutalismus in der Architektur. Ethik oder Ästhetik,
    Stuttgart,Bern 1966, zuerst als The New Brutalism – Ethic or Aesthetic? New York
    1966
23 Der Begriff ist einem Sammelband zur Glorious Revolution im England des 17. Jh. und
    dem damit einhergehenden Paradigmenwechsel im niederländischen und englischen
    politischen Denken entlehnt – vgl. Jonathan I. Israel (Hg.), The Anglo-Dutch Moment,
    Cambridge u.a. 1991
24 In diesem Kontext war der Beitrag aus Frankreich von Georges Candilis, Alexis Josic
    und Shadrach Woods, angefangen mit den marokkanischen Pionierarbeiten über die
    Stadtgründung Le Mirail bei Toulouse (1964-1977) bis hin zu dem großen FU-Instituts-
    komplex in Berlin (1963-1974), baulich zwar beträchtlich, wurde aber theoretisch in der
    übergreifenden Debatte des Team Ten zum Strukturbegriff absorbiert. Da diese Debatte,
    ebenso wie die italienische Revision der Moderne durch Ernesto Rogers, wiederum in
    Frankreich kaum rezipiert wurde, kam es zu keinem „French Moment". Zwischen der
    Hegemonie Le Corbusiers und der Verknöcherung der Ecole des Beaux Arts, die erst
    1968 aufgesprengt (und als Schule geschlossen) wurde, war noch kein Platz für Experi-
    mente. Interessanterweise hat der einzige deutsche Teilnehmer an den Treffen des Team
    Ten in den fünfziger Jahren, der junge Oswald Mathias Ungers, in den sechziger Jahren
    dessen wesentlichen inhaltlichen formale Motive, gereinigt von allen sozialen Implika-
    tionen, in die formalistische Typologiediskussion des Rationalismus überführt. Neben
    Rossi, und zunächst unabhängig von diesem, gehört Ungers zu den Vätern der „Auto-
    nomen Architektur", die in den Niederlanden an der TU Delft, der Wirkungsstätte Aldo
    van Eycks, von dem Theoretiker Ed Taverne offensiv gegen dessen Hegemonie gewen-
    det wurde.
25 Kenneth Frampton, Modern Architecture, a. a. O., S.270 ff
26 Vgl. Franco Borsi, Die monumentale Ordnung. Architektur in Europa 1929-1939, Stutt-
    gart 1987; Museum of Finnish Architecture, Nordic Classicism 1910-1930, Helsinki
    1982; Peter Noever (Hg.), Tyrannei des Schönen. Architektur der Stalin-Zeit, München,
    New York 1994; Richard A. Etlin, Symbolic Space. French Enlightenment Architecture
    and its Legacy, Chicago und London 1994, bes. Kapitel 3; Lois Craig u.a., The Federal

Presence. Architecture, Politics and Symbols in United States Government Building, Cambridge/Mass., London 1978, S. 232ff. Ein Großteil der nach wie vor virulenten Postmoderne ist schlicht und einfach Neoklassizismus in dieser Traditionslinie, vgl. Robert A. M. Stern, Moderner Klassizismus, Stuttgart 1990

27 Neun Punkte über: Monumentalität – ein menschliches Bedürfnis, abgedruckt in: Siegfried Giedion, Architektur und Gemeinschaft, Reinbek 1956, S.40ff (zuerst 1943). 1944 wurde diese Idee durch den jungen Louis Kahn in einer heute wieder aktuellen Weise als architektonisches Thema formuliert. vgl. ders., Monumentality, abgedruckt in: Joan Ockman (Hg.), Architecture Culture 1943-1968, New York 1993, S.48ff. Bei Kahn ist der Einfluß des führenden amerikanischen Beaux-Arts-Architekten, des gebürtigen Franzosen Paul Cret in Philadelphia spürbar, vgl. David B. Brownlee, David G. De Long, Louis I. Kahn, In the Realm of Architecture, New York 1991, S. 21f. Zu Cret allgemein jetzt Elisabeth Greenwell Grossman, The Civic Architecture of Paul Cret, Cambridge 1996

28 Zu dieser Diskussion vgl. Stanford Anderson, The „New Empiricism-Bay Region Axis": Kay Fisker and Postwar Debates on Functionalism, Regionalism and Monumentality, in: Journal of Architectural Education, Jg. 50, 1997, S.197ff ; zum Konflikt zwischen International Style und Regionalismus in den USA auch Gail Fenske, Lewis Mumford, Henry-Russell Hitchcock, and the Bay Region Style, in: Martha Pollack (Hg.), The Education of the Architect, Cambridge, Mass., London 1997

29 Vgl. J. Tyrwhitt, J. L. Sert, E. E. Rogers (Hg.), CIAM 8. The Heart of the City: Towards the Humanisation of Urban Life, London 1952 – meine Darstellung dieser Entwicklung wird sich im Folgenden auf die hervorragende Darstellung von Jos Bosmann, CIAM after the War: A Balance of the Modern Movement, in: Rassegna 52/4, Dezember 1992 S. 6ff stützen.

30 Zu deren Mitarbeitern gehörte der junge Christian Norberg-Schulz, der diese Fragestellung später mit dem alten Begriff des „Genius Loci" als historisch geladene Spezifik und Aura des Ortes reformulieren und damit, eher unbeabsichtigt, die Postmoderne befördern sollte.

31 Dieses Interesse führte zu einer Einladung der Architekten aus Casablanca zum 9. CIAM Kongreß nach Aix 1953, vgl hierzu auch Jean-Louis Cohen, The Moroccan Group and the Theme of Habitat, in: Rassegna 52/4, Dezember 1992, S. 58-67

32 Alison Smithson (Hg.), Team X Meetings. 1953-1984, New York 1991, S.9

33 Royston Landau, The End of CIAM and the Role of the British, in: Rassegna 52/4, Dezember 1992, S. 40

34 Vgl. ebd., S. 40ff; MARS, nach einer Initiative von Siegfried Giedion gegründet, repräsentierte den relativ späten Übergang der englischen Architektenelite zur Moderne, vgl. hierzu Anthony Jackson, The Politics of Architecture: English Architecture 1929-51, in: Journal of the Society of Architectural Historians, Band 24, 1965, S. 97ff

35 Vgl. den Überblick bei Alison Smithson, a.a.O., S. 17-34. Der Italiener Giancarlo de Carlo, der seit 1955 der jungen Rebellengruppe angehörte, betont diesen informellen Charakter des Team Ten: „Team X hat nie existiert. Es hat nie eine Geburtsurkunde verfaßt oder ein Manifest geschrieben. Niemand hat je genau gewußt, wer ihm angehörte, und jene, die ihm angehörten, wußten es nicht genau. Man kann nicht sagen, daß es der Erbe des CIAM war, weil es etwas völlig anderes war.", zitiert in: Rassegna 52/4, Dezember 1992, S. 88.

36 Vgl. Helen Meller, Patrick Geddes. Social Evolutionist and City Planner, London, New York 1990; Robert Wojtowicz, Lewis Mumford and American Modernism, Cambridge,

New York 1996; zu Mumfords Rolle im wiedererwachten Regionalismus vgl. auch Stanford Anderson und Gail Fenske, a.a.O.

37 Alison Smithson, a.a.O., S. 21
38 Ebd., S. 21
39 Ebd., S. 9
40 Der republikanische Anteil ist stärker den niederländischen Traditionen zuzurechnen, fand sich aber auch bereits in dem Konzept der Civics (1905-1906) bei Patrick Geddes, der Jacqueline Tyrwhitt beeinflussen sollte, vgl. Patrick Geddes, Civics: as Applied Sociology, in: ders.: The Ideal City, hrsg. von Helen E. Meller, Leicester 1979. Das Team Ten näherte sich damit Positionen, die heute als „Kommunitarismus" einflußreich geworden sind. Dieser ist allerdings in der Architektur bisher nur in einer neotraditionalistischen Kodierung adaptiert worden.
41 Vgl. Royston Landau, a.a.O., S. 43ff
42 Vgl. Oscar Newman (Hg.), CIAM ,59 in Otterlo. Arbeitsgruppe für die Gestaltung soziologischer und visueller Zusammenhänge, Stuttgart 1961; der deutsche Untertitel ist die schlechte Übertragung des programmatischen Titels von Otterlo: „CIAM: Study Group of the Interrelationship Between the Social and the Formal", vgl. auch: Arjen Oosterman und Rob Dettingmeijer, The Otterlo Meeting, in. Rassegna 52/4, Dezember 1992, S. 82ff
43 Für Heinrich Klotz markierte die Position von Ernesto Rogers den Beginn postmodernen Denkens. Vgl.: Heinrich Klotz, Moderne und Postmoderne, Braunschweig, Wiesbaden 1985, S. 105. Klotz rechnet Giancarlo de Carlo bereits zu diesem Zeitpunkt dem historisierenden Regionalismus von Rogers zu, obwohl erst dessen spätere Entwicklung einige Affinitäten aufweist, so etwa das Wohnprojekt Mazzorbo in Venedig von 1980-1985.
44 Die Geschichte der folgenden informellen „Familientreffen" wird noch zu schreiben sein. Vgl. vor allem die Zusammenstellung bei Alison Smithson, a.a.O. Der zentrale Text ist der von Alison Smithson herausgegebene Team X Primer. Er erschien zuerst im Architectural Design 1962, wurde 1965 überarbeitet als Buch veröffentlicht und erlebte seine letzte, völlig überarbeitete Auflage 1968 (Cambridge/Mass., London). Alle Publikationen der Smithsons sind jedoch stark subjektiv geprägt. So fühlte sich Aldo van Eyck nur selten angemessen dargestellt. „Das Team X hat in meinem Leben eine wichtige, wenn auch keine erquickliche Rolle gespielt. „ Aldo van Eyck: Die Transparenz der Zeit, in: Archithese, Heft 5 1981, S. 32. Die Sicht van Eycks kommt nun in der monumentalen Studie von Francis Strauven umfassend zur Geltung: ders.: Aldo van Eyck. The Shape of Relativity, Amsterdam 1998, vgl. auch Stanislaus von Moos, Baukunst und „Infant Joy". Der Architekt Aldo van Eyck, in: Neue Zürcher Zeitung, 31.10./ 1. 11. 1998
45 Bakemas Großformen waren eher den Clustern der Engländer vergleichbar.
46 Zu dieser Entwicklungslinie vgl. den Überblick bei Joseph Buch, Ein Jahrhundert niederländischer Architektur 1890-1990, München 1997. Zur Kontroverse zwischen Traditionalisten und Modernisten in den zwanziger Jahren vgl. Niels Luning Prak, Architects: The Noted and the Ignored, Chichester u.a. 1984, Kapitel 8, Case-Study: Dutch Architecture in the Twenties and Thirties, S. 159ff. Zur Nachkriegszeit vgl. Strauven, a.a.O., S. 105ff
47 Als Sohn des seit 1919 in London lebenden Dichters P.N. van Eyck hatte Aldo van Eyck seine sehr prägende Schulzeit in einer Reformschule bis 1935 in England und nach drei Jahren Ausbildung in Den Haag seit 1938 bis 1946 seine Architektenausbildung an der ETH in Zürich absolviert. Seine künstlerischen Positionen entwickelte er unter dem

Einfluß der Kunsthistorikerin Carola Giedion-Welcker, der Frau Sigfried Giedions. Es war Giedion, der van Eyck im CIAM protegierte.

48 Vgl. Anthony Jackson, The Politics of Architecture: English Architecture 1929-1951, in: Journal of the Society of Architectural Historians, Band 24, 1965, S. 97ff; zur Gartenstadtbewegung und ihrer Gemeinschaftsidee vgl. vor allem die kritische Analyse von Standish Meacham, Regaining Paradise. Englishness and the Early Garden City Movement. New Haven, London 1998. Ferner Stanley Buder, Visionaries & Planners. The Garden City Movement and the Modern Community, New York, Oxford 1996, vgl. dort zur englischen Entwicklung seit den dreißiger Jahren S. 153ff

49 Vgl. allgemein Kenneth Frampton, a.a.O., Kapitel 7: New Brutalism an the Architecture of the Welfare State: England 1949-59, S. 262ff; ferner John R. Gold, the experience of modernism. modern architects and the future city 1928-53, London u.a. 1997, Kapitel 7-9, S. 164ff

50 Zu dieser Zeit, 1949, waren die Smithsons noch dem Neopalladianismus verpflichtet, den der aus Deutschland stammende Kunsthistoriker und Renaissancekenner Rudolf Wittkower in seiner Lehre in London unter vielen jungen Architekten popularisierte. In diesem an der Klassik orientierten Kontext war der Rekurs auf Mies van der Rohes wahlverwandte Entwurfshaltung naheliegend. In der bewußt rohen und „ehrlichen", Behandlung der Materialien verweist die Verwendung des rohen Materials bereits auf die nüchterne Alltagsästhetik des Brutalismus. Vgl. Henry A. Millon, Rudolf Wittkower, Architectural Principles in the Age of Humanism: Its Influence on the Development and Interpretation of Modern Architecture, in: Journal of the Society of Architectural Historians, Band 21, 1972, S. 83ff

51 Die Grundbegriffe der Smithsons, Identity, Association, Cluster und Mobility wurden 1959 in Otterlo vorgestellt und bekamen so den Status eines quasi-offiziellen Programms des Team Ten; vgl. Oscar Newman (Hg.), a.a.O., S. 68ff

52 Zu Tilburg vgl. Arjen Oosterman, The core of the matter, in: Archis, Heft 3, 1994, S. 38ff

53 Zum Berliner Hauptstadtwettbewerb vgl. Berlinische Galerie (Hg.), Hauptstadt Berlin. Internationaler städtebaulicher Ideenwettbewerb 1957/58, Berlin 1990. Zum System des „Tower Block", das von den fünfziger bis in die siebziger Jahre den Stadtumbau in Großbritannien dominierte vgl. die umfassende Studie von Miles Glendinning und Stefan Muthesius, Tower Block. Modern Public Housing in England, Scotland, Wales and Northern Ireland, New Haven, London 1994. Dort findet sich auch eine präzise Verortung der Smithsons in der britischen Debatte (Kapitel 18, S. 121ff). Die Autoren arbeiten hier sehr gut die Parallele zur Forschung der Soziologen über die zusehends gefährdeten Working Class Community heraus. Vgl. Brian Jackson, Working Class Community, Harmondsworth 1968

54 Hierzu Martin Pawley, Terminal Architecture, London 1998, bes. Kapitel 2 und 3

55 Erst unter der Regierung Blair fand die Moderne wieder Unterstützung so neben den unvermeidlichen Norman Foster und Richars Rogers auch ein mittlerweile vierundachtzigjähriger Parteigänger des Team Ten, Ralph Erskine, der in Greenwich das Millenium Village baut; vgl. das Themenheft „Englandspiel" von Archis, Heft 5, 1998, ferner Paul Goldberger, A Royal Defeat, in: The New Yorker, July 13, 1998, S. 52ff.

56 Im Umkreis des Team Ten war der Begriff 1966 von Kenzo Tange verwendet worden. Lüchinger führt ihn verallgemeinernd 1976 ein. Als Monographie erscheint 1981 sein Buch: Strukturalismus in Architektur und Städtebau, Stuttgart 1981; ferner vgl. Jürgen Joedicke, a.a.O., S. 142ff. Neuerdings zeigt Wim J. van Heuvel in einer umfassenden

Übersicht die Vielfalt strukturalistischer Entwürfe der Schüler von Aldo van Eyck (von Piet Blom bis hin zu Herman Hertzberger); vgl. Wim J. van Heuvel, Structuralism in Dutch architecture, Den Haag, Amsterdam 1992

57 Hertzberger (Jahrgang 1932), der in Delft studiert hatte, schloß sich dem Team Ten an und wurde Mitglied der Redaktion der niederländischen Architekturzeitschrift „Forum". Diese war, vor allem von 1959-63 das theoretische Organ Aldo van Eycks; vgl. umfassend Francis Strauven, a.a.O.; zu Hertzberger vgl. Herman Hertzberger, Vom Bauen, München 1995

58 Jean Piaget, Der Strukturalismus, Olten und Freiburg im Breisgau 1973, frz. Orig., Paris 1968; Francois Dosse, Geschichte des Strukturalismus, 2 Bände, Hamburg 1997

59 So ist es bis heute etwa , nicht nur angesichts des Fehlens aussagekräftiger Schriftquellen nicht entscheidbar, ob die gotische Kathedrale Abbild des himmlischen Jerusalems sein sollte, also Manifsation einer spezifischen Gotteserfahrung, oder einfach nur eine bautechnologische Leistung einer Lichtarchitektur zur Erzeugung und Inszenierung von Stimmungen und Atmosphären durch hochprofessionalisierte Baumeister. Die erste, „strukturalistisch" zu nennende Deutung einer gebauten Theologie findet sich klassisch bei Otto von Simson oder Hans Sedlmayr, die rationalistische Sicht, die schon Viollet-Le-Duc vertrat, heute etwa bei Dieter Kimpel und Robert Suckale, Die gotische Architektur in Frankreich 1130-1270, München 1995, zuerst 1985. Aus handlungstheoretischer Sicht könnte die gotische Architektur als spezifische Verräumlichung von Ritual und Liturgie gedeutet werden. Es fällt auf, daß die heutige Eventarchitektur oft dieser Programmatik folgt.

60 Zitiert in: William J. R. Curtis, Modern Architecture since 1900, Oxford 1987, S. 317

61 Ingo Bohning, „Autonome Architektur" und „partizipatorisches Bauen". Zwei Architekturkonzepte, Basel, Boston, Stuttgart 1981

Von Deleuze zu Dewey?
(2001)

Vom Poststrukturalismus zum Pragmatismus: Die in 156 ARCH⁺ ver-
öffentlichten Beiträge kündigen einen Paradigmenwechsel in der Architekturtheorie an. Ihren Höhepunkt fand diese Debatte anläßlich zweier
Tagungen in New York, veranstaltet im Umfeld der Theorieavantgarde
um Peter Eisenman, konzipiert vor allem von John Rajchmann und Joan
Ockman. Die eine Tagung fand im Frühjahr 2000 an der Columbia-Universität statt und ist bereits in einem ungemein informativen Sammelband
dokumentiert.[1] Das MOMA veranstaltete die zweite Tagung im Herbst
des selben Jahres unter dem Titel „Things in the Making". Hier nahmen
die führenden Neopragmatisten Richard Rorty und Cornel West sowie
die Altmeister der New Yorker Architekturszene Peter Eisenman und
Rem Koolhaas teil. Um es vorwegzunehmen: Die beiden Architekten
verweigerten sich der Diskussion und damit dem avisierten Paradigmawechsel.[2]

Im Mittelpunkt der Debatte steht die Neuentdeckung der einzig genuinen
amerikanischen Philosophie, des Pragmatismus. Diese Umkehr stellt eine
Absage an einen totalisierenden Begriff von Kritik dar, wie er etwa in der
Frankfurter Schule als Denken „des Ganzen" kultiviert worden war, aber
auch für viele Poststrukturalisten kennzeichnend ist und selbstverständlich auch im New Yorker Architekturdiskurs seit den achtziger Jahren
zentral war.

Der amerikanische Pragmatismus hingegen situiert Erkenntnisprozesse
von vornherein evolutionistisch im Lebensprozeß, als intelligente Anpas-
sungsleistungen der Gattung an die Umwelt.[3] Die cartesianische Subjekt-
Objekt-Unterscheidung, die noch bis in die neuere sprachanalytische
Philosophie die Erkenntnistheorie leitet, wird vom Pragmatismus in einer
Handlungstheorie unterlaufen, in der sich Subjekt und Objekt wechselsei-
tig konstituieren. Dabei ist nicht das sich selbst gewisse Subjekt das Erste,
sondern die kooperierende Gruppe. Dieser Gedanke einer vorgängigen
Sozialität – zuerst von Charles Sanders Peirce als zentrale Prämisse seiner
Wissenschaftslehre im letzten Drittel des neunzehnten Jahrhunderts zu
Grunde gelegt („Die Logik wurzelt im sozialen Prozeß") – wurde von

George Herbert Mead in Chicago im ersten Drittel des folgenden Jahrhunderts zu einer Intersubjektivitätskonzeption entwickelt, an die heute wichtige soziologische Theorien anschließen (Habermas, Giddens). Auch die Soziologie der Chicagoer Schule, aus der auch die bis heute zentrale Soziologie der Stadt hervorging, war in den zwanziger Jahren dem Pragmatismus verpflichtet.[4] Populär war diese philosophische Perspektive durch eine eher subjektivistische Ausdeutung durch William James zu Beginn des zwanzigsten Jahrhunderts. Der jüngere John Dewey vertrat bis zu seinem Tode im Jahre 1952 eine radikaldemokratische, politisierte Variante, zeitweise als nichtmarxistischer Sozialismus artikuliert. Ein heutiger Kritiker, Nicolas Rescher, wirft Dewey Populismus vor, ein Verdikt, das heute auch die Neopragmatisten Rorty und West trifft, die seit den achtziger Jahren führend an der Renaissance des Pragmatismus beteiligt sind.

Wenn nun im Jahre 2000 gleich zwei hochkarätig besetzte Konferenzen sich der Bedeutung des Pragmatismus, einer Philosophie des Problemlösens, für die Architekturtheorie vergewissern wollten, so stellt sich dem überraschten Beobachter im theoriefernen Deutschland die Frage, welches Problem denn zu lösen sei. Joan Ockman verweist in ihrer Einleitung zu „The Pragmatist Imagination" zunächst auf das ungelöste Verhältnis von Theorie und Praxis. Ganz plausibel ist dies nicht, denn die in den siebziger Jahren von Eisenman begründete New Yorker Architekturdiskussion bezog seither ihre intellektuelle Produktivität ja gerade aus dieser Distanz zur Praxis. Der Philosoph John Rajchmann versucht in seinem Beitrag auf der MOMA-Konferenz denn auch das Problem innerhalb der New Yorker Diskussion zu situieren.[5]

Diese war seit den achtziger Jahren primär vom französischen Poststrukturalismus dominiert, vor allem von Foucault, Derrida und Deleuze. Was Eisenman zunächst in Auseinandersetzung mit Derrida und der Theorie der Dekonstruktion begonnen hatte, wurde später, vor allem auch von dem in Paris lehrenden Rajchmann, mit Deleuze fortgeführt. Rajchmann war bereits seit den achtziger Jahren gleichermaßen am französischem Diskurs, an der New Yorker Architekturdebatte und, zusammen mit Cornel West, an der Kultivierung des Neopragmatismus beteiligt. Nun, wieder zurück in New York, entdeckt Rajchmann unter Verweis auf ein französisches Buch von 1992, daß die französische Diskurslinie seit längerem einer schleichenden Theologisierung verfallen sei. Die Annäherung an den Pragmatismus wäre damit die Wiederannäherung an die Wirklichkeit, an „die Dinge", die Praxis, das Leben.

Rajchmann beruft sich dabei auf eine Formel von William James aus dem Jahre 1909: „What really exists is not things made but things in the making". James hatte diese Formel damals in Auseinandersetzung mit dem französischen Lebensphilosophen Henri Bergson geprägt und dessen Theorie der schöpferischen Evolution, die von einem vitalistischen Prinzip, dem *élan vital*, angetrieben wird, in die amerikanische Philosophie übersetzt. Der frühe Pragmatismus war zu Beginn des letzten Jahrhunderts Teil einer philosophischen Bewegung, die sich von Metaphysik und Transzentendentalphilosophie abwandte. Was in Deutschland die Kritik am Neukantianismus durch Phänomenologie und Lebensphilosophie war, artikulierte sich in den USA als eine „Revolte gegen den Formalismus"[6]. Dies bedeutete die Hinwendung zu einer nachmetaphysischen Weltdeutung, der bereits Nietzsche zugearbeitet hatte. Die Hintergrundtheorie stellte indes die Darwinsche Evolutionstheorie, die Nietzsche noch verachtet hatte, bereit, die ohne Rückgriff auf einen Schöpfer oder transzendentale Prinzipien die Entwicklung der Arten rekonstruieren konnte. Die Lebensphilosophie deutete die Evolution als jeder Rationalität vorgängig, für Bergson etwa war sie nur der Intuition zugänglich. Dem Pragmatismus hingegen ist sie offen für rationale Interventionen.

Damit unterscheidet sich der Pragmatismus grundsätzlich von der Lebensphilosophie, indem er Leben zwar in naturgeschichtlicher Kontinuität, aber vor allem als sozialen, intelligenten Prozeß kreativen Handelns deutet.

„Dinge im Werden", so könnte man James also übersetzen, ist eine andere Formel für den nichtdeterministischen, zukunftsoffenen Charakter der Evolution, der sich in der jeweiligen Handlungssituation in der Gegenwart offenbart. In diesem Sinne mobilisiert denn auch Rajchmann den Pragmatismus. Schaut man genauer hin, vollzieht sich der Bruch zwischen Poststrukturalismus und Pragmatismus, den Rajchmann seit einigen Jahren vorbereitete, jedoch weniger dramatisch. Die 1997 in Rotterdam veranstaltete ANY-Konferenz „Anyhow – ‚How things happen'" – war die Weichenstellung hin zum Pragmatismus.[7] Die Herausgeberin Cynthia C. Davidson verweist in ihrer Einleitung auf den Druck, der auf ANY ausgeübt werde, etwas Reales zu produzieren, eine neue Bewegung in der Architektur anzuführen. Ihr Gewährsmann ist Richard Rorty, welcher der Neuen Linken vorwirft, sich mit ihren abstrakten Diskursen über Ethnizität, Feminismus, Kulturindustrie von den realen Problemen der amerikanischen Bevölkerung zu isolieren.[8] Er plädiert für einen neuen Patriotismus, die Anerkennung der Gemeinschaftsgrundlage der USA, der Verfassung und der Religion, sowie es die alte Linke von 1900 bis 1960 getan habe. Zu dieser alten Linken gehört für ihn auch John Dewey. Ziel seiner Attacke ist unter anderem die Postmoderne-Analyse von Frederic Jameson, einem regelmäßigen Teilnehmer und Referenten der ANY Konferenzen.

Drei Jahre später schließt sich John Rajchmann dieser Attacke an, nicht aber ohne sich vorsichtig vom amerikanischen Patriotismus Rortys zu distanzieren. Damit ist eine wesentliche Facette der neueren Pragmatismusdiskussion benannt: Handelt es sich um eine Amerikanisierung des Architekturdiskurses, wie es Joan Ockman und Cornel West sehen – und wie es Rem Koolhaas befürchtet und zu seiner heftigen Ablehnung des Pragmatismus führt?[9] Gibt es so etwas wie eine genuin amerikanische Moderne-Tradition, gar eine amerikanische Avantgarde in der Nachkriegszeit, so wie es eine Konferenz 1996 mit ungefähr dem selben Teilnehmerkreis bereits thematisiert hatte?[10] Eines der Probleme, dem sich der Pragmatismusdiskurs stellt, scheint demnach die Identitätsfrage einer Moderne in den USA zu sein. Hier ist das kulturelle Umfeld auf dem Hintergrund der Beaux-Arts-Tradition und dem heutigen Siegeszug des Neotraditionalismus eher desinteressiert oder gar feindlich. Gerade der riskante Versuch eines reflektierten Populismus von Richard Rorty leistet dem heutigen Siegeszug des New Urbanism Vorschub.

Die latente Selbststilisierung der amerikanischen Ostküsten-Moderne zur Avantgarde ist jedoch angesichts der Bodenlosigkeit dieses Konzepts und des Scheiterns der historischen Avantgarden auch nicht durchzuhalten, obwohl etwa die Beschwörung der Tabula Rasa durch Rem Koolhaas nicht zufällig an das Futuristische Manifest erinnert. Distanz zum Volk, intellektuelle Anmaßung und Utopismus sind denn auch die populistischen Vorwürfe von Richard Rorty gegen diese spezifische Intellektualität. Sie treffen auch die ANY-Kultur und deren poststrukturalistische Theorie. Rajchmann scheint sich denn auch all diese Vorwürfe zu eigen zu machen, er wendet sich gegen die hermetische Kritik am Spätkapitalismus, wie sie Frederic Jameson formuliert, wo doch gerade der Kapitalismus eine Vielzahl neuer Optionen und Potentiale biete, also zukunftsoffen im Sinne des Pragmatismus sei. Auch die futuristischen Projektionen der alten Avantgarden verfallen dem Verdikt des Utopismus[11], obwohl doch nicht deren Unmöglichkeit, sondern ihr großer Erfolg von Brasilia bis hin zu Shanghai das Problem zu sein scheint. Pragmatismus als geistige „Einstiegsdroge" für einen neuen Typus von „organischem Intellektuellen", anders als Antonio Gramsci es gedacht hatte: back to the people.

Deleuze und die Folgen. Das virtuelle Haus, Projekt von Foreign Office Architects, 1997

Diese Rorty-Option, der auch die meisten Kommunitaristen folgen, scheint jedoch nicht das zu sein, was Rajchmann mit seinem Paradigmawechsel erreichen möchte. Pragmatismus als „Philosophie der Gegenwart" (G. H. Mead) scheint für ihn nicht die identitätsstiftende Schließung des Horizonts im Sinne von Community zu bedeuten, sondern gerade die Eröffnung der möglichen Handlungspotentiale, die weitestgehend unerschlossen im Hier und Jetzt latent vorhanden sind. Die Position des analytischen Intellektuellen, wie sie vor allem Peter Eisenman in der MOMA-Diskussion radikaler denn je mit seiner Selbstverpflichtung auf den Zweifel und die „criticality" der innerarchitektonischen Kritik bezog[12], wird, so überwunden von einer operativen Intellektualität, die sich architektonischer Mittel bedient, um gesellschaftliche Zukunftsentwürfe und deren Verräumlichung (spacing, espacement) experimentell zu erproben.

Im Begriff des Experiments berühren sich avantgardistische und pragmatistische Motive. Das wissenschaftliche Experiment als Archetypus rationalen Handelns war im klassischen Pragmatismus immer verstanden worden als Modell kollektiven gesellschaftlichen Handelns, als intersubjektive soziale Steuerung der Evolution. Der Pragmatismus und sein Begriff von Sozialreform war seit dem späten neunzehnten Jahrhundert Reform-Darwinismus.[13] Als solcher war der Pragmatismus auch nie die herrschende Philosophie. Diese ist und war vom Gilded Age, der Gründerzeit in den 1870er Jahren, bis hin zur Reagan-Clinton-Ära des Neoliberalismus vielmehr der Sozialdarwinismus. Die im amerikanischen Sinne liberale, das heißt sozialstaatliche politische Position des Pragmatismus ist eng verbunden mit einer eigenen Darwin-Interpretation. Experiment und Demokratie sind die institutionellen Garanten intelligenter Anpassung.

Es ist diese radikaldemokratische, gleichwohl reformerische Ausrichtung des Pragmatismus bei Dewey[14], die ihn heute für linksliberale Denker wie den gemäßigten Philosophen Rorty, der Deweys populistische Tendenz gegen das Expertentum sogar noch steigert, und den radikaleren schwarzen Aktivisten Cornel West, Professor für Divinity und African American Studies, attraktiv machen. Die von Rajchmann moderierte Diskussion zwischen West und Koolhaas konnte daher auch nur scheitern. Cornel Wests pathetisch-moralischer Argumentationsstil konnte den *global player* Koolhaas gar nicht mehr erreichen.

So ist denn die Neuentdeckung des Pragmatismus für den New Yorker Architekturdiskurs auch so etwas wie die Öffnung von Pandoras Büchse. Alle politischen Themen, die man im Globalisierungsprozeß längst hinter sich geglaubt hatte, drängen wieder auf die Tagesordnung: Die Krise des öffentlichen Raums und die politische Kultur der Stadt, Community und Nachbarschaft, auch in ihrer pittoresken Stilisierung durch Jane Jacobs, die dem Neotraditionalismus und der Gentrifizierung den Weg geebnet hatte, die Auflösung der Städte in einen Patchwork-Raum und die „sozialen Räume" der Subkulturen, die, so die französischen Stadttheoretiker David Lapoujade und Isaac Joseph, bereits in der Chicagoer Schule der Stadtsoziologie in den 1920er Jahren thematisiert worden sind.[15] All diese „alten" Themen, die man längst vom Konsumismus des regressiven New Urbanism vereinnahmt wähnte, sind Themen in „The Pragmatist Imagination". Es bleibt abzuwarten, ob die mit dem Pragmatismus einhergehende Politisierung nun auch der Architektur wirklich gewollt war.

Während Joan Ockmann diese Perspektive einer Repolitisierung offensichtlich eröffnen will, scheint John Rajchmann eher zu versuchen, den Diskurs in den Grenzen der Profession zu halten und den Pragmatismus als konzeptionelle Suchstrategie nach dem Neuen einsetzen zu wollen. Bereits 1997 auf der Rotterdamer Anyhow-Konferenz hatte er einen neuen Pragmatismus inauguriert, allerdings einen, der sich fast zwingend aus der französischen Theorie heraus zu entwickeln schien: einen Pragmatismus von Diagramm und Dignose.[16] Wir sind also wieder auf vertrautem architekturtheoretischem Feld: Der Diagramm-Begriff, von Foucault in der historischen Analyse der Disziplinargesellschaft verwendet, von Deleuze verallgemeinert, obendrein von Peirce semiologisch nobilitiert und mittlerweile durch Peter Eisenmans „Diagram-Diaries" 1999 abgesegnet, hat sich in den letzten Jahren vom früheren Hilfsmittel zu einem strategisch zentralen architektonischen Entwurfsinstrument entwickelt. Allerdings war die architektonische Instrumentierung des Diagramms bereits in den fünfziger und sechziger Jahren im Umfeld des Team Ten und bei Cedric Price bereits voll entwickelt.[17] Das Diagramm ist heute ein probates Mittel, Entwurf und Formfindung mit den in Datensäulen gebannten gesellschaftlichen Problemfeldern zu verknüpfen. In diesen Zusammenhang gehören auch die Datascapes von MVRDV. Die Perspektive des Diagramms ist die Perspektive des Entwerfers, der die formale Kontrolle über sein Umfeld zu behaupten versucht. Rajchmann geht weiter und projiziert in das Diagramm analytische Potentiale, die Fähigkeit zur Diagnose. Ihm entgeht auch nicht die medizinische Analogie, der Krisenbegriff. Der Architekt als Diagnostiker der Gesellschaft, der gleichwohl immer bei sich, im Entwurf bleibt. Es wird deutlich, daß wesentliche Elemente der avantgardistischen Entwurfshaltung in der pragmatisch-operativen Wendung des Diagramm-Begriffs verpuppt sind.[18]

Die Diskussion des Pragmatismus steht erst am Anfang. Für die eigentliche Entwurfsarbeit dürften Dewey oder Rorty – anders als der suggestive Deleuze mit seiner räumlichen und naturalen Metaphorik, die sich nur allzu leicht, etwa im Educatorium von Utrecht, illustrieren läßt – wenig hergeben. Aussagen zur Architektur finden sich weder im älteren Pragmatismus noch im Neopragmatismus.[19] Das ist ein Vorzug. Es zwingt den ansonsten zentrischen Diskurs der Architekturtheorie zur Dezentrierung. Mir scheinen zunächst, neben der ohnehin schon begonnenen baugeschichtlichen Selbstreflexion, zwei Richtungen vielversprechend: Zum einen legt der Pragmatismus eine Bestimmung der Architektur im öffentlichen Feld, in der Politik, nahe. Architekturproduktion als politisches Handeln, das seine eigene Nachfrage selber immer wieder diskursiv und strategisch erzeugen muß.

Zum anderen könnte die Entstehung des Neuen in Entwurf und Bauen selber als sozialer Konstruktionsprozeß rekonstruiert werden. Bis heute gibt es, anders als für die naturwissenschaftliche Laborarbeit[20] oder für die Technikgenese, keine Analyse des architektonischen Entwurfshandelns als kooperativen Prozesses. Das im Entstehen begriffene Neue müßte als Herstellungsprozeß analysiert werden: „Things in the Making" als das „Machen der Dinge". Mit der Prognose gesellschaftlicher Tendenzen hingegen sind Diagramme überfordert. Nur die Anschlußfähigkeit an die jeweiligen Einzelwissenschaften hilft hier weiter. Der von Joan Ockman herausgegebene Sammelband ist in diesem Sinne ein erster produktiver Ansatz „pragmatistischer Phantasie".

1 Joan Ockman (Hg.): The Pragmatist Imagination, New York 2000
2 Der Gesprächsversuch zwischen Koolhaas und West ist inzwischen in AV Monographs, Heft 91, 2001, S.15-33, in spanischer und englischer Fassung zugänglich.
3 Horace S. Thayer, Meaning and Action. A Critical History of Pragmatism. Indianapolis/ Cambridge 1981., Philip P. Wiener, in: Dictionary of the History of Ideas, Bd. 3, New York 1973. David A. Hollinger, The Problem of Pragmatism in American History, in: Journal of American History, Bd.67, Juni 1980. Cornel West, The American Evasion of Philosophy. A Genealogy of Pragmatism, Madison 1989
4 Hans Joas, Pragmatimus und Gesellschaftstheorie, Frankfurt am Main 1992.
5 John Rajchmann, Pragmatismus und Architektur: Eine Einführung, in: ARCH+ 156, S. 30
6 Morton White, Social Thought in America. The Revolt against Formalism. Boston 1947. Als das Buch Whites erschien, war der Pragmatismus bereits historisch geworden und verblaßt. Dazu James T. Kloppenberg, Morton White's Social Thought in America, in: Reviews in American History, Bd. 15, 1987, S. 507-519

7 Anyhow, hrsg. V. Cynthia C. Davidson. New York, Cambridge, Mass.,London, England 1998

8 Richard Rorty, Achieving Our Country. Leftist thought in Twentieth-Century America, Cambridge, Mass, London, England 1998

9 Cornel West & Rem Koolhaas, 11. November 2000, MOMA, Manuskript, S.1. Koolhaas vermißt „den Respekt vor der Irrationalität".

10 Robert E. Somol (Hg.), Autonomy and Ideology. Positioning an Avant-Garde in America. New York 1997

11 John Rajchmann, Pragmatismus und Architektur: Eine Einführung, in: 156 ARCH+, S. 30-33, hier S.33

12 Peter Eisenman, Doubt: pragmatism and architecture, Manuskript, New York, 10. November 2000. In der „Architectural interiority", nicht mehr in der Grenzüberschreitung zu anderen Disziplinen, sieht er nun die Basis seiner „expertise" und kommt damit zum klassischen Problem des Architekten: seiner Autonomie (S.12).

13 Zum Begriff siehe Eric F. Goldman, Rendezvous with Destiny. A History of Modern American Reform, New York 19977, 1952.1. Aufl.

14 David B. Westbrook, John Dewey and American Democracy, Ithaca 1991; Hans Joas (Hg.), Philosophie der Demokratie. Beiträge zum Werk von John Dewey, Frankfurt am Main, 2000. Kritischer: Andrew Feffer, The Chicago Pragmatists and American Progressivism, Ithaca/London, 1993; Norman K. Denzin, Post-Pragmatism, in: Symbolic Interaction, Jg. 19, 1996, S. 61-75

15 Zu einer kritischeren Sicht auf die Chicagoer Schule vgl.: R. Harris und R. Lewis, Constructing a Fault(y) Zone. Misrepresentations of American Cities and Suburbs, in: Annals of the Association of American Geographers, Bd. 88, 1998, S.622-639; John D. Fairfield, Alienation of Social Control: The Chicago sociologists and the origins of urban planning, in: Planning Perspectives, Jg. 7, 1992, S. 418-434

16 John Rajchmann, A new Pragmatism?, in: Anyhow, hg. V. Cynthia C. Davidson. New York, Cambridge, London 1998, S. 212-217

17 Hierzu das hervorragende Themenheft von DAIDALOS, 74, 1999: Diagrammanie

18 Tatsächlich gibt es Berührungspunkte zwischen John Deweys sozialer Theorie der Kunst und dem sozialen Radikalismus der frühen Kunstavantgarden. Larry A. Hicks (Hg.), Reading Dewey. Interpretations for a Postmodern Generation, Bloomington/Indianapolis, 1998; Donald Drew Egbert, Social Radicalism and the Arts. Western Europe, New York, 1970

19 Gleichwohl wird er schon bauhistorisch vereinnahmt. Aaron Betsky reklamiert in seinem Buch: James Gamble Rogers and the Architecture of Pragmatism, New York/Cambridge, Mass, 1994, den Pragmatismus für die Beaux-Arts-Architektur der Ivy-League-Universitäten, während Inaki Ábalos die Nachkriegsmoderne in Südkalifornien für gebauten Pragmatismus hält: The Good Life, A Guided Visit to the Houses of Modernity, Barcelona, 2001, S. 165-196. Auch der New Urbanism hat mit Andres Duany schon Anspruch auf den Pragmatismus erhoben.

20 Z.B. Hans-Jörg Rheinberger, Experimentalsysteme und epistemische Dinge. Eine Geschichte der Proteinsynthese im Reagenzglas, Göttingen 2001

Mass-Customization und Moderne
(2001)

Ein englischer Aufklärer des 18. Jahrhunderts war noch der Meinung, daß wir alle als Individuen geboren werden, aber als Kopien sterben. Die Theorie der Zweiten Moderne ist da entschieden anderer Meinung: wir werden immer individueller.[1] Kenner der Ideengeschichte werden sich fragen, was an dieser Theorie das Neue sei, denn schließlich wissen wir seit Jakob Burckhardt, daß seit der Renaissance ein dauernder Individualisierungs-Sog die westlichen Gesellschaften erfaßt hat. Ganz wesentlich für die Herausbildung individuellen Selbstbewußtseins war die Zumutung eines Gewissens in der protestantischen Ethik, in der Motive der mittelalterlichen Virtuosenreligion der Mönche Einzug in den Alltag der Laien hielten. Die früh-neuzeitlichen politischen Theorien eines Machiavelli, Locke oder Hobbes unterstellten den Primat des Individuums. Das individuelle Selbstinteresse (self-interest) galt in der englischen Aufklärung in den Theorien von David Hume und Adam Smith als die Hauptantriebskraft menschlichen Handelns. Erst im 19. Jahrhundert zogen Begriffe wie Solidarität oder gar Altruismus in die soziale Sprache ein und prägten vor allem die entstehende Arbeiterbewegung. Wie bekannt, waren sie aber nie unumstritten und stehen gerade heute wieder unter generellem Ideologieverdacht.[2]

Was also ist neu? Die heutige Theorie der Individualisierung ist zunächst nur auf dem Hintergrund der kulturellen Umbrüche seit Ende der 1960er Jahre zu verstehen. Der Generationsbruch, der in der Debatte in Deutschland gerne auf das 68er Thema verkürzt wird, bedeutete für seine Protagonisten einen biographisch einschneidenden Mentalitätswandel: bei der Elterngeneration herrschten Familismus, Disziplin, Ordnungsdenken, bei ihren Kindern setzten sich Hedonismus, Non-Konformismus und eine Lust an der Kultivierung neuer Lebensstile durch. Soziologen diagnostizierten einen säkularen Wertewandel, weg von materiellen, hin zu immateriellen Werten.[3] Die Postmoderne war das kulturelle Medium, in dem sich dieser Wandel seit den siebziger Jahren artikulierte.

Individualisierung, das bedeutete in der subjektiven Perspektive zunächst vor allem einen neuen Willen zur Selbstverwirklichung. Aber auch Individualisierung konnte nur als sozialer Vorgang, als Kollektiv-Phänomen Verbreitung finden: Schafft eins, zwei, drei, schafft viele – Lebensstile. Viele, aber nicht unendlich viele. Der soziale Schlüssel zur Individualisierung liegt im Begriff des Lebensstils, oder – wie Soziologen es umfassender lieben – der Lebensführung.[4] Es waren spätmarxistische Theoretiker wie David Harvey, die diesen Umbruch auf Veränderungen in der Ökonomie zurückführten, auf den Übergang von der fordistischen Massenproduktion hin zur flexiblen Produktionsweise des Post-Fordismus. Die rein ökonomische Erklärung reicht indes nicht aus.[5]

Individualisierung ist auch ein Ergebnis der durch staatliche Sicherheitssysteme erzeugten sozialen Stabilität, erweiterter Bildungschancen und der Konsumkultur der Nachkriegszeit. Dies gilt vor allem für die westeuropäischen Sozialstaaten, aber selbst in den vom Markt beherrschten Vereinigten Staaten hatte seit den dreißiger Jahren ein staatlich induzierter Bildungsboom erst die Grundlage für die Verbreiterung der Mittelschichten seit den Fünfzigern gelegt. In dieser Zeit hatten Diagnostiker eine Tendenz zum Konformismus beobachtet, so William H. Whyte in *The Organization Man* (1956) und vor allem David Riesman und Nathan Glazer in ihrem auch in Deutschland populär gewordenen Buch *The Lonely Crowd* (1950).[6] Auch Sozialhistoriker bestätigen diese von den zeitgenössischen Analysen angebotene These, halten sie allerdings für eine Anomalie vor dem Hintergrund der säkularen Tendenz zunehmender Individualisierung. Bereits damals wurde aber schon gesehen, daß hinter der vordergründigen Homogenisierung zunehmend erweiterte Handlungsspielräume für das Individuum erwuchsen. Die kulturkritische Verdammung der Masse war in erster Linie die Kehrseite eines verstärkten sozialen Aufstiegs der neuen Mittelschicht, der von der sozialen Erosion und der kulturellen Entwertung der traditionellen Arbeitermilieus begleitet wurde.

Sozialer Aufstieg, immer auch als individuelle Leistung begriffen, erforderte die verstärkte Distinktion gegenüber allen anderen Aufsteigern, und natürlich auch gegenüber der beträchtlichen Anzahl von Absteigern. Der „individuelle" Aufstieg selbst wird zum Massenphänomen.[7] Aus diesem Blickwinkel hat paradoxerweise auch unsere zeitgenössische Individualisierung ihren Ursprung in – der von heute aus so andersartigen – Massengesellschaft.

Die davon ausgelöste Pluralisierung von Lebensstilen kam erst in der nachfolgenden Generation sozial zum Tragen. Es ist sicher kein Zufall, daß die Theoretiker der Zweiten Moderne im wesentlichen dieser Generation angehören. Die Szenen und Milieus der Jugendkulturen, von den

Mods bis hin zu den Rockern, aber auch die Hippies und das studentische Protestmilieu eröffneten die neue Arena von Lebensstilen, in der sich selbst die Verweigerer zur modekonformen Inszenierung gezwungen sehen.[8] Hinter dem bunten Markt der Möglichkeiten war aber unschwer die Oberflächenhärte des Sozialdarwinismus erkennbar, der, in der Wirtschaftspolitik von den neoliberalen Hardlinern durchgesetzt, mittlerweile in der Globalisierung zur unentrinnbaren Matrix des Lebens geworden ist.

Was als Erbe der 68er erscheint, ist bei näherem Hinsehen eine eigentümliche Synthese aus Neoliberalismus und Kulturrevolution. Die ‚Drecksarbeit' des Neoliberalismus, das Zerschlagen der sozialen Standards bzw. Sicherheitssysteme der Nachkriegszeit wurde dabei noch geleistet von der älteren Generation eines Ronald Reagan oder einer Margaret Thatcher. Sie legten die soziale Grundlage für Individualisierung im Sinne von Freisetzung. Hier heißt Individualisierung nicht zwingend Freiheit, sondern Risiko, Unsicherheit und Konkurrenzdruck. Kritiker, von Ulrich Beck bis hin zu Richard Sennett, haben die auf die persönlichkeitsgefährdenden Tendenzen dieses neuen „flexiblen Menschen" hingewiesen.[9]

Individualisierung verstanden als Emanzipation, als Befreiung, als kulturelle Verheißung, war (und ist immer noch) die Botschaft der nachfolgenden Baby-Boomer-Generation seit Anfang der 1980er Jahre. Die Theoretiker dieses „Dritten Weges" heißen Anthony Giddens in England und Ulrich Beck in Deutschland; hier hat die Theorie der Zweiten Moderne ihren Ort, zu der sich später auch Architekturtheoretiker mit ihrer Zweiten Moderne gesellten, so vor allem der Niederländer Bart Lootsma.[10]

Der amerikanische Journalist David Brooks hat das spezifische Sozialprofil dieser neuen Upper Class mit dem Kürzel „Bobos" belegt: Bourgeois Bohemians.[11] Bart Lootsmas Hoffnung, es bestehe eine Wahlverwandschaft zwischen der Zweiten Moderne in der Architektur und der Zweiten Moderne der Bobo-Generation, wird durch David Brooks' auf die USA bezogene kulturelle Diagnose entscheidend relativiert. Der kulturelle Habitus der Bobos ist ausgesprochen traditionalistisch; der Rekurs auf alte Werte, darunter vor allem auch die ‚Family Values' von Leistung, Konsens und die Beschwörung des Authentischen, führen in der Bewertung von Architektur zu einer verblüffenden Affinität zum New Urbanism. Die Schöne Alte Stadt, die Simulation von Small-Town-America und die Gemütlichkeit des Great Good Place beschwören den Geist von Community und Zusammengehörigkeit: tatsächlich war der Boden für den neuen Patriotismus seit dem 11. September lange vorbereitet.[12] Dem

Witz des Journalisten Brooks verdanken wir auch die Identifizierung des Proto-Bobos: es ist Jane Jacobs und ihre unverfroren kitschige Stilisierung von Greenwich Village zum gemütlichen Dorf. Erst unlängst erlebte sie in dem französischen Film „Amélie" eine Wiedergeburt. Diesmal heißt das Dorf Montmartre. Was allerdings bei Jane Jacobs noch als Gegenwartsdiagnose erschien, die funktionierende Alte Stadt als Gegenbild zu Katastrophe der Modernen Stadt, kommt im heutigen französischen Film bereits als Geschichtsfälschung daher: die Idylle eines Montmartre der sechziger Jahre, die funktionierende Nachbarschaft im Kiez, dürfte es im tatsächlichen Montmartre der Sechziger nicht gegeben haben, es handelt sich um die Inszenierung eines Retro-Design ex post. In der Architektur entsprechen diesem Willen zu einer Vergangenheit nach Wunsch der Neotraditionalismus und der New Urbanism: der architektonische Hang zur Idylle.[13]

Zur Konvergenz von Neomoderne und Neotraditionalismus

Wenn es also in der kulturellen Großwetterlage der Zweiten Moderne bei aller Pluralisierung der Lebensstile ein vorherrschendes Hoch des Neotradionalismus gibt, stellt sich das Problem für die Architekturdiskussion „Eine Moderne der Moderne", die in den Heften 143 und 146 der Zeitschrift ARCH⁺ stattfand, neu. Ist die reflexive Moderne dann also doch nur ein Stil unter vielen, die alle gleichermaßen um die Gunst des Marktes buhlen?
Es fällt auf, daß in der pragmatischen Marktorientierung des „frischen" Konservatismus (Roemer van Torn) der holländischen Moderne fast wortgleich mit dem amerikanischen New Urbanist Andres Duany Markt mit Demokratie gleichgesetzt wird. Der Avantgardismus der Zweiten Moderne hat ja nicht zufällig das soziale Pathos der heroischen klassischen Moderne abgestreift und durch die emphatische Semantik der Globalisierung ersetzt. Es ist dieses Pathos der Dynamik, das Rem Koolhaas mit Le Corbusier oder Martin Wagner verbindet.
Noch in der Beobachtung von Hannes Böhringer, die Moderne sei „die Geschichte ihrer (meist klassizistischen) Gegenbewegungen"[14], steckt die geschichtsphilosophische Annahme, daß die Moderne die ‚eigentliche' Dynamik der Geschichte erzeuge und ihre historistischen Gegenbewegungen selbst wieder verzehre.

Pittoreskes Farmhouse für Suburbia aus dem Katalog. Sears, Roebuck & Co.
Katalog von 1908

Nimmt man nun die kulturtheoretischen Implikationen der soziologischen Theorie der Zweiten Moderne ernst, empfiehlt es sich, auf diese Selbststilisierung der Moderne ganz zu verzichten. Man kann die Frage auch umdrehen. Ist die Zweite Moderne in der Architektur längst in den Sog des kulturellen Konservativismus geraten? Es gibt einige Indizien, die dafür sprechen.

So ist etwa der Städtebau von Borneo-Sporenburg im Amsterdamer Osthafen nach dem Masterplan von WEST8 strukturell identisch mit dem Planwerk Innenstadt in Berlin. Schmale, tiefe Parzellen mit simulierten Bürgerhäusern, ergänzt um markante Monumentalbauten. Es ist die ‚Alte Stadt' von Aldo Rossi, die wir seit einiger Zeit die „Europäische Stadt" zu nennen gewohnt sind.[15] Im Zuge der Wiederentdeckung von Atmosphäre in der Zweiten Moderne betont ein Architekt von WEST 8 die Anmutung der Hafenatmosphäre als besondere Leistung ihres Entwurfs, so als habe es keine Speicherstadt in Hamburg und keinen Camillo Sitte ein Wien gegeben. Mittlerweile mehren sich die impliziten Bezüge auf Camillo Sitte, etwa in dem Projekt einer neuen Innenstadt für die Retortenstadt Almere bei Amsterdam, an dem Rem Koolhaas führend beteiligt war. Ein anderes Projekt in Almere, ebenfalls von den Landschaftarchitekten WEST8, besteht aus identischen Reihenhäusern, mit wählbaren, austauschbaren Fassaden, darunter auch traditionelle. Ein entsprechender Katalog wird von einem der Urheber als „Provokation" bezeichnet, als sei serielle Hausproduktion mit individueller Fassadengestaltung nach Wunsch nicht bereits im Berlin der Gründerzeit und allen vergleichbaren Städten von Budapest bis Baltimore seit dem 19. Jahrhundert längst gängiger Standard gewesen.[16]

Bei aller Selbstironie wird hier klassischer Fassadismus geboten. Unreflektierter Fassadismus als zukünftige Konsensformel der Zweiten Moderne schlägt dann auch die Brücke zum Traditionalismus der Berliner Friedrichstraße. Diese wachsende Affinität der Neomoderne zum Neotraditionalismus hat ihre Wurzel in der Schizophrenie des architektonischen und bautechnischen Auseinanderfallens von Innen und Außen. Die damit einhergehende Trennung von Programm und Hülle – die Rem Koolhaas bereits in *Delirious New York* am Beispiel des New Yorker Wolkenkratzers analysiert und mit Lobotomie, der Trennung von zwei Gehirnhälften, metaphorisch umschrieben hatte – ist das Einfallstor für den Fassadismus.

Gerade Hans Kollhoff bezieht sich auf eben diesen Wolkenkratzertypus. Er folgt damit den Konventionen der amerikanischen Beaux-Arts-Architektur, der es gelang, standardisierte und ökonomische Grundrisse mit konventionalisierten Fassadenlösungen erfolgreich zu verbinden. Der Rückgriff auf die Konventionen von Klassizismus und Renaissance garantierte die Versöhnung zwischen radikal-modernem Bauprogramm und traditionellen Wahrnehmungsmustern.

Der paradoxe Effekt ist, daß die Fassade in der heutigen Diskussion wieder zur zentralen Architekturaufgabe wird, der man sich selbst mit der ironischen Distanz eines Koolhaas nicht mehr entziehen kann. Im heutigen Konzept von Stadtraum fungiert Fassade als wesentlicher Beitrag zum Erzeugen von Atmosphäre in der Kulisse der „Event City".

Eine weitere Fluchtlinie einer möglichen Konvergenz tut sich seit einigen Jahren im Wohnungsbau auf. Vor allem der boomende, von allen Architekturrichtungen gleichermaßen verpönte, wuchernde Eigenheimbau hat sich bereits seit langem der Kontrolle durch den Berufsstand entzogen. Fertighausanbieter, Häuslebauerei und immer noch sehr viel handwerkliche Produktion in der Provinz dominieren hier. Auch sollte nicht vergessen werden, daß nur 35 Prozent aller Deutschen in Großstädten, d.h. in Städten ab 100 000 Einwohnern leben.

Außerhalb der Städte dominiert traditionell der Eigenheimbau. Die Wiederentdeckung der Urbanität seit den sechziger Jahren hat im Architektur- und Städtebau den Wohnungsbau vor allem zu einem Füllelement räumlicher Verdichtung gemacht. Trotz vereinzelter interessanter Grundrißlösungen war es wohl vor allem die Postmoderne, die die Grundrißdiskussion entwertet und die ästhetische Anmutung von Fassaden- und Außenraum in den Vordergrund gerückt hatte. Interessant ist dabei, daß auf der Nachfrageseite diese Verschiebung durchaus goutiert wurde. So rissen sich Bestverdiener trotz deren schlechten Grundrissen um die Sozialbauwohnungen der IBA in Berlin, während die zum Teil großzügigen und raffinierten Grundriß-Aufteilungen des Märkischen Viertels nicht zu dessen Aufwertung beitragen konnten.[17] Es war einzig das ästhetische Programm der Postmoderne, das in der Öffentlichkeit als Individualisierung und als Gegenentwurf zur Monotonie der Großsiedlungen verstanden wurde.

Postmoderne gleich Individualität, Moderne gleich Vermassung: Für lange Zeit bestand mit dieser Diagnose eine überraschende Übereinstimmung von Fach, publizistischer Öffentlichkeit und der landläufigen Meinung der Benutzer.

Die Parallelbewegung der Neomoderne seit den 1970er Jahren teilte mit der Postmoderne die Orientierung an der kompakten Stadt. Ihr Paradigma indes war nicht die „schöne Stadt" von Camillo Sitte oder des

Barons Haussmann, sondern die Stadt der funktionalen und räumlichen Komplexität, so wie sie im Umkreis des Team Ten in den fünfziger und sechziger Jahren des letzten Jahrhunderts formuliert worden war. Dies scheint die eigentliche Pointe der Zweiten Moderne zu sein: auch sie ist ein Remake, sie zehrt von den Themen und Motiven der Team-Ten-Generation.[18] Deren zentrales soziales Thema war aber nicht der individuelle Ausdruck des Wohnens, sondern die Erzeugung sozialer Komplexität und funktionaler Verschränkung. Gerade das Spielen mit Großformen, dem Thema Bigness (Rem Koolhaas) kultiviert die Anonymität der Fassade als Steigerungselement in der Wahrnehmung von Größe, eine Haltung, der übrigens auch noch Hans Kollhoff mit seinem 1998 entworfenen Amsterdamer Großblock verpflichtet war.

Desto überraschender ist es, daß mit dem Zauberwort *Mass-Customization*, also individuelle Massenproduktion, nun das Thema Individualisierung im Diskurs der Neomoderne seit einigen Jahren wieder in den Vordergrund gerückt ist. Darüber hinaus scheint man sich von der Verbindung von Individualisierung mit rationalisierter Massenfertigung *on demand* einen Zugang zum kommerziellen Wohnungsbau zu versprechen. Dies ist um so verblüffender, als mit dem Rationalisierungsthema ein zentrales Anliegen der Heroischen Moderne aufgegriffen wird: damit kehrt die Neomoderne an ihre verschütteten Wurzeln zurück. Die Klassische Moderne hatte die avantgardistische Geschichtsphilosophie des 19. Jahrhunderts, wie sie der Saint-Simonismus formuliert hatte, übernommen. Nach dieser Auffassung vollzieht sich gesellschaftlicher Fortschritt sowohl im technischen als auch im sozialen als auch im moralischen Feld gleichgerichtet.[19] Die Vorstellung, daß die Rationalisierung des Wohnungsbaus zur Lösung der sozialen Frage beitrage, war damit zwingend, blieb aber bis weit in die zwanziger Jahre mehr Programm als Wirklichkeit. Es konnte sich auf wenige kommunale Reformprojekte stützen, so etwa das Neue Bauen in Frankfurt am Main unter Leitung von Ernst May. Hier wurde tatsächlich eine Plattenfabrik gebaut, während etwa in Berlin in der symbolisch so bedeutsamen Hufeisensiedlung einfach nur Stein auf Stein gemauert wurde.

In der Nachkriegszeit indessen setzte sich gleichermaßen in Ost und West mit dem Anliegen des massenhaften sozialen Wohnungsbaus der Gedanke eines industrialisierten Bauens durch. Normierung und Standardisierung des Bauens wurden im Wiederaufbau zum Mittel der Wahl. Fast überall blieb die Industrialisierung jedoch in den Anfängen stecken, und die Hoffnung, durch eine hohe Variabilität und Typenvielfalt der

Bauelemente individuelle Lösungen zu ermöglichen, blieb weitestgehend uneingelöst. Die restriktiven Normvorgaben des sozialen Wohnungsbaus, die Dominanz der Kombinatsökonomie im Osten und die Vorherrschaft der Bauwirtschaft im Westen ließen die Utopie früh ersticken.[20]

Aus heutiger Sicht scheint die Gleichung „Industrielles Bauen = Einheitswohnung = Masse" plausibel, sie trifft aber nicht die ursprünglichen Intentionen der frühen Moderne – und wohl auch nicht deren Potentiale. Noch in der DDR galt bis in die 1960er Jahre hinein die hoffnungsfrohe Devise: „Erst jedem eine, dann jedem seine Wohnung!"[21]

Mit der Krise dieses sozialstaatlichen Modells in der Ära der Postmoderne – in der allerdings der Massenwohnungsbedarf im Westen weitestgehend gedeckt war – wurde industrialisiertes Bauen zum Synonym für soziales Stigma. Diese Stigmatisierung durch die Postmoderne hat sich die Neomoderne zu eigen gemacht. Es ist symptomatisch, wenn der bereits zitierte Architekt von WEST 8 den niederländischen sozialen Wohnungsbau zwischen 1920 und 1980 als stalinistisch bezeichnet. Das entspricht der Sicht von Hoffmann-Axthelm, die DDR-Platte sei der eigentliche stalinistische Städtebau gewesen.[22]

Katalogmoderne

Die Neomoderne kann also vor ihrer Hintergrundsphilosophie des Neoliberalismus nicht mehr an die Tradition des sozialen Wohnungsbaus anknüpfen. Mass Customization – eigentlich eine Vermarktungsstrategie des E-Commerce – bietet nun den dringend nötigen, frischen und politisch unverdächtigen Zugriff auf die Industrialisierungsproblematik. Damit kann zugleich technologische Rationalität als Basis eines Professionalismus demonstriert werden. Die Renaissance von Positivismus und Pragmatismus, wie sie in den Datascapes von MVRDV erkennbar wird, liefert die Legitimation für den nun wieder unbefangenen Umgang mit technischen Innovationen.[23] Diesmal ist es die neue Technologie der Informationsgesellschaft, das computergestützte Design und der computergestützte Modellbau, die sowohl größere Freiheitsräume als auch effizientere Implementationen versprechen.

Indes tut sich hier das erste Problem auf: tatsächlich ist das Bauen, etwa in Deutschland, angesichts der Vielzahl von Gewerken, damit also mittelständischen Betrieben, sehr wenig rationalisiert. Auch bedeutet Normierung noch lange nicht Rationalität von Produktion und Konstruktion. Die

CAAD-Architektur hat es bis jetzt noch nicht verstanden, ihren Kosmos eines 3-D-simulierten Raumes zu verlassen. Gerade die riskanten computergenerierten Formen eines Frank Gehry (die vor Jahren noch nicht denkbar gewesen wären) müssen in aufwendiger Handarbeit vor Ort montiert werden. Technischer Fortschritt und High Tech sind nicht der Gegensatz zu vormoderner Manufakturarbeit, der automatisierte Entwurf bildet sich noch nicht auf der Ebene des Bauens ab.

Wie Florian Böhm demonstriert, gibt es bis heute in der Bauproduktion noch keine vergleichbaren Entwicklungen, wie sie in der Autoherstellung oder Computer-Assemblage gängig sind.[24] Selbst in diesem Bereich sind viele Modelle von Mass-Customization (MC), so etwa bei Toyota, bisher gescheitert, da sie auf der Produzentenseite nicht zu wirklich kostengünstigeren Alternativen führen. Hier wird deutlich, daß MC ihre Wurzeln zunächst in anderen Bereichen der Güterproduktion hat. Es sind vor allem die Schuh- und die Bekleidungsindustrie, in der mittlerweile per Internet individuelle Größen und Variationen abrufbar und kostengünstig produzierbar sind. So ist etwa der Vorzug der MC unmittelbar evident, wenn man weiß, daß statistisch der Verkauf einer Jeans erst nach siebzehn Anproben möglich ist. Es lohnt sich zu fragen, welcher Individualitätsbegriff dieser Sicht entspricht. In den genannten Beispielen geht es um Körper, Körpergrößen und körperlichen Besonderheiten, nicht um die Individualität von Person oder Charakter. Aber selbst diese körperliche Dimension ist natürlich kulturell vermittelt. Der individuelle Turnschuh macht nur Sinn in Jugendkulturen, in denen der Turnschuh als Distinktionskriterium Gültigkeit hat. Tatsächlich haben die großen Hersteller von Sportschuhen, Nike, Adidas und Reebok, seit 1998 trotz ihres Engagements im Bereich MC mit Umsatzstagnation zu kämpfen. Gegenwärtig wird der Trend unter Jugendlichen zum reinen Lifestyleschuh von kleineren Brands bedient.

Dem entspricht, daß in der Sprache von Jugendkulturen der „Proll" mittlerweile zum anonymen Gegenbild geworden ist, so wie es früher die „Masse" war. Zugleich ist es an der Spitze der Statushierarchie nach wie vor wesentlich, Unikate zu besitzen, vom handgemachten Schuh bis zum maßgeschneiderten Sofa. Auch sollte man nicht übersehen, daß in den oberen Ebenen des Managements die kulturellen Kodierungen konventionell und traditionalistisch sind.

All diese Beispiele unterstützen die These, die auch vom deutschen Papst der MC, Frank Piller, vertreten wird, daß MC tatsächlich mittelfristig wohl nur Nischenmärkte bedienen wird.[25] Obendrein ist MC inzwischen auch vom Niedergang der New Economy und des E-Commerce erfaßt worden und mittlerweile mehr Projektion denn Projekt.

Was also kann die Architektur von einer derart eng geführten Individualisierungs-Konzeption lernen? Sind Wohnungen tatsächlich nur etwas komplexere Jeans? Und wenn, was hieße dann maßgeschneidert?

Eine erste Überzeichnung dieses Gedankens findet sich bereits in den frühen Projekten von MVRDV, etwa in ihrem Berlin-Wall-Projekt, oder der Villa KBWW in Utrecht. Das Ineinanderschachteln völlig unterschiedlicher Wohnungsgrundrisse und -höhlen suggerierte eine Relation zum Nutzer, die in den praktischen Lebensvollzügen nie realisierbar ist. Oder: wäre sie es, so müßte die Villa KBWW im Todesfalle eines der beiden Besitzer komplett umgebaut werden. Es ist diese Virtuosität im Erzeugen von Variabilität, zugegebenermaßen von der Virtualität des Rechners leicht gemacht, die das Individualismus-Thema zum innerakademischen Diskurs hat werden lassen, während die Realiät des alltäglichen Reihenhausbaus bisher wenig Innovationenen hervorgebracht hat.

Mittlerweile wird selbst in den Niederlanden, bisher die realisierte Utopie der Zweiten Moderne, ein schärferer neoliberaler Kurs gefahren. War der soziale Wohnungsbau bereits in den späten 1980er Jahren abgeschafft, so war die Grundlage des Architekturwunders immer noch die gezielte staatliche Förderung von jungen Achitekturbüros.

Die neoliberale Fröhlichkeit der Boygroups speiste sich aus den Relikten des verpönten Sozialstaates. Wie uns Bart Lootsma mitteilt, scheint es damit weitestgehend vorbei zu sein. Gefördert wird nun der Eigenheimbau. Außerdem erfahren wir, daß es einen brisanten Einbruch des Neo-Traditionalismus zu beobachten gibt, bei dem etwa eine als Kleinstadt-Simulation entworfene Vorstadt von Eindhoven, die Siedlung Brandevoort von Rob Krier, sich einer beträchtlichen Popularität erfreut.[26]

Tatsächlich hatte die Neomoderne im Einfamilienhausbau durchaus einen Startvorsprung. Bereits in den 1980er Jahren hatte sie unter dem Label *Dirty Realism* die Peripherie der Städte zum Entwurfsthema der Architekten gemacht. Nicht um diese zu verhübschen, sondern um das vorhandene Chaos zu qualifizieren und ästhetisch zu steigern. Damit hat sie kulturell die Domäne des Häuslebauers längst besetzt. In diesem Randgebiet der Architekturdiskussion, siedlungsstrukturell immer noch ein Wachstumsgebiet, scheint sich denn nun der Impetus des MC zu bewähren. Wenn also beim Reihenhaus letztlich doch nur die Fassade zählt, so bietet sich folgerichtig nur das Einzelobjekt Einfamilienhaus genauso ideal an wie ein Turnschuh.

Das *Variomatic Classic-Haus* von Kas Oosterhuis ist bereits morphologisch wahlweise als Schuh oder als Schlumpf interpretierbar, vielleicht aber auch als Autokarosserie, der es das Material Blech verdankt. Der Kunde hat am Computer die Möglichkeit, das angebotene Modell sowohl in der Außenhülle als auch im Inneren individuell „auszuknautschen". Die sechs auf der Website zugänglichen Ansichten lassen für eine Vervielfältigung das Schlimmste befürchten.[27]

Intelligenter ist das Programm von ETEKT.com/join, einer Art virtueller Kontakthof, in dem der potentielle Kunde sein Objekt der Begierde, ein Haus von unbegrenzt vielen Stararchitekten, in vorgegebenen Parametern variieren und rekonfigurieren kann. Das Modell ETEKT ist nicht, wie die Zeitschrift *Wall Paper* vermutet, das zukünftige größte Architekturbüro der Welt, sondern eine Art Börse, in der sich unbegrenzt viele Architekten einloggen und Kundenkontakte potentiell weltweit herstellen können. Ungeklärt ist bis jetzt allerdings, wie die nach erfolgtem Vertragsabschluß im Netz überreichten Bauunterlagen dann jeweils umgesetzt werden sollen.[28] Das im Internet zu besichtigende Modellhaus scheint keine komplizierte Technologie zu erfordern, und daher dürften erfahrene Handwerker vor Ort die angemessenen Fachkräfte sein. Läßt man die wenigen Beispiele Revue passieren, so ist der Eindruck nicht zu vermeiden, daß MC in der Architektur noch ein rein virtuelles Phänomen ist.

Indes stimmt dies nur, wenn wir uns auf die interne Diskussion in der Neuen Moderne beschränken. Die Rationalisierung des Bauens mittels vorfabrizierter Elemente hat in den USA eine fast zweihundertjährige Tradition, die Sigfried Giedion in *Space, Time and Architecture* (1943) zunächst im Balloon Frame beginnen ließ. Dessen Datierung in das Chicago der dreißiger Jahre des 19. Jahrhunderts ist mittlerweile korrigiert und in die Zeit um 1800 in das damals noch französischen Louisiana verlegt worden.[29] Die soziale Basis der Vorfertigung war die rasante Suburbanisierung der amerikanischen Stadtregion seit 1860 mit ihrem Grundmodul des Einfamilienhauses. Die Diversifizierung von Stilen, Haustypen und Hausmodulen ermöglichte eine effiziente Massenproduktion von individualisierten Häusern.[30] Das Vorherrschen bestimmter Stile, ob Neo-Gothic, Bungalow, Colonial Revival oder Ranch-House, folgte nicht technologischen oder ökonomischen Imperativen, sondern kulturellen Geschmackswellen, sprich: Moden.

Das Geheimnis dieser kommerziellen Stadtproduktion, die als gezieltes Marketing-Instrument den Mythos der Individualisierung immer schon bediente und das nicht minder gewichtige Gegen-Element Gemeinschaft gleich mitlieferte, besteht in der konsequenten Anwendung des Retro-Prinzips, welches sozialen Projektionen, etwa Heim und Familie, Freiheit, Selbstverwirklichung als Folie und Formsprache dient. Für diese Produktionsweise versteht sich nutzbar standardisierte Funktionalität des Grundrisses von selbst (auch wenn man die Parameter der Kleinfamilie sprengt: selbst die postmodernen Lebensformen, vom schwulen Paar bis hin zur postmodernen Großfamilie oder zum katholischen Single, finden in diesen soliden Grundrissen noch ihren Platz). Entscheidender als der Grundriß jedoch ist für dieses Modell die ästhetische Gesamt-Kodierung des Objekts: die Fassade, das Image ist das, worauf es ankommt.[31]

Ein Beleg für diese Vermutung ist der ungeheure Erfolg der Neu-Urbanistischen „Stilblüten", etwa in Celebration in Florida, dem Beitrag Disneys zum New Urbanism. Die hier angebotenen Häuser mit sechs Stilvarianten und erheblich schlechteren Grundrissen als der gewohnte Standard erfreuen sich reger Marktnachfrage, obwohl – wie in fast allen Projekten des New Urbanism – die Preise der Häuser um ca. 100.000 US-Dollar höher sind.[32]

Während also die klassische Moderne noch über Fordismus und Amerikanismus diskutierte, befand sich der Wohnungsbau im real existierenden Kapitalismus längst in einer langen Welle der Rationalisierung, ohne je spektakulär wahrgenommen worden zu sein. Diese aufgrund ökonomischer Erfolgserlebnisse perfektionierte Tradition ist bis heute ungebrochen. Seit längerem gibt es auch in Deutschland einen vergleichbaren, aber kleineren kommerziellen Markt für Eigenheime.

Eine akademische Moderne, die versucht, den Gegensatz von High und Low, von U und E endlich zu überwinden, müßte *Camp* produzieren, um es in der Sprache der Kunsttheorie der 1960er Jahre zu sagen. In Deutschland heißt Camp aber Kampa („Häuser exklusiv und individuell"), also: Koolhaas goes Kampa![33]

Was bei dieser Bewegung noch von den Veredelungsimpulsen der Architekten übrig bleiben wird, ist offen. Der „Architekt als Erzieher", ein Programm, das die klassische Moderne von der Reformarchitektur des späten neunzehnten Jahrhunderts übernommen hatte, dürfte aber auf dem Markt ebenso scheitern wie schon seine Vorgänger.[34] In der *Ökonomie der Aufmerksamkeit* (Georg Franck) scheint der Architektur einzig die Selbstvermarktung als *Brand* zu bleiben: Superdutch als Modell, allerdings ohne das staatliche Sponsoring einer Regierung in Den Haag.

1   Ulrich Beck, Anthony Giddens, Scott Lash, Reflexive Modernisierung. Eine Kontroverse, Frankfurt am Main 1996; Ulrich Beck, Elisabeth Beck-Gernsheim (Hg.), Riskante Freiheiten. Individualisierung in modernen Gesellschaften, Frankfurt am Main 1994; Ulrich Beck (Hrsg.), Kinder der Freiheit, Frankfurt am Main 1997

2   Jakob Burckhardt, Die Kultur der Renaissance in Italien. In: ders.: Gesammelte Werke Bd. III, Berlin o. J. (nach der 2. Aufl. 1869); Richard van Dülmen (Hg.), Entdeckung des Ich. Die Geschichte der Individualisierung vom Mittelalter bis zur Gegenwart, Köln/Weimar/Wien 2001; Crawford. B. Macpherson, Die politische Theorie des Besitzindividualismus. Von Hobbes bis Locke, Frankfurt am Main 1967; Istvan Hont, Michael Ignatieff (Hg), Wealth and Virtue. The Shaping of Political Economy, Cambridge u.a. 1983; Albert O. Hirschman, Leidenschaften und Interessen. Begründungen des Kapitalismus vor seinem Sieg, Frankfurt am Main 1980; Werner Sewing, John G. A. Pocock und die Wiederentdeckung der republikanischen Tradition, in: J. G. A. Pocock, Die andere Bürgergesellschaft, Frankfurt am Main 1983, S. 7-32

3   Ronald Inglehart, The Silent Revolution. Changing Values and Political Styles among Western Publics, Princeton 1977; ders.: Culture Shift, in: Advanced Industrial Society, Princeton 1990.

4   Paul Leinberger, Bruce Tucker, The New Individualists. The Generation after the Organization Man, New York 1991; Heinz Bude, Das Altern einer Generation. Die Jahrgänge 1938 bis 1948, Frankfurt am Main 1995; Gerhard Schulze, Die Erlebnisgesellschaft, Frankfurt am Main/ New York 1992

5   David Harvey, The Condition of Postmodernity. An Inquiry into the Conditions of Cultural Change, Oxford 1989

6   Joseph Bensman, Arthur Vidich, The New American Society. The Revolution of the Middle Class, Chicago 1971; David Riesman, Die einsame Masse, Reinbek 1958; William H. Whyte, The Organization Man, Harmondsworth 1969

7   Seymor Martin Lipset, The First New Nation, New York 1967, S. 156 ff. (zuerst 1963).

8   Aus dieser neuen Lebensstilkodierung konnte auch ein neues Bild der Stadt entwickelt werden. Vgl. Johannes Boettner, Himmlisches Babylon, Berlin, 1989, der erstmals den Begriff „Szene" stadtsoziologisch nutzt. Die englischen Cultural Studies haben ebenfalls in Auseinandersetzug mit den Jugendkulturen seit den 1970er Jahren ihre heutige Popularität begründen können.

9   Richard Sennett, Der flexible Mensch, Berlin 1998

10 Vgl. hierzu die diversen Artikel in: 143 ARCH+, Oktober 1998 und 146 ARCH+, April 1999

11 David Brooks, Die Bobos. Der Lebensstil der neuen Elite, München 2001

12 Werner Sewing, www. janejacobs. com, in: CENTRUM. Jahrbuch Architektur und Stadt 2001-2002, Darmstadt 2001 (in diesem Band S. 45ff).

13 Werner Sewing, Neotraditionalismus in den USA und Großbritannien, in: Die Alte Stadt, 25. Jg. 1998, S. 359-371 (in diesem Band S. 32ff).

14 Hannes Böhringer, The Absence of Architecture. Mies und die Moderne, in: 146 ARCH+, S. 56-59, hier S. 56

15 Irénée Scalbert, Townscape Fights Back: A Report from Holland. In: AA Files, No 38, S. 67-73

16 Henk Hartzema, in: Universität der Künste Berlin (Hg.): . udk lecture series 1, Berlin 2001, S. 96-107. Zur Atmosphärediskussion vgl. das Themenheft von Daidalos, H.68, Juni 1998. Zu Almere vgl. Dutchtown Almere. OMA Urban Masterplan Almere Center, Block 6, Katalog Galerie Aedes, Berlin 2000

17 Zur Überlegenheit der modernen Grundrisse, vgl. die überzeugende Analyse von Gert Kähler, Funktion, Funktionalismus, Postmoderne?, in: Jahrbuch für Architektur, 1985/1986, Braunschweig/Wiesbaden 1986, S. 55-70

18 Werner Sewing, L'Héritage du Team X ou la modernité repensée, in. Jac Fol (Hg.), Finn Geipel, Nicolas Michelin, LABFAC, Paris 1998, S. 73-88. Vgl. in diesem Band S. 65ff

19 Donald Drew Egbert, Social Radicalism and the Arts. Western Europe, New York 1970. Markus Bernauer, Die Ästhetik der Masse, Basel 1990; Böhringer, Hannes: Avantgarde-Geschichten einer Metapher, in: Archiv für Begriffsgeschichte, Bd. 22, 1978, S. 90-114

20 Christine Hannemann, Die Platte. Industrialisierter Wohnungsbau in der DDR, Braunschweig/Wiesbaden 1996. Erw. Neuauflage Berlin 2000

21 Simone Hain, Industrialisierung des Bauens in der DDR, in: Deutsche Bauzeitung, H.9 2000, S. 40-44, hier S. 42

22 Henk Hartzema, in: Universität der Künste (Hg.), a.a.O.: Dieter Hoffmann-Axthelm, Rückblick auf die DDR, in: 103 ARCH+, April 1990, S. 66-73

23 Stan Allen: Artificial Ecologies: The work of MVRDV. In: El Croquis, 86, Madrid 1997, S. 26-33

24 Florian Böhm, Zum Stand der Kunst des industriellen Bauens, in: 158 ARCH+, Dezember 2001, S.76-83

25 Frank Piller, Mass Customization News, Oktober 2001 http://www. Mass-customization.de

26 Frank-Bertolt Raith, Rob van Gool, Jenseits des Standards, in: 158 ARCH+, Dezember 2001, S. 58-65; der Erfolg von Rob Krier in den Niederlanden ist schon länger bekannt, wurde aber nicht ernst genommen. Vgl. Vincent van Rossem: Urban Space as Architectural Task. Rob Krier in The Hague: The Resident, Rotterdam 1996; Rob Krier, Christoph Kohl, Urbanism and Architecture, Berlin 2000

27 oosterhuis.nl :Variomatic-Häuser, in: 158 ARCH+, 2001, S.92-95

28 Etekt, Parametrische Entwurfsmaschine, in: 158 ARCH+, 2001, S. 88-91

29 Sigfried Giedion, Raum, Zeit, Architektur, Ravensburg 1964, S. 233ff; R. Cavanagh, Balloon Houses: The Original Aspects of Conventional Wood-Frame Construction Re examined, in: Journal of Architectural Education, Bd. 51, 1997, H.1, S. 5-15

30 Larry Ford, Cities and Buildings, Baltimore/ London 1994, S. 126ff

31 John Chase, The Role of Consumerism in American Architecture, in: Journal of Architectural Education, Bd. 44, H.4, August 1991, S. 211-224

32 Douglass Frantz, Catherine Collins, Celebration, U. S. A. Living in Disney's Brave New Town, New York 1999; Andrew Ross, The Celebration Chronicles. Life, Liberty, and the Pursuit of Property Value in Disney's New Town, New York 1999

33 Werner Sewing, Von Detroit nach Dessau, von Houston nach Hellersdorf, oder: mit dem Wohnford in die Sackgasse, in: Michael Musotter (Hg.), 150 brutto. Für eine individuelle Wohnhausgestaltung, Berlin 1998, S. 22-25. Der Kampa-Katalog „Häuser: Exquisit und individuell" erscheint in Minden/Westfalen.

34 Thomas Heyden, Biedermeier als Erzieher, Studien zum Neubiedermeier in Raumkunst und Architektur 1896-1910, Weimar 1994

Next Generation. Neue deutsche Architekten? (2002)

Architekten stehen immer aufs neue vor der Aufgabe, die Nachfrage nach ihren Dienstleistungen in ihrem kulturellen Umfeld ebenso erzeugen zu müssen wie die schließlich gebauten Objekte. Um so überraschender ist seit einiger Zeit die zunehmende Diskrepanz zwischen der öffentlichen Architekturdiskussion einerseits und der gebauten – der „guten" – Architektur andererseits. In der politischen und medialen Öffentlichkeit macht sich seit Jahren ein Klima kultureller Restauration breit. Die Sehnsucht nach der schönen alten Stadt, nach Säulen und Ornamenten, nach Geschichte als Surrogat ist nicht mehr zu übersehen. Die Frauenkirche in Dresden oder das Schloß in Berlin sind nur die prominentesten Beispiele dieses Wunsches nach einer Zukunft, die man für Vergangenheit hielt. Daß es dabei nicht um Geschichte oder Denkmalpflege geht, hat der Berliner Senatsbaudirektor 2001 in einem Plädoyer für den Schloßneubau erklärt: „Der Berliner hat ein Recht auf ein schönes Stück Stadt." Die neueste Parole der Schloßbefürworter lautet denn auch: Es geht nicht um Geschichte, es geht um Schönheit.

Auf die wachsende Diskrepanz zwischen diesen gesellschaftlichen Mentalitäten und Meinungen, hinter denen sich ein tiefes Mißtrauen gegenüber den Leistungen der modernen Architektur verbirgt, und dem Selbstverständnis des Berufsstandes haben im letzten Jahr vor allem Hanno Rauterberg in der *Zeit* und Heinrich Wefing in der *Frankfurter Allgemeinen Zeitung* mit Nachdruck verwiesen – ohne nennenswerte Resonanz in der Fachwelt. Dabei wurde schon die einzige ernsthafte Architekturdiskussion der neunziger Jahre, der sogenannte Berliner Architekturstreit, in dem es nicht um Glas oder Stein ging, sondern um das Bild der alten Stadt, das die „Verwüstungen" der Moderne ungeschehen machen sollte, von dieser Grundstimmung einer antimodernen Revanche beeinflußt.

Vergleicht man hingegen die durchschnittliche Architekturproduktion jenseits der Retrometropole Berlin, so überrascht das auffallende Fehlen eben dieser konservativen Strömungen. Sicher, die vielen „neoklassizistischen" Bauten Hans Kollhoffs außerhalb Berlins und die Publikationen seines Lehrstuhls an der ETH Zürich verweisen auf ein Nachfragesegment wertkonservativer Lebensstile, und selbst in Frankfurt am Main steht mittlerweile ein vom selben Architekten entworfenes, miniaturisiertes New Yorker Hochhaus der dreißiger Jahre. Gleichwohl dominieren im vereinten Deutschland unspektakuläre Weiterführungen der modernen Architektur, die in den siebziger Jahren unter dem Ansturm der Postmoderne bereits als erledigt gegolten haben.

Bleiben wir beim Augenschein: Während der Werkstoff Beton seit den siebziger Jahren von der Öffentlichkeit als roh und brutal diskreditiert wurde, zeigt er sich mittlerweile längst wieder als dominantes Material. Stefan Braunfels bezeichnet Beton sogar als den „Marmor des zwanzigsten Jahrhunderts". In der minimalistischen Architektur der Gegenwart hat Beton, veredelt und geglättet, seine brutalistischen Ursprünge längst hinter sich gelassen. Bei Peter Zumthor, so ein Kritiker, sei Beton wie Samt. Manch jüngerem Architekten hingegen gilt gerade die Rauheit des Werkstoffs wieder als subversives Element gegen den hoch kulturellen Ästhetizismus der Zweiten Moderne. Da diese Wiederaufnahme des Brutalismusdiskurses natürlich ebenfalls eine Retrohaltung darstellt, scheint sich die Diagnose des Künstlers Thomas Eller zu bestätigen, der bezogen auf die allgemeine Kunstentwicklung bereits 1997 feststellte, man beginne sich langsam daran zu gewöhnen, „daß die neunziger Jahre niemals stattgefunden haben werden, sondern eine seltsam brave Reprise hauptsächlich der 70er Jahre darstellen"[1].

Ist die Selbstverständlichkeit, mit der die Moderne in der neueren Architektur wieder zum unbestrittenen Kanon avancierte, nun ein Indiz für die Stärke und Souveränität dieser Position, die sich weder durch traditionalistischen Massengeschmack noch durch Berlinische Architektur noch durch Retrovorbehalte erschüttern läßt? Oder aber ist sie ein Anzeichen für leichtsinnige Selbstzufriedenheit? Der Pragmatismus dieser Zweiten Moderne scheint zumindest keiner großen theoretischen Reflexion zu bedürfen.

Als die Zeitschrift ARCH+ 1998 eine Debatte über die Wiederkehr der Moderne anregte, kam diese in zwei Heften nur mühsam in Gang und wurde nirgends aufgegriffen. So blieb denn der Versuch, die kunsthistorische Kreation einer Zweiten Moderne durch Heinrich Klotz, den früheren Mentor der Postmoderne, mit den soziologischen Ansätzen einer Reflexiven Moderne (Ulrich Beck, Anthony Giddens) zu verbinden, auf der Kritikerebene stecken.[2] Wie Dietmar Steiner zu Recht beklagt, gibt es so gut wie kein Feedback zwischen theoretischer Diskussion und gebauter Praxis. Ob diese Theorieresistenz indes genuin deutsch ist, bleibe dahingestellt. Auch in den Niederlanden fanden konzeptionelle Auseinandersetzungen nicht statt, wie vor einigen Jahren der nordamerikanische Theoretiker Sanford Kwinter in einer Polemik gegen den Pragmatismus von MVRDV feststellte.[3] Gleichwohl hat sich die niederländische Architektur seit den ausgehenden achtziger Jahren als Speerspitze der westeuropäischen Architekturentwicklung bewährt.

Die Schweiz betreibt mit ihrer nationalen Architekturproduktion ein ebenso erfolgreiches Branding wie die Niederlande: Superdutch – brauchen wir aber ein Supergerman?

Auch der schweizer Minimalismus setzt weniger auf theoretische Prägnanz als auf die Aura des Gebauten. So kultiviert Peter Zumthor bewußt den Habitus des theorieresistenten Handwerkers, der sein Werk für sich sprechen läßt. Es scheint, als versuchten demgegenüber die konzeptionell und experimentell arbeitenden Jacques Herzog und Pierre de Meuron den „Makel" des Schweizerischen hinter sich zu lassen und den Anschluß an den globalen Theoriediskurs zu finden. Dieser hat seinen Ort zwischen Columbia und AA, zwischen SCI-Arch und Harvard, also an der Akademie, aber nicht in der Normalität des modernen Bauens. Gleichermaßen sind junge deutsche Architekten immer stärker von ihren Studienaufenthalten an den Eliteschulen beeinflußt, ohne daß sich dieser Einfluß in ihrer heimischen Produktion allzu sehr manifestieren würde. In dieser Beziehung ist Deutschland allerdings durchaus kein Sonderfall, sondern eher die Regel.

Einen guten Überblick über die jungen deutschen Architekten bieten seit neuestem zwei Publikationen. Im Frühjahr 2002 hat der Arbeitskreis junger Architektinnen und Architekten (AKJAA) des Bundes Deutscher Architekten eine nach Regionen gegliederte exemplarische Auswahl von weitgehend realisierten Projekten junger deutscher Architekten veröffentlicht.[4]

Die in diesem Verband organisierten Architekten sind maximal 44 Jahre alt. Eine noch anspruchsvollere, kleinere Auswahl hat die Berliner Architekturpublizistin Angelika Schnell 2001 mit der Publikation *Junge Deutsche Architekten* vorgelegt. Dort werden lediglich zwölf Büros präsentiert, die nach Meinung der Autorin exemplarisch für eine neue Generation stehen: für die „strategische Generation"[5].

Diese Generation ist in den sechziger Jahren geboren, hat in den achtziger Jahren ihr Studium beendet und in den neunziger Jahren das eigene Büro eröffnet. Alle können auf zumindest ein realisiertes Projekt verweisen, sind aber gleichwohl noch nicht etabliert und daher mit einer ganzen Reihe von nicht gebauten Entwürfen vertreten. Angelika Schnell bestätigt zunächst den Eindruck, „daß vor allem bei der jüngeren Generation alles erlaubt ist, außer postmoderner Architektur". Die deutsche „Szene" sei allerdings ein „etwas stumpfer Spiegel, der fast alle wichtigen Schulen und Strömungen zeigt, die mit Verspätung auch hierzulande einflußreich geworden sind". Sie nennt den Neominimalismus der Schweiz, den „High-Tech mit Öko-Zusatz aus Großbritannien, künstliche Natur aus Frankreich, ›Kasbah-Architektur‹ aus den Niederlanden, computergenerierte ›Blobs‹ aus den USA". Im Gegensatz zu den vielen regionalen und nationalen Szenen in Westeuropa sei die Bundesrepublik wie ein Schwamm, der „Lokales wie Internationales gleichermaßen aufsaugt und zu einer schwer bestimmbaren Melange verarbeitet". Also doch ein deutscher *Sonderweg*"? Verkörpert diese Melange nicht erst recht den eigentlichen Internationalen Stil? Interessanterweise führt die „strategische Generation" laut Angelika Schnell, die sich auf lange Interviews mit den Architekten stützt, gerade keine explizite Stil- und Formdiskussion. Es stellt sich aber die Frage, ob die Palette der konzeptionellen Entwürfe zwischen amorphen Blobs und geometrischen Boxes nicht doch auch auf formalen Entscheidungen beruht, so etwa im Projekt der Darmstädter Netzwerkarchitekten für das Landesamt für Umweltschutz in Oppenheim, das auffallend der biomorphen Form des Berliner Photonikzentrums von Sauerbruch und Hutton ähnelt.

Noch deutlicher wird die Präferenz für formale Entscheidungen in der Publikation der jungen BDA-Architekten. Hier dominieren eindeutig die Boxes, ornamentiert mit dem gängigen Vokabular aus Lamellen und Schiebeläden – alles von hoher Qualität, gediegener Ausführung und zurückhaltender Eleganz. Die „strategische Generation" vermeidet nicht nur in der Stildiskussion explizite Auseinandersetzungen und theoretische Formulierungen. Sie arbeitet implizit mit einem Kanon – mit dem, was sich in der Profession von selbst versteht. Die „strategische Generation" ist eine selbstbewußte, pragmatisch-nüchterne Generation, die sich auf ihre Projekte konzentriert und ideologische, politische und philosophische Reflexion – wenn diese überhaupt explizit formuliert wird – in den Bereich des Privaten verweist. Einzig das Thema Ökologie wird als übergreifende Problematik anerkannt, die auch auf der Projektebene in situative Lösungskonzepte übersetzt wird. Mit ihrem Pragmatismus unterscheiden sich die jungen deutschen nur wenig von ihren jungen niederländischen Kollegen. Das niederländische Branding zehrt von den konzeptionellen und politischen Vorarbeiten des Avantgardisten Rem

Koolhaas, der biographisch zur 68er Generation zählt. Der deutschen jungen Szene fehlt nicht nur diese programmatische „Lokomotive", sondern auch die nachhaltige Unterstützung durch eine staatliche Architekturpolitik. Die Schwäche der deutschen Szene liegt in ihrer programmatischen und politischen Blässe, aber diese macht sich heute auch in den Niederlanden breit – in dem Maß, in dem der Altmeister Koolhaas zusehends im Olymp der globalen Architektur entschwindet.

Die jungen deutschen Architekten – ausgebildet in der Ära des Niedergangs der Postmoderne, stimuliert durch die Eintagsfliege des Dekonstruktivismus und in ihrer professionellen „Start-up-Phase" durch den Rückenwind des Nachwendebaubooms gefördert – konnten es sich leisten, als vielleicht vorläufig letzte Architektengeneration Moderne mit Pragmatismus zu verbinden. Bei näherem Hinsehen ähneln ihre Strategien durchaus denen der nüchternen Alltagsmoderne der fünfziger und sechziger Jahre: einer Moderne, die die heroischen Ideologien der Zwanziger hinter sich gelassen hatte, um sich in das gleichmäßige Fahrwasser eines freiberuflichen Unternehmertums zu begeben.

Die Erfolgsgeschichte der jungen deutschen Architekten in den beiden Publikationen fällt in das letzte Jahrzehnt des letzten Jahrhunderts. Ob sie im neuen Jahrhundert ihre Fortsetzung findet, scheint gegenwärtig fraglich. Mit dem Einbruch der Baukonjunktur, der Haushaltskrise des Staates und dessen Rückzug aus der Bauförderung sowie wegen des konservativen Klimas in der Öffentlichkeit scheint auch die junge Generation an Glanz zu verlieren. Oder anders gesagt, ähnlich der New Economy, deren Vertreter tatsächlich jünger waren als die jungen Architekten, sieht diese Generation plötzlich sehr alt aus – so alt, wie sie tatsächlich auch ist. Während Fußballer und Models längst auf ihre Altersversorgung zurückgreifen müssen, gelten Architekten mit Mitte vierzig, häufig sogar bis weit in die Fünfziger hinein noch als jung. Nur wenige konnten bereits mit Ende zwanzig oder Anfang dreißig bauen. Der Düsseldorfer Architekt Christoph Ingenhoven, der mit fünfundzwanzig Jahren seine erfolgreiche Karriere begann, bildet die große Ausnahme innerhalb seines Berufsstandes. Er konnte damit in den achtziger Jahren abermals an die Karrieremuster der Stars der frühen Moderne anknüpfen, etwa eines Walter Gropius oder Mies van der Rohe. Noch 1950 eröffnete Oswald Mathias Ungers sein Büro mit gerade vierundzwanzig Jahren.

Die „strategische Generation" von heute hingegen kam nicht nur relativ spät zum Zuge, sondern muß nun am Ende der Boomphase feststellen, daß ihre Vorgänger über den besseren Zugang zum Markt und die erfolg-

Next Generation. Herz-Jesu-Kirche, München 1996–2000 von Allmann Sattler Wappner
Architekten

reicheren Strategien verfügen. In der Krise können diese auf eingespielte Netzwerke, Auftraggeber, politische Kontakte und Managementfähigkeiten zurückgreifen. In Deutschland reicht diese Palette von Gerkan, Marg und Partner bis hin zu Ortner & Ortner. Die Großen, die eben auch häufig Großbüros leiten, können sich nun aus dem Pool der freigesetzten Jungen bedienen, während die noch Jüngeren, die eigentliche Next Generation der Mittzwanziger bis -dreißiger, mit ihren Computerkenntnissen nur noch als kostengünstige „Visualisierer" und Netzwerkadministratoren in Dienst genommen werden. Gerade von Letzteren, die Holger Liebs in der *Süddeutschen Zeitung* zur „Generation Nix" erklärt hat, könnte indes ein unerwarteter Innovationsschub kommen, der allerdings aus dem Feld der klassischen Architektur in die Kultur der Lifestyleanimateure und Eventmanager überwechselt: Next Generation?

Das Profil einer Generation hängt also keineswegs nur von ihrer eigenen „Selbsterschaffung" ab, sondern ganz wesentlich von der Konstellation, in der verschiedene Generationen um ihr reales und symbolisches Überleben ringen, aber auch von den gesellschaftlichen Abhängigkeiten und Rahmenbedingungen, die sich ihrem Zugriff entziehen. Vor diesem Hintergrund ist die Lage der Jungen offenkundig prekär.

Seit einigen Jahren hat der Soziologe Heinz Bude erfolgreich eine begriffliche Vorstellung von „Generation" lanciert, die das sozialdarwinistische Motiv in den Vordergrund rückt. Generationen kämpfen miteinander um Einfluß, Macht, symbolische Anerkennung und Prestige.[6] Wenn auch die soziale Herkunft für den Erwerb dieser knappen sozialen Güter letztlich entscheidender ist, so läßt sich gerade innerhalb eines Berufsstandes der netzwerkbildende Einfluß der Generationenzugehörigkeit nicht übersehen. Natürlich dominierte in der Architektur bisher die patriarchale Erbfolgeregelung als Normalform der Generationenfolge. Als Musterbeispiel hierfür können die amerikanischen Großbüros in der langen Ära der Beaux-Arts gelten. Entscheidend für eine erfolgreiche Karriere waren hier die frühzeitige Beschäftigung in einem prestigeträchtigen Büro und die Förderung durch den Boss.[7] Im Europa des frühen 20. Jahrhunderts hingegen bildeten sich die avantgardistischen Eliten über Generationskämpfe heraus. Auch die jungen Vordenker begannen ihre Karrieren in der Regel in renommierten Büros, organisierten sich dann aber in generationsspezifischen Bünden – mit dem Ziel, das Selbstverständnis ihres Berufsstandes radikal zu verändern. Bis hin zur Entstehung der frühen Postmoderne in den USA kann man zeigen, daß konzeptionelle Wandlungen der Architektur immer auch Kämpfe darum waren, welche Generation sich mit ihrem Stil durchsetzen konnte. So interpretiert etwa die Soziologin Magali Sarfatti-Larson den Aufstieg der amerikanischen Postmoderne als einen Coup junger Kleinbüros gegen die etablierten Großbüros der Spätmoderne. Daß diese Strategie an ihre Grenzen stieß, zeigte sich spätestens, als Großbüros wie etwa Skidmore, Owings & Merrill das Vokabular der Postmoderne adaptierten.[8] Auch die jüngere deutsche Architekturgeschichte läßt sich mit dem Generationenbegriff aufschlüsseln. So hat etwa Werner Durth in seinem Buch *Deutsche Architekten* eine Generationenkohorte beschrieben, die in der Krise der Weimarer Republik ein technokratisches Architekturverständnis zur Grundlage ihres professionellen Opportunismus gemacht hatte und damit sowohl unter Albert Speer als auch in der Nachkriegszeit in mehreren Stadtverwaltungen strategische Positionen einnahm. Ob Friedrich Tamms, Stadtbaurat von Düsseldorf, Helmut Hentrich und Hubert Petschnigg mit ihrem erfolgreichen Großbüro oder Rudolf Hillebrecht, Stadtbaurat in Hannover: Sie alle besetzten Führungspositionen in Architektur und Städtebau im Nachkriegsdeutschland.[9] Der Wiederaufbau der Bundesrepublik wurde vor allem von der noch jüngeren sogenannten Flakhelfergeneration getragen, der zwischen 1926 und 1930 geborenen „skeptischen Generation"[10]. Deren ernüchterte Abkehr von allen weltanschaulichen Grundsatzfragen und ihre Hinwendung zur pragmatischen Lösung von Problemen innerhalb von Sachzwängen prägten die ebenso gut gemeinte wie uninspirierte Nachkriegsarchitektur mit ihrem Kompromiß aus Funktionalismus und Heimatschutz. Die damals vorherrschende Theorieabstinenz verhinderte auch die deutsche Teilnahme an der internationalen, vom CIAM ausgehenden Selbstkritik der Moderne, die bereits kurz nach 1945 einsetzte.[11] Die Wiederentdeckung von Urbanität, Funktionsmischung und öffentlichem Raum im Umkreis des Team Ten kam in Deutschland nicht an und wurde zu Zeiten des Spätfunktionalismus im Rahmen der Großsiedlungsplanungen als Urbanität durch Dichte mißverstanden. Vom holländischen Strukturalismus und den japanischen Metabolisten bis hin zum englischen Brutalismus, der Poparchitektur Archigrams und den utopischen Großprojekten eines Paolo Soleri – diese Selbstrevision der Moderne konnte erst die Studentengeneration der sechziger Jahre prägen.

Das abrupte Ende dieses möglichen Neubeginns ist auf den Siegeszug der internationalen Postmoderne zurückzuführen, die den Urbanitätsdiskurs des Team Ten kurzerhand enteignete und in die traditionellen Formen der historischen Stadt, die damals noch nicht die „Europäische Stadt" genannt wurde, goß. Die Schlüsselgeneration des kulturellen Umbruchs der Bundesrepublik während der sechziger Jahre – die sogenannten 68er – gerieten mit ihrer fundamentalen Kritik an Stadtzerstörung, Kahlschlagsanierung und Großsiedlungsbau in die Nähe einer fundamentalistischen Modernekritik. Für eine innovative Architekturrevision fiel in Deutschland die 68er Generation aus, ihre Architektur war das „Nicht-Bauen", so Dieter Hoffmann-Axthelm.[12] Gleichwohl goutierten viele von ihnen den kulturellen Konservativismus der Postmoderne.

Der Architekturdiskurs geriet unter diesem Einfluß zum Rettungsprogramm für die alte Stadt. Stadtplaner, Sozialplaner, Kulturkritiker und die literarische Intelligenz romantisierten ganz im Sinne von Jane Jacobs das historische Stadtquartier mit seiner bunten sozialen Mischung. Kleinteiligkeit versus Großform: In diesem Kulturkampf unterlagen die utopischen Ideen der Spätmoderne, wenn sie auch von einer beharrlichen Minderheit weiterentwickelt wurden. Gerade die englische High-Tech-Architektur als ein die Postmoderne begleitender „Sonderweg", der später noch mit dem Ökologiediskurs verknüpft wurde, sorgte für eine Kontinuität von den sechziger bis achtziger Jahren. Auch ein Außenseiter wie Rem Koolhaas, damals noch kein praktizierender Architekt, verweigerte sich der Idyllisierung der alten Stadt. Im nachhinein muß er als wichtigste Brücke zwischen dem spätmodernen utopischen Aufbruch und der „Zweiten Moderne" gesehen werden.

In Deutschland hingegen verkümmerte die Architekturdiskussion im Schatten der Stadtrekonstruktion, so notwendig und sinnvoll diese für die Renaissance der Innenstädte auch war. Hier liegt der Schlüssel zum heutigen Sonderweg Berlins innerhalb Deutschlands. Während in der internationalen und auch in der deutschen Architekturdiskussion bereits in den achtziger Jahren die Postmoderne in die Defensive geriet und die Architekturdiskussion der sechziger und siebziger Jahre wieder aufgenommen wurde, gelang es nach dem Mauerfall in Berlin, diesen Prozeß noch einmal zu stoppen.[13] Die Übernahme der Berliner Mitte als Architekturkolonie ermöglichte einem Netzwerk aus 68ern und alter IBA-Elite das Ausbremsen der mittlerweile schon profilierten Zweiten Moderne. Die jungen Architekten in Berlin, die sich dieser verpflichtet fühlten, verloren ihr kulturelles und ökonomisches Terrain. Die Stilisierung der Moderne zur eigentlichen Destruktivkraft des 20. Jahrhunderts durch die Berliner Planwerker signalisiert die dramatische Hinwendung der alternden Generation der 68er zur kulturellen Restauration: Der wilhelminische Städtebau wird als Befreiungsschlag gegen Sozialismus und Moderne reinszeniert. Stellte aber der Rationalismus der kritischen Rekonstruktion in den frühen neunziger Jahren noch einen Versuch dar, sowohl der Buntheit der alten Postmoderne als auch dem aufkommenden Neohistorismus Grenzen zu setzen, so scheint die Berliner Politik in den letzten Jahren ganz in das Fahrwasser dieser Strömung einzuschwenken. Das Tacheles-Projekt in Berlin nach dem Masterplan der amerikanischen New Urbanists Andres Duany und Elizabeth Plater-Zyberk markierte im Jahre 2001 den ersten sichtbaren Schulterschluß zwischen Neotraditionalismus und einer nicht mehr kritischen Rekonstruktion.

Es ist vor allen Dingen der städtebauliche Diskurs, der die Durchschlagskraft der Zweiten Moderne nicht nur in Berlin schwächt. Die Beschwörung des „dirty realism" durch Rem Koolhaas, der Verweis auf die „generic city" und den automatischen Urbanismus liefern zwar eine aus empirischer Beobachtung gewonnene Diagnose, als Entwurfshaltung für städtebauliche Konzepte taugen sie jedoch nur bedingt. Nachdem die Ökologen mittlerweile bereits ihr Anliegen im Konzept der kompakten „Europäischen Stadt" vertreten sehen, zeigen denn auch die jüngeren urbanistischen Projekte der holländischen Zweiten Moderne – etwa auf Borneo-Sporenburg im Osthafen von Amsterdam oder die projektierte HafenCity in Hamburg – eine auffallende Nähe zur Typologie des traditionellen Städtebaus.

Es fällt auf, daß die meisten Bauprojekte der jungen deutschen Architekten unterhalb der Schwelle städtebaulicher Dimensionen bleiben. Es könnte einfach am Bauherrn liegen, daß klein dimensionierte Objekte oder aber frei stehende Solitäre bevorzugt werden. Es wäre aber zudem denkbar, daß die jungen deutschen Architekten, ähnlich wie es Claus Käpplinger bei jungen französischen Architekten beobachtet hat[14], Großprojekten generell mißtrauen und ihren professionellen Kontrollverlust befürchten. Auch dies könnte eine Rationalisierung sein. Der Städtebau dürfte fest in der Hand der Vertreter des „europäischen" Leitbilds sein und ist von daher den jungen Neomodernen machtpolitisch entzogen.

Die westliche Welt scheint die Jungen der Zweiten Moderne in ihrer Tätigkeit durch neotraditionalistische Planungsparameter zu beschränken, die von der erfolgreichen Politik der vorangehenden Generation gesetzt wurden und durch die derzeitige konservative kulturelle Großwetterlage gestützt werden. Da diese Vorgängergeneration keineswegs an der Wiederaufnahme der Moderne interessiert ist, verweist die unter den Jungen verbreitete „Moderne der Moderne" genealogisch eher auf die Großelterngeneration, zu der etwa die Brutalisten der sechziger Jahre gehören. Es lohnt sich daher, die zeitgenössische Architektur unter dem Gesichtspunkt der Generationenkonstellation zu beschreiben. 1926 hatte der

Kunsthistoriker Wilhelm Pinder eine „Kunstgeschichte nach Generationen" vorgeschlagen.[15] Die kulturgeschichtlichen Intervalle der Generationen sind in der Regel kürzer als die biologischen. Pinder war bei der Analyse des Zeitgeistes auf das Problem der „Ungleichzeitigkeit des Gleichzeitigen" gestoßen, das Nebeneinander des anscheinend Unvereinbaren, das sich der Vorstellung eines kontinuierlichen Fortschritts zu entziehen scheint. In unserem Fall entspräche dies einem simultanen Retromix aus Sixties und neunzehntem Jahrhundert. Pinders Vorschlag bestand darin, eine „dreistimmige Polyphonie der Generationen" als Auseinandersetzung um die Deutungsmacht in der Sphäre der Kunst anzunehmen. Dabei war ihm eine „Wiederkehr des Großvaters im Enkel aufgefallen".

Tatsächlich weist die von Angelika Schnell identifizierte „strategische Generation" der jungen Architekten von heute Parallelen zu dem skeptischen Pragmatismus der Wiederaufbaugeneration auf. Hatte der Soziologe Helmut Schelsky die Indifferenz dieser von ihm sogenannten „skeptischen Generation" gegenüber gesellschaftlicher Moral und politischem Engagement als Reaktion auf den Mißbrauch dieser Tugenden in den Ideologien des Totalitarismus gedeutet, so könnte man die vergleichbaren Motive der heutigen „strategischen Generation" ebenso als Reaktion auf die vorhergegangene Überhitzung der politischen und moralischen Diskussion durch die 68er Generation interpretieren: Professionalität als kulturelle Auskühlung und soziale Distanzierung. Moral und Politik sind demgegenüber karriereschädlich, also „uncool".

Gleichwohl profitieren die Jungen von den kulturellen Befreiungsleistungen ihrer Vorgänger. Sie sehen sogar eine positive Kontinuität zu den 68ern und suchen daher auch nicht die Konfrontation mit diesen. Auch im innerarchitektonischen Konflikt mit der Postmoderne hat die „strategische Generation" nicht die theoretische Konfrontation gesucht, sondern deren praktische Verneinung durch ihre Projekte betrieben. Als Negativbilanz dieser durchaus erfolgreichen „kalten" Strategie des Konflikt vermeidenden Unterlaufens könnte sich die inhaltliche Entleerung des Projekts der Moderne erweisen, dessen ursprünglich auch moralisch-politischer Impuls einem autonomen Architekturbegriff, einem Erbe der Postmoderne, geopfert wurde. Ob diese Generation den Spannungen standhalten wird, die aus ihrer zunehmenden Entfremdung von ihrem kulturellen Umfeld erwachsen, ist eher fraglich. Als Konfliktvermeider haben die jungen Architekten einer Gegenstrategie nichts entgegenzusetzen, die Auseinandersetzungen ebenfalls aus dem Weg geht, indem sie die Konvention des Mainstream gegen den Begründungszwang der Moderne setzt. Indem die Zweite Moderne dem aufklärerischen Pathos der klassischen Moderne auf postmoderne Weise eine Absage erteilt und sich als attraktives ästhetisches Lifestylekonzept vermarktete, lieferte sie sich der ästhetischen Logik des Lebensstildarwinismus aus. Diese Logik kehrt sich nun gegen sie: wenn der Markt Barock will, so bekommt er Barock. Einen Vorgeschmack auf diese kalte Liquidation der Zweiten Moderne liefert eine ganz harmlose Architekturkritik in der *Frankfurter Allgemeinen Zeitung* vom 12. April 2002. Gelobt wird dort der gediegene, minimalistische Ergänzungsbau der Bayerischen Architektenkammer in München, entworfen von den Architekten Manfred Drescher und Dieter Kubina. Im Lob verbirgt sich die Drohung: „Der schmale, langgestreckte Riegel aus Sichtbeton, Stahl und Glas kehrt der Straße die Stirnseite zu. Fast vollständig in Glas gehüllt, öffnet sich der Bau am Ende des Nymphenburger Kanals zu einem parkartigen Gelände. Er besticht durch vollendete Proportionen und vornehme Zurückhaltung. Wem er als Vorzeigeobjekt heutiger Architektur allzu seriös erscheint, muß auf die Nachbarschaft blicken: die neobarocke Villa, der Sitz der Kammer und das alte städtische Waisenhaus von 1899. Sie haben das malerisch Verspielte süddeutschen Bauens, das heute einem internationalen Einheitsstil gewichen ist." Der Verweis auf die elegante, wohlproportionierte Sprachlosigkeit eines internationalen Einheitsstils bot schon immer einen willkommenen Anlaß für fundamentale Modernekritik. Gerade das malerisch Verspielte eines regionalen Architekturdialekts, das hier nur noch alter Architektur zugestanden wird, gehört zu den Qualitäten touristischer Attraktionen wie Wien oder Prag. Eine Moderne, die dieser Konfrontation ausweicht, verzichtet auf lange Sicht nicht nur auf ihre Sprach-, sondern auch auf ihre Politikfähigkeit. Sie versagt in der Politik der Bilder. Es war die Postmoderne, die sich dieser Politik erstmalig professionell bediente. So wurde Architektur für einige Zeit zum Leitmedium. Die Zweite Moderne, als puristische und minimalistische Gegenbewegung zur Inflation der Bilder, konnte und wollte sich des Bilderpotentials nur begrenzt bedienen, obwohl sie noch vom Kredit der Postmoderne in der Öffentlichkeit lebt.

So gesehen könnte es sein, daß gerade in der Next Generation der ganz Jungen, die professionell chancenlos zu sein scheint und in diesem Bewußtsein auch studiert, der zugleich spielerische und kommerzielle Umgang mit Bildern – von Pop und Postmoderne vorgedacht – erstmals als integraler Bestandteil von Lebensentwürfen wieder auflebt. Gewohnt, sich selbstverständlich in den 3-D-Welten der Computer zu bewegen, in Lifestylewelten zu surfen und den Alltag mit Eventkultur zu verweben, sind es die ganz Jungen, die der Architektur ganz im Sinne der Situationisten oder der Popavantgarden aus den sechziger Jahren zu einer Reanimation in der Lebenswelt verhelfen könnten. Ob dies noch Architektur im Sinne eines Aldo Rossi oder Peter Zumthor wäre, ist eher fraglich.

Die sich abzeichnende Verschmelzung von Architektur, Design und Animation steht gewiß im Zeichen des Kommerzes. Damit beerben die ganz Jungen aber durchaus die konsumorientierte Seite von Archigrams Plug-in City oder dem Fun Palace von Cedric Price, also die ambivalenten Utopien der Großväter. Heute sind PR und Marketing, Branding und Selbstvermarktung ebenso selbstverständliche Orientierungen der jungen Szenen wie die subversive Verweigerung gegenüber einer ausschließlich strategischen Selbstzurichtung: „No Logo!" Die utopischen und hedonistischen Botschaften der Kulturrevolution der späten sechziger Jahre gewinnen wieder an Boden.

Auch die Entwertung der Architektur der sechziger Jahre durch die „Generation Planwerk" stößt auf den anhaltenden Widerstand der ganz Jungen. Erstmals wurde dies sichtbar Ende der neunziger Jahre beim letztlich gescheiterten Rettungsversuch für das Ahornblatt in Berlin, eine gewagte Betonschalenkonstruktion des DDR-Architekten Ulrich Müther aus den sechziger Jahren.[16] Platte wie Peripherie, die Heterotopien der „Europäischen Stadt", werden wieder als Potentiale entdeckt, der „dirty realism" der späten achtziger Jahre feiert als „Stadt ohne Form" seine Auferstehung. Begleitet wird diese Aufwertung durch eine Neuinterpretation von Trash und Camp, den Trivialcodes aus der Alltagskultur der sechziger Jahre, in der Werbung und in Lifestylemagazinen wie *Wallpaper*.

Ob indes die Subversion vom Rand, die Mobilmachung des Marginalen, die Deutungshoheit der älteren Ästhetizisten brechen kann, ist fraglich. Die Macht der Schönheit braucht kein Argument, die Ästhetik der Häßlichkeit indes bedarf der Begründung. In der Politik der Bilder aber ist hierfür kein Platz.

1 Thomas Eller, „Endstation Comeback", in: Der Tagesspiegel, 23. Juli 1997
2 ARCH+ 143 (Die Moderne der Moderne), Oktober 1998; Arch+ 146 (Die Debatte), April 1999
3 Sanford Kwinter, „La Trahison des clercs (und anderer moderner Mummenschanz)", in: ARCH+ 146, April 1999
4 Bund Deutscher Architekten (Hg.), AKJAA. Positionen junger Architekten in Deutschland, Basel, Berlin, Boston 2002
5 Angelika Schnell, Junge Deutsche Architekten, Basel, Berlin, Boston 2000

6 Heinz Bude, Deutsche Karrieren, Frankfurt am Main 1987; ders., Das Altern einer Generation. Die Jahrgänge 1938-1948, Frankfurt am Main 1995; ders., Generation Berlin, Berlin 2001

7 Roxanne Kuter Williamson, American Architects and the Mechanics of Fame, Austin 1991

8 Magali Sarfatti-Larson, Behind the Postmodern Facade: Architectural Change in Late Twentieth-Century America, Berkeley u.a. 1993.

9 Werner Durth, Deutsche Architekten. Biographische Verflechtungen 1900-1970, Braunschweig 1986, Taschenbuchausgabe München 1992

10 Helmut Schelsky, Die skeptische Generation. Eine Soziologie der deutschen Jugend. Düsseldorf 1957, zweite Auflage Frankfurt am Main, Berlin, Wien 1975

11 Eric Mumford, The CIAM Discourse on Urbanism 1928-1960, Cambridge, Massachusetts, und London 2000; Sarah Williams Goldhagen und Réjean Legault (Hg.), Anxious Modernisms: Experimentation in Postwar Architectural Culture, Montréal, Cambridge, Massachusetts 2000

12 Ulf Meyer im Gespräch mit Dieter Hoffmann-Axthelm, „Die Architektur der 68er ist das Nicht-Bauen", in: Der Architekt 7, 1997

13 Werner Sewing, „Berlinische Architektur", in. ARCH+ 122 (Von Berlin nach Neu-Teutonia), Juni 1994, (in diesem Band. S. 150ff)

14 Corinne Jaquand-Goddefroy, Claus Käpplinger, Young French Architects, Basel, Berlin, Boston 1999

15 Wilhelm Pinder, Das Problem der Generation in der Kunstgeschichte Europas, München 1926, zweite Aufl. Leipzig 1928; Frederic J. Schwartz, „Ernst Bloch and Wilhelm Pinder: Out of Sync", in: Grey Room, 3, Frühjahr 2001

16 Wilfried Dechau (Hg.), Ulrich Müther – Schalenbaumeister der DDR, Stuttgart 2000

Architektur und Gesellschaft. Soziologische Anmerkungen zu einem Kommunikationsproblem (1996)

Dem Beobachter der Architekturszene seit den achtziger Jahren bietet sich ein widersprüchliches Bild:
Einerseits ist die Rolle der Architektur in der Öffentlichkeit in einem ungeahnten Ausmaß aufgewertet worden. Die Krise des Spätfunktionalismus in den siebziger Jahren wurde durch die sogenannte Postmoderne und die Programmatik der autonomen Architektur (Rossi) überwunden. Architektur als Baukunst und Stadtbaukunst wurden rehabilitiert.
Andererseits aber ist der Berufsstand heute gefährdeter denn je. Indizien sind der konjunkturelle Abschwung der Bauwirtschaft, der zunehmende Kontrollverlust des Architekten über die Baudurchführung und vor allem die bevorstehende Deregulierung des Bauens durch das EU-Recht.
Daß die Erfolgsdiagnose mit der Krisendiagnose systematisch zusammenhängt, wird in der Diskussion häufig übersehen. Dieser Zusammenhang soll im folgenden skizziert werden.
Zunächst zur Erfolgsgeschichte: Die Vielzahl von Ausstellungen, Buchpublikationen, öffentlichen Debatten und vor allem die spektakulären baulichen „Großereignisse", wie etwa Mitterands *grands projets*, die Olympiade in Barcelona, die IBA in Berlin und im Ruhrgebiet, das „neue Frankfurt" der Hochhäuser und des Museumsufers und mittlerweile vor allem die Wettbewerbsserien in der neuen alten Hauptstadt und die anschließende Medienkontroverse markieren einen Wandel: Architektur ist zu einem identitätsstiftenden Kernstück kommunaler Selbstdarstellung in der Städtekonkurrenz geworden.
Als ein Kristallisationspunkt der kulturellen Selbstverständigung in der „Erlebnisgesellschaft" (Gerhard Schulze) hat sich Architektur auch und gerade in Kontroversen wie dem sogenannten Berliner Architekturstreit etabliert. Wenn dabei auch weder die politische noch die Fachöffentlichkeit mit dem Verlauf der Debatte zufrieden sein kann, so garantiert zumindest das Medienereignis kurzfristige Aufmerksamkeit und öffentliche Präsenz. Dieser Anpassung an die Logik der Mediengesellschaft ent-

spricht etwa in den USA das „Star-System" (Sarfatti-Larson). Architektur hat damit zunehmenden Anteil an der Tendenz zur „Ästhetisierung" des Alltagslebens" (Schulze), in der die Architekten vor allem als „Spezialisten der symbolischen Produktion" (Mike Featherstone) einflußreich sind.

Daß der so gewonnene Einfluß der Profession diese in den Sog der Pluralisierung der Lebensstile zieht und damit die Autorität des Berufsstandes durch modische Beliebigkeit zu gefährden droht, ist innerhalb der Architektenschaft sehr wohl registriert worden. Aber auch die Kritik am modischen Charakter von Postmoderne oder Dekonstruktivismus und der puristische Gegenzug von Sachlichkeit und „Neuer Einfachheit" entsprechen in ihrer elitär-hochkulturellen Attitüde genau dieser Ästhetisierungsstrategie der Lebensstile, wie Wolfgang Pehnt bereits sehr früh erkannte: „Das Proletarierhemd kommt vom Herrenschneider". Sie eröffnen eine zusätzliche, „fundamentalistische Szene", die gegenwärtig der jüngeren akademischen Architektur zur Artikulation und zu Wettbewerbserfolgen verhilft.

Der Erfolg dieser Architekturpolitik korrespondiert der allgemeinen Tendenz zur Ästhetisierung und Stilisierung der Lebenswelt vor allem auch darin, soziale Komplexität auf räumliche Arrangements zu reduzieren, auf Images und Bilder. Dieser synthetische, stilisierende und gestaltende Zugriff der Architektur ist damit gegenüber dem analytischen Zugang der Sozialwissenschaften unterkomplex: eben darin liegt die Erfolgsbedingung für die Durchsetzung professioneller Kompetenz in der Produktion des gebauten Raums. Gleichwohl birgt dieser Erfolg die Gefahr, daß das schließlich gebaute Bild an der Wiederkehr der verdrängten sozialen Komplexität, die mit dem Unbegriff des „Nutzers" nur mühselig gebannt wurde und die in den Bildern nicht aufgeht, zu scheitern.

Deutlich wird dies im Städtebau. Durch die Besetzung des ursprünglich sozialwissenschaftlichen Themas der Urbanität (Edgar Salin) konnte der Städtebau unter dem Stichwort „Architektur der Stadt" wieder erfolgreich zu einer „stadtbaukünstlerischen" Domäne gemacht worden. Der erste Ansatz, „Urbanität durch Dichte" zu schaffen, war noch in Schlafstädten wie dem Märkischen Viertel gescheitert, die verdrängte soziale Realität schien den Sozialwissenschaften Auftrieb zu geben. (Vergleichbares ist heute wieder in der Großsiedlungsproblematik zu beobachten.) Der zweite Anlauf der Architekten zur Monopolisierung des Städtischen, Rossis typologisch begründetes Konstrukt einer „Europäischen Stadt", war ungleich erfolgreicher. In den achtziger Jahren noch eher idyllisch im Stile der kleinteiligen IBA, hat dessen Radikalisierung im Sinne einer „harten" Großstadtarchitektur durch eine jüngere Architektengeneration zu einer sozial folgenreichen Verengung der Optionen städtischer Raumbildungen geführt. Die aktuellen, im Bau befindlichen Bilder von Stadt, seien sie „amerikanisch", wie in Euralille, oder „europäisch", wie am Potsdamer Platz, besetzen soziale Räume, suggerieren soziale, urbane Qualitäten – und werden wohl, wie in Euralille bereits ansatzweise zu sehen, von der Realität dementiert.

Daß diese architektonischen Interventionen genuin politische Handlungen sind, weiß etwa Hans Kollhoff, wenn er seine steinerne Stadt als bewußten Ausdruck eines kollektiven, gemeinschaftlichen Willens definiert, den er gleichwohl in der sozialen Realität als verloren betrachtet. Der Architekt tritt in dieser Entwurfshaltung an die Stelle eines (in seiner Sicht) nicht mehr vorhandenen Kollektivs: „Monumentalität als Ausdruck kollektiver Substanz". Dabei nimmt dieser Wille zur Form bewußt die Zerstörung der durchaus noch vorhandenen Gemeinschaftsformen in Kauf: so in Kollhoffs Entwurf zum Alexanderplatz, der „aus städtebaulichen Gründen" die bestehende Wohnbebauung opfert und die benachbarte Spandauer Vorstadt, eines der urbansten Berliner Quartiere, bedroht. Inzwischen ist der Entwurf durch die „Interferenzen" der Realität einer überschuldeten Stadt reduziert worden, die Wohnungen sind zumindest kurzfristig nicht mehr bedroht. Das Bild eines borussischen Manhattan wird ohnehin nie Gestalt annehmen, wenn auch fünf Hochhäuser bereits in der Vorbereitung sind. Hier kann zunächst getrost auf die List der Vernunft in der Architekturgeschichte und ihre Medien, die mangelnde Büronachfrage und das überschuldete Land Berlin, gesetzt werden.

Auch hier also zeichnen sich in der Erfolgsgeschichte bereits die ersten Risse ab, die auf die verdrängte Komplexität des städtischen Lebens verweisen. Bisher aber ist die sozialwissenschaftliche Skepsis gegenüber dem architektonischen Gestaltungswillen noch bilderlos, und damit also kein Kommunikationspartner. Die über Bilder und Modelle gesteuerte Raumaneignung der Architekten ist als operatives Handlungswissen dem rein sprachlichen Reflexionswissen der Sozialwissenschaftler strategisch überlegen. Diese immer schon bedeutsame Differenz gewinnt nun in einer zunehmend medial und visuell vermittelten Gesellschaft an Gewicht. Die partielle Verdrängung der Disziplin Stadt- und Regionalplanung und auch die vorübergehende Sprachlosgkeit der Soziologie hat hier eine wesentliche Ursache. So war etwa die Stadtsoziologie derart mit Fragen der politischen Ökonomie oder einer reduzierten „Nutzersoziologie" beschäftigt, daß sie ihre Entwertung im urbanistischen Diskurs

Der Architekt als Held. Gary Cooper als Architekt Howard Roark in dem Film
The Fountainhead von King Vidor, Warner Bros., 1949. Die Romanvorlage von Ayn Rand
von 1943 orientierte sich an Frank Lloyd Wright als Vorbild.

durch die erfolgreiche Bilder- und Leitbildproduktion der Architekten gar nicht registrierte.

Erst die neuere Kultursoziologie beginnt die Bedeutung des symbolischen Kapitals, das in der spezifischen Verräumlichungs- und Visualisierungskompetenz der Architekten liegt, zu erkennen. Architektur ist in dieser Sicht integraler Bestandteil der Erzeugung sozialer Ordnung, soziale Produktion des öffentlichen Raums. Mit dieser Fassung von Architektur als selbst sozial konstruiertem Modus der Herstellung der Materialität nicht nur des Städtischen, sondern generell des Sozialen in seiner baulichen Konfiguration, wird die abstrakte Gegenüberstellung von Architektur und Gesellschaft unterlaufen. Die Profession der Architekten rückt damit als soziale Institution und als politischer Akteur in den Mittelpunkt.

Betrachtet man nun jüngere Aussagen von Architekten zum „state of the art", so scheinen sie die oben gegebene Einschätzung der gewonnnen Deutungskompetenz ihres Berufsstandes nicht zu teilen. Eher erscheint die Profession in einen Dauerkonflikt mit widrigen Rahmenbedingungen verstrickt, denen ein qualitätvoller Entwurf nur mühsam, mit der „Anmaßung des Prometheus" (Hilde Leon) abzuringen ist. So meint Steven Holl etwa, daß angesichts der „Interferenzen" der Umgebung der Entwurf nur die Hälfte eines Bauvorganges bestimmt, während der Städtebau nach Albert Speer jun. nur zu fünf Prozent von Architekten und Planern beeinflußt wird.

Beklagt wird der Verlust des Bauherrn als des Garanten für produktive Rahmenbedingungen eines Entwurfs. Dabei wird übersehen, daß Spannungen zwischen Bauherr und Architekt historisch eher die Regel waren, während gerade heute z.B. die qualitative Unschärfe der Investorenpräferenzen der Architektenschaft Einflußchancen eröffnet. Die Berliner Leitbildpolitik der letzten Jahre hat diese Chancen genutzt und die Investoren in eine baupolitische Linie eingebunden, die maßgeblich von Vertretern der Architektenschaft formuliert wurde.. Daß der Baudirektor Berlins mit dieser „administrativen Anmaßung" (Hans Stimmann) dabei nicht den Staat, sondern die Profession vertrat, wurde spätestens durch die Solidaritätsbekundungen aller Standesvertreter nach dessen Demission bei der Bildung des neuen Senats im Januar 1996 deutlich.

Das Ziel jeder Profession, die selbstverantwortliche Steuerung des „Feldes", ist ohne lästige Ansprüche von „Kundschaft und anderen Kräften" (Steven Holl) eher erreichbar. Bauherren sind dabei als Schüler pädagogischer Architekten genehm (so Manfred Sack über Schattner und die Bischöfe von Eichstätt), oder als wohlwollender, alles ermöglichender

Souverän (Perrault über Mitterand). Damit liegt die Architektur quer zu einem in anderen Bereichen, etwa in der Raumplanung und Umweltpolitik zu beobachtenden Trend hin zu kooperativen Verfahren (Selle). Immerhin sind neuerdings wieder Ideen zur Bedarfsplanung und einer Renaissance des Bauherrn (Kuchenmüller) als Indizien für eine Neubesinnung auf kooperative Kommunikationsformen auch in der Architektur zu werten.

Den meisten Problemformulierungen durch Vertreter der Profession liegt ein zentrales berufspolitisches Motiv zugrunde: Die ohnehin immer schon prekäre relative Autonomie des freien Berufes, die mühsam erkämpften und spät errungenen Lizenzierungen durch den Staat (Kammern, Gebührenordnung, Wettbewerbswesen, Ausbildungsprivileg) zu verteidigen. Sie scheinen neuerdings vor allem vom Strukturwandel Europas im Rahmen einer globalisierten Wirtschaft bedroht.

Aspekte dieses Strukturwandels sind etwa der Rückzug des Staates aus vielen öffentlichen Planungsvorhaben, das Vordringen von eher an ökonomischen denn an künstlerischen Kriterien orientierten Public-Private-Partnerships, die Enteignung professioneller Kompetenzen durch Generalunternehmer, die Existenzgefährdung der vielen kleinen Büros und vor allem, diese Tendenzen nun europaweit befördend, die im EU-Recht vorgesehene Deregulierung und Kommerzialisierung des Bauens, die Gleichstellung der freien Berufe mit Gewerbetreibenden.

Die Identität des Architekten als freien und unabhängigen Experten, staatlich privilegiert und auf das Gemeinwohl und – in diesen Grenzen – auf die treuhänderische Wahrnehmung der Interessen des Bauherrn in allen Fragen des Baugeschehens verpflichtet und durch die Gebührenordnung von der Preiskonkurrenz befreit, scheint zur Disposition zu stehen. Die erst seit wenigen Jahrzehnten verspätet und unvollständig erreichte Professionalisierung des Architektenberufs droht einer keineswegs mittelstandsfreundlichen neoliberalen Deregulierung zum Opfer zu fallen.

Die kultursoziologisch beschriebene Erfolgsgeschichte der Architekten als Verwerter ihres „symbolischen" Kapitals relativiert sich erst in der professionssoziologischen Sicht auf das Dilemma eines freien Berufs im Strukturwandel der Weltwirtschaft. Gleichwohl stehen die beiden Diagnosen nur vordergründig im Kontrast. Paradoxerweise sind es gerade die ja nicht erst neuerdings unsicheren Rahmenbedingungen der Nachfrage nach Architektur, die den Erfolg einiger Architekten, natürlich vor allem im Netzwerk der Elitearchitekten (Sarfatti-Larson), als ästhetischer Leitbildvirtuosen ermöglichen. Die Politik der Profession ist die Antwort auf unsichere, nie stabile Märkte. Der Erfolg dieser Politik ist dabei abhängig von der Vernetzungs- und Inszenierungsfähigkeit der Protagonisten. Daher kommt einzelnen Akteuren als „Intersystemvirtuosen" eine zentrale Bedeutung zu, wie etwa das Beispiel von Kleihues im Berlin (und darüber hinaus) der letzten zwanzig Jahre zeigt.

Dieser Zwang zu einer spezifischen Politik der Profession resultiert aus einem strukturellen Problem der Architektur, das die Berufsidentität und das Berufsbild berührt. Hierzu noch einige abschließende Beobachtungen.

Peter Erler hat im *Deutschen Architektenblatt* (1/1995) eine „Entmythologisierung" des Berufsbildes vorgeschlagen: Nicht mehr der treuhänderische Generalist, der souverän alle Aspekte des Bauvorgangs steuert, sondern in den meisten Fällen nur ein vom „Berufsbildmantel umschlotterter" Spezialist stehe dem Mißtrauen des Auftraggebers und der Skepsis von Staat und Gesellschaft gegenüber, die zusehends bereit seien, auf die Dienste von Generalunternehmern zurückzugreifen. Auftraggeber wollen, so Erler, vor allem Sicherheit, nicht Gestaltung. Wenn Erler auch die Bedeutung der Gestaltungskompetenz gerade in Hinsicht auf die öffentliche Darstellung beträchtlich unterschätzt, so stellt sein ernüchterndes Porträt dennoch mit guten Gründen das alte Berufsbild in Frage.

Gleichwohl meint Klaus Alberts (*DAB* 10/1995) gerade an diesem alten Bild von der „Sachwalterschaft", „Treuhänderschaft" und der „unbedingten Verläßlichkeit" des Freiberuflers als einem Bollwerk gegen den „Weg in das Gewerbe" und damit den „Weg allen Fleisches" festhalten zu müssen. Die Begründung ist aufschlußreich: „Wenn freie Architekten als Berufsstand in Deutschland überleben wollen, ist ihnen dringend zu empfehlen, das zu entdecken, das andere Berufe, den des Juristen, stark macht: Corpsgeist; den kann nur der Freiberufler entwickeln, nicht hingegen der Semi-Gewerbler."

Corpsgeist, nicht Dienst am Gemeinwohl als Ethik des freien Berufs. Solche Formulierungen sind geeignet, das von Erler konstatierte Mißtrauen der Öffentlichkeit zu stärken: Die Gemeinwohlpostulate und das Ethos des Dienstes erscheinen als bloßes Mittel in der Durchsetzung des Gruppeninteresses. Der elitäre Konsens einer militärischen Führungsschicht in einer ständischen Gesellschaft wird entliehen: nicht als „Berufsbildmantel", sondern als Kampfpanzer einer, so Erlers Beschreibung, eher überforderten berufsständischen Lobby im Pluralismus einer funktional differenzierten Gesellschaft.

Hier liegt das entscheidende Kommunikationsproblem der Profession mit ihrer Umwelt: es gelingt ihr nur selten, gegenüber der Öffentlichkeit uneigennützige Sachwalterschaft überzeugend von strategischen Partikularinteressen zu unterscheiden. Vertrauen als Basis von Treuhänderschaft wäre damit illusorisch, was Erlers Diagnose zu bestätigen scheint.

Diese Beobachtung basiert nun nicht auf einer äußerlichen Moralisierung der Politik der Profession, sondern findet ihren Bezugspunkt in deren struktureller Schwäche: anders als die etablierten Professionen der Juristen und Mediziner konnte die Architektur ihr institutionelles und kulturelles Umfeld seit der Sattelzeit um 1800 nie mehr auf Dauer stabilisieren. Ihre kulturellen Prämissen sind, obwohl – anders als in der freien Kunst – hochgradig konsensbedürftig, zunehmend immer weniger konsensfähig. „Früher kam jegliche Architektur aus der Tradition heraus und entsprach deshalb auch dem Verständnis der Menschen. [...] Heute kann niemand mehr behaupten, Architektur entspreche dem Selbstverständnis unserer Gesellschaft." (Herzog & de Meuron) Daher ist heute der Bezug auf Konvention und Tradition, hier liegt das Problem der Berliner Baupolitik, sozial und kulturell ebenso bodenlos wie die neuerdings explizit formulierte Theorie der Tabula Rasa von Koolhaas („Der ‚plan voisin' ist noch immer aktuell").

Andererseits sind konsensfähige Modelle in bestimmten Milieus der Gesellschaft, wie etwa der Klassizismus von Leon Krier und Prince Charles, das Kirchsteigfeld von Rob Krier oder die neuen Erlebniswelten im Gefolge Disneylands, dazu angetan, die professionelle Panik angesichts des Populismus zu befördern. Dabei wird aber gerne übersehen, daß dieser Populismus auch die Kehrseite professioneller Kommunikationsverweigerung ist.

„Gute Architektur" scheint da nur noch als „subversives Gut" (Erler), als „Schmuggelware" (Leon) transportierbar zu sein. Die strategische und interessenorientierte Dimension des Handelns liegt in der Berufspraxis von Architekten somit zwangsläufig stärker an der Oberfläche als in den wohletablierten Handlungsroutinen von Recht oder Medizin, obwohl sie dort natürlich ebenso selbstverständlich ist. Das Gut „Gesundheit" ist, obwohl auch nicht ohne Ambivalenzen, ebensowenig verzichtbar wie seine Sachwalter, die Ärzte. Rechtssprechung als Juristenmonopol ist in einer verrechtlichten Gesellschaft, trotz eines Unbehagens am positiven Recht, letztlich nicht strittig und auch lebenspraktisch kaum zu ignorieren. Beim Bauen hingegen reicht auch ein Generalunternehmer, oder, wie nach dem Baugesetz des Landes Thüringen, ein Bauingenieur. Architektur als Bildungsgut fehlt ja bereits, wie Manfred Sack bebachtete, in den Schulen.

Architekturpolitik als Berufspolitik steht somit vor der Herausforderung, ihre sozialen und kulturellen Existenzbedingungen ständig neu herstellen zu müssen, wie etwa der amerikanische Soziologe David Brain in *Theory and Society* (1989) am Beispiel der jahrzehntelang erfolgreichen Institutionalisierung der Beaux-Art-Architektur in den USA demonstriert hat. Diese strategische Komponente prägt daher wesentlich das Berufsbild der Architekten und auch dessen theoretischen Kern, die Architekturtheorie.

Hier haben ebenso die informalen Netzwerke der „Architekturszene" und ihre Politik des Informalen und die medialen Inszenierungen ihren Ort. Als „Kartelle", wie Hoffmann-Axthelm meint, wären sie wohl eher mißverstanden. Leitbilder und Images sind in dieser Politik notwendig, ebenso Schulbildungen, Polemiken etc. In diesem Sinne war der mißglückte Berliner Architekturstreit nicht, wie Thilo Hilpert vermutete, ein Kampf um Aufträge, sondern eine Kontroverse um mittelfristige Deutungskompetenz, um symbolisches Kapital kultureller Experten (von denen natürlich auch einige durchaus bauen wollen, manche auch etwas mehr).

Wenn die Architektur, wie die Anfangsthese lautete, seit der Postmoderne diese Deutungskompetenz gegenüber wichtigen Teilöffentlichkeiten der Gesellschaft erlangen und behaupten konnte, so belegt dies den erfolgreichen Versuch, aus der existentiellen Unsicherheit der Profession eine kulturpolitische Tugend gemacht zu haben: Der Architekt als kultureller Unternehmer. Architektur hat in der Pluralisierung und Ästhetisierung der Erlebnisgesellschaft ihren Platz gefunden und zumindest die Politik der Leitbilder wird ihr sobald kein Generalunternehmer (Disney?) streitig machen. Die kulturelle Halbwertzeit dieser Leitbilder kann jedoch, wie das Schicksal der Postmoderne zeigt, recht kurz sein. Jeder strategische Erfolg eines Leitbildes birgt dessen Scheitern in sich: er stößt an die Grenzen des nie hergestellten, oft auch nicht gewollten Konsenses – nicht nur in der politischen Öffentlichkeit, sondern auch in der Profession selbst.

Das Spiel wird also weitergehen, Corpsgeist mag da nützlich sein, das Ideal des freien Berufs wird man allerdings damit ebensowenig wiederherstellen wie eine stabile Architekturkultur. Die „neue Einfachheit" scheint dies zu ahnen, schaut aber in die falsche Richtung („Um 1800"?).

Aus dem Ideal der Gemeinwohlverpflichtung eines freien Berufes hingegen ließen sich durchaus andere Schlußfolgerungen ziehen. Die Debatte über Kommunitarismus in der gegenwärtigen politischen Philosophie böte hier Ansatzpunkte für ein Berufsbild, das die Architektur vielleicht vor der Heimsuchung durch das Verdrängte bewahren könnte. Eine neue Architekturkultur ist denkbar, in der Profession und Öffentlichkeit wieder in ein diskursives Verhältnis eintreten könnten, jenseits von Tabula Rasa oder Rückkehr zur Tradition.

Kultur als Dienstleistung? Ambivalenzen der Architektur (2001)

Kultur oder Dienstleistung: Bei dieser Frage scheint es sich um ein ganz aktuelles Thema zu handeln. Einerseits könnten die Architekten in einer Ära, die von Soziologen als Beginn einer neuen Dienstleistungsgesellschaft gedeutet wird, mit ihrem Status als Dienstleister sich zufrieden zu den neuen Leitberufen zählen. Tatsächlich hat ja seit der Postmoderne in den achtziger Jahren die Architektur eine vorher nie gekannte Prominenz erlangt, nicht nur in den Medien.

Andererseits scheint die kommerzielle Indienstnahme der Architektur an einen Nerv der Profession zu rühren, pathetisch gesagt: ihre Identität. Diese scheint an ihrer nur künstlerisch begründbaren Autonomie zu hängen, so jedenfalls ein breiter Konsens von Aldo Rossi bis hin zu Peter Eisenman. Für den praktizierenden Architekten scheint es so etwas zu sein wie eine Charakterfrage, ob er denn nun Architektur machen will oder Kommerzarchitektur. Einige, darunter sehr erfolgreiche Architekten sehen zwischen beidem aber keinen Widerspruch. Natürlich schließe die Orientierung von Architektur, die nicht l'art pour l'art ist, am Bedarf, am Nutzer, also an der Funktion selbstverständlich ihre Dienstleistungsfunktion ein. Seitdem die amerikanische Eventarchitektur etwa eines Jon Jerde salonfähig geworden ist und von hyperkommerziellen brandscapes sogar eine Erneuerung der akademischen Architektur erwartet wird, sind auch die alten Unterscheidungen zwischen E und U, zwischen Avantgarde und Populismus, Ästhetik und Massengeschmack, Kunst und Dienstleistung ins Rutschen geraten.

Die Alternative „Kultur oder Dienstleistung" läßt sich soziologisch zunächst als das konfliktreiche Verhältnis zwischen Architektur als Profession und dem Bauherrn als Auftraggeber und „Souverän" des Bauens fassen. Dieses Verhältnis wird seitens der Architekten als zu ihren Ungunsten asymmetrisch erfahren. Vor einiger Zeit fand im Kulturzentrum von Orleans ein sogenanntes „laboratoire d'architecture" statt, zu dem „die 90 besten Architekten der Welt" eingeladen waren, nach welchen Kriterien auch immer. Von einem Teilnehmer dieses Kongresses war zu erfahren, daß gleich in den ersten Diskussionen bei allen Teilnehmern, von wo sie auch kamen, und sie kamen von fast überall, ein einziger Ton vorherrschte: der des Klagens. Die Architekten, so die übereinstimmende These, stehen mit dem Rücken zur Wand. Der Generalunternehmer, die Bauwirtschaft, die Auftraggeber drängten sie in die Defensive, bezahlten schlecht, verweigerten ihnen Autorenrechte, entzögen ihnen die Bauleitung. In Deutschland wird die HOAI zusehends unterlaufen, werden Verträge oft nur noch auf die ersten Stufen begrenzt. Die Malaise scheint aber weltweit gleichermaßen groß zu sein: die Architekten begreifen sich als in der Defensive.

Die Gleichgültigkeit der Auftraggeber gegenüber den künstlerischen Anliegen der Architekten, ihren Ansprüchen auf Selbstbestimmung und die Kontrolle über ihr Werk läßt Architektur als Dienstleistung zu bloßem Kommerz verkommen. Ich vermute, daß diese Defensive offensichtlich einer verbreiteten Wahrnehmung entspricht, die den Ansprüchen entgegen steht, mit denen man eigentlich Architektur betreibt, nämlich einen Beitrag zur räumlichen und baulichen Gestaltfindung von Stadt und Gesellschaft zu leisten, der von kommerziellen Rücksichtnahmen frei, also, so wollen es die Statuten der Architektenkammern, am Gemeinwohl orientiert ist und in professioneller Selbständigkeit verantwortet wird.

Auch der Soziologie Hans Paul Bahrdt bestätigte in einem Artikel in der *Bauwelt* diese weit verbreitete Klage über das Fehlen eines kompetenten und kulturell sensiblen Bauherren. Allerdings erschien sein Beitrag bereits im Heft 15 des Jahres 1959. Es scheint sich also bei aller Aktualität vor allem um ein strukturelles Problem des Berufsstandes zu handeln. Bedenken wir etwa, daß es 1959 die meisten Kammern noch gar nicht gab.

Und wenn wir weiter zurück in die Baugeschichte gehen, so begegnet uns das gespannte Verhältnis zwischen Bauherren und Baumeistern immer wieder. Schinkel etwa litt unter den Zumutungen seines monarchischen Bauherrn, dem er schließlich die Bauakademie als Dokument seiner Selbstbehauptung als autonomer Baumeister entgegensetzte. Dieses strukturelle Dilemma stellt sich gegenwärtig aber selbst auch bei den Erfolgsmodellen der Architekturpolitik. Selbst im Mekka der Architektur der Zweiten Moderne, in den Niederlanden, haben sich nach Bart Lootsma, dem Autor von *Superdutch*, mittlerweile die Bedingungen für innovative Architektur rapide verschlechtert. Die These lautet: In Holland konnte in den neunziger Jahren deshalb so gute Architektur gemacht werden, weil sie von einer vom Marktliberalismus eigentlich überholten Institution gestützt wurde, dem Staat. Dieser war der eigentliche „Gute Bauherr", der es durch großzügige Auftragsvergabe und gezielte Wettbewerbspolitik ermöglicht habe, daß relativ junge Büros relativ große Projekte sehr früh machen konnten, was in anderen Ländern kaum denkbar war.

Heute, so Lootsma, ziehe sich der Staat zurück, forciere statt dessen die Liberalisierung der Bodenverwertung und ermögliche den Eigenheimbau, lange ein Tabuthema in der holländischen Architektur. Und jetzt regiere der Markt, und was wird nachgefragt? Historisierende, kitschige Einfamilienhäuser. In Lootsmas Schilderung erscheint diese Hausbauerei, keine Architektur, aber definitiv Dienstleistung im Sinne der Fertighäuser von Kampa als Untergang des Abendlandes Holland. Man habe lange Zeit auf diesen Massengeschmack nicht geachtet. Dieser habe sich aber bereits seit 1995 mit Projekten von Rob Krier und dem New Urbanism angekündigt.

Mit der Orientierung am Staat als Garanten guter Architektur, die wir jetzt auch in Deutschland mit der Initiative Baukultur und in der Rhetorik etwa des BDA finden, wird deutlich, daß die Frage nach der Autonomie der Architektur, der Autonomie der Kunst ein eminent politisches Thema, ein politisches Thema der Profession der Architekten ist. Es geht um Architekturpolitik.

Der Staat als Schutz gegen die Gesellschaft dürfte jedoch in der neoliberalen Ära ein nur schwacher Garant für Qualität sein. Ein heimliches, nicht ausgesprochenes Motiv hinter dieser Argumentation ist Angst: die Angst des Architekten vor dem Markt, vor dem Geschmack des Publikums, den Konsumenten, vor der Masse. Tatsächlich erinnert einiges an dieser Rhetorik an die alte deutsche Kulturkritik im Kaiserreich: Die Masse schwemme alle kulturellen Distinktionen hinweg. Der Heimatschutz, der Werkbund, aber auch die neue Sachlichkeit der klassischen Moderne hatten ihre Wurzel auch in der Abwehr dieses schlechten Massengeschmacks, der sich in der zweiten Hälfte des neunzehnten Jahrhunderts als Marktnachfrage geltend machte. So gesehen, sind Avantgarde und Elitearchitekt zwei Antworten auf diese Gefahr: Der konservative großbürgerliche Architekt der „Halbzeit der Moderne" (Lampugnani) bewahrt die Distanz zwischen klassizistischer Monumentalarchitektur und den pittoresken oder frugalen „Heimaten" der Arbeiterhäuser. Peter Behrens' Fabrikarchitektur oder seine Botschaft des Deutschen Reichs in St. Petersburg garantieren diese Distanz, seine Arbeiterhäuser in Henningsdorf verweisen die Untertanen paternalistisch in ihre kleine häusliche Lebenswelt. Die Avantgarden hingegen nehmen die Massen in ihrer dynamischen Zukunftsvision mit, indes bleibt auch hier die Distanz: die Vorhut marschiert immer voneweg.

Architektur im Starsystem? I.M. Pei und Norman Foster auf Victoria Island, Hongkong

Die Angst der Profession vor dem Volk ist also Teil einer fundamentalen Unterscheidung, dem Gefälle zwischen Hochkultur und Massengeschmack.

Autonomie der Architektur ist in dieser Sicht also der durchaus elitäre Anspruch der Profession, ihren Kanon zu definieren, nach Pierre Bourdieu würde man sagen: ihr „intellektuelles Feld", und dieses gegenüber der Nachfrage von Markt, Staat oder wem auch immer, autoritativ zu verteidigen. Es geht um das Deutungsmonopol.

Damit sind wir beim nächsten Problem der Profession. Autonomie heißt Selbstbestimmung der Architektur. Diese könnte man auch als radikale Subjektivierung begreifen, d.h. die Architektur koppelt sich ab vom Rest der Gesellschaft und entwickelt ihre „Privatsprache".

Die Kunst, Bildhauerei etwa oder Malerei, hat diesen Weg einer radikalen Subjektivierung seit dem neunzehnten Jahrhundert konsequent eingeschlagen, und auch da, wo die Kunst auf die Gesellschaft zugeht, etwa in der avantgardistischen Idee einer Verschmelzung von Kunst und Leben, geschieht dies nach ihrem Gesetz. Auch Beuys' Diktum, daß jeder Mensch ein Künstler sei, zeugt von diesem avantgardistischen Anspruch, aber der eigentliche Hintergedanke seiner „Kunst als soziale Plastik" ist natürlich, daß nicht die Gesellschaft die Kunst determiniert, sondern umgekehrt, daß die Kunst diese gewissermaßen durchdringt und transformiert. Unter den Bedingungen des Kunstmarktes hat sich dieses ursprünglich subversive Modell längst als kommerziell verwertbar erwiesen.

Diese subjektivierte Kunst, die sich wiederum mit ihrem Geltungsanspruch in die Gesellschaft hinein begibt, lebt schließlich davon, daß die Gesellschaft dieses Kommunikationsangebot annimmt. Sie wird abhängig vom Markt, den sie selbst noch als dessen scheinbare Negation bedient. Ansonsten bleibt sie jedoch in der Beliebigkeit subjektiver Geschmackskulturen: wenden sich die Kunstkonsumenten gleichgültig ab, verschwindet Kunst in privaten Gemächern, wo sie in der Regel auch entsteht. Die Kunst findet sich sozial in den Institutionen ihrer Zirkulation, im Kunstmarkt, den Museen und in medialen Inszenierungen, ihre Freiheit hängt ab vom Wohlwollen der Kunden und „Gatekeepers", also Kuratoren, Händlern, Vermarktern.

Interessanterweise hat die Architektur diesen Weg nicht eingeschlagen. Als um 1900 eine Neudefinition der Architektur zur Debatte stand, als der Jugendstil eine ganz kurze Blüte als subjektivierende Tendenz erlebte, setzte sich interessanterweise eine ganz klare objektivierende Hauptrichtung durch. Das Stichwort hieß in Deutschland in der Regel „Sachlichkeit". Daraus wurde in den zwanziger Jahren mit einer erheblichen Radikalisierung „neue sachlichkeit" (auch in Kunst, Film oder Literatur) und „neues bauen" (nicht: Architektur). In den kulturell konservativen USA erfüllte der Kanon der Beaux-Arts eine ähnlich objektivierende Funktion, gesellschaftliche Nutzungsanforderungen aus dem Reich der Notwendigkeit in eine von Architekten kontrollierten Typologie und Formensprache zu übersetzen und somit deren Unentbehrlichkeit als Profession zu beweisen. Aus der damaligen Debatte, die auch für heute noch exemplarisch ist, ist uns ein Text des Berliner Architektur- und Kunstkritikers Karl Scheffler von 1907 überliefert: „Der Architekt". Erschienen ist er in der von Martin Buber herausgegeben populären Schriftenreihe, „Die Gesellschaft", der Einband wurde von Peter Behrens gestaltet. In diesem Büchlein, das einen großen Erfolg in der Architektenszene Deutschlands hatte, feiert Karl Scheffler mit dem Pathos der Nüchternheit den Architekten als den Mann der Zukunft, weil er anders als der Künstler nicht das subjektiv beliebige, die eigene Identität, den eigenen Geschmack, den eigenen Gedanken kultiviere. Der Architekt sei gerade der Agent der Gesellschaft, Repräsentant eines kollektiven Sinnzusammenhangs. In der Architektur manifestiere sich der objektive Bedarf an Raum durch die Gesellschaft, und der Architekt sei der Kontrolleur dieses objektiven Bedarfs. Während also der Künstler das Akzidenz modelliert, das Ornament, schafft der Architekt das Wesentliche, er formuliert den gesellschaftlichen Raum. Damit ist der Architekt viel mehr als nur ein bloßer Künstler, er ist gesellschaftlicher Regisseur. In den zwanziger Jahren lanciert der Berliner Baurat Martin Wagner diesen Gedanken auch für den Urbanismus, indem er den Planer als „Regisseur der Großstadt" feiert.

Die Architektur hat seit dem 19. Jahrhundert einen Führungsanspruch, was die Gestaltung des gebauten Raumes anbelangt. Ab 1900 wird dieser Anspruch von einer verwissenschaftlichten Städtebaulehre auf den gesamten öffentlichen Raum der Stadt ausgeweitet. Architektur ist in diesem Verständnis mehr als bloße ästhetische Bedienung eines Lebensstilmarktes, als persönlicher Geschmack und künstlerische Exzentrik, sie ist, frei nach Hegel, die Gesellschaft in Formen gefaßt: dieser Grundgedanke prägt bis heute das Architektenbild, und in diesem Selbstbild der Profession sind auch ältere Architektentraditionen eingeschmolzen, etwa der Architekt als Handwerker, als Wahrer der Konvention, aber auch das Konzept des Hofkünstlers: der Architekt als Vertrauter des Herrschers, wobei die Aura des Herrschers auf die des Künstlers übergeht und umgekehrt der Herrscher sich als Künstler begreift. So ließ sich Ludwig XIV.

als Architekt mit einer großen Planrolle in der Hand porträtieren. Diese wechselseitige Auraverstärkung ist beim modernen Architekten in sein Verhältnis zum gesellschaftlichen Auftraggeber übergegangen.

Entsprechend diesem Selbstverständnis kämpften die Architekten in Deutschland seit 1900 um ihre staatliche Privilegierung nach dem Vorbild der klassischen Professionen: Mediziner und Juristen. Beides privilegierte Berufsstände, von denen man annimmt, daß ohne deren Auszeichnung die Gesellschaft in ihrem Kernbestand bedroht sei. Diese staatliche Privilegierung des Architektenstandes in Deutschland, die in den meisten westlichen Ländern unbekannt ist, verpflichtet die Architekten auf das Gemeinwohl. Architektur ist keine bloße Dienstleistung am Markt.

Diese staatlich garantierte Autorität steht mit dem Rückzug des Staates zur Disposition, und daher richten sich alle Initiativen zur Förderung der Baukultur appellativ an den Staat in dessen Eigenschaft als Kulturstaat.

Die seit den achtziger Jahren errungene Position als Leitmedium der Gesellschaft ist bedroht, gleichwohl noch nicht verloren. Der Architekturdiskurs der neunziger Jahre, von dem wir immer noch zehren und in dem sich insbesondere die Holländer und die Schweizer profilieren konnten, ist eine öffentlichkeitswirksame Eventkultur geworden, die es in dieser Breitenwirkung zuvor nicht gegeben hatte. Die ewige Klage der Architekten, die Gesellschaft nehme sie nicht zur Kenntnis, läßt sich bereits beim ersten Augenschein nicht bestätigen.

Architektur ist in fast allen Feuilletons ein wichtiges Thema, es gibt Fernsehfilme über Architektur, es gibt ständig, auch auf den Lokalseiten, Berichte über Architektur in den Zeitungen. Mittlerweile werden in der Regel auch die Namen von Architekten genannt. Früher wurden sie grundsätzlich nicht erwähnt, sondern nur die der Bauherren. Architekturausstellungen sind überfüllt, ganze Städte und Regionen profilieren sich mit Bauausstellungen wie der IBA in Berlin oder der IBA Emscherpark in NRW. Es ist der Architektur in den letzten zwei Jahrzehnten so gut wie selten zuvor gegangen.

Dieser Siegeszug ist um so aufschlußreicher, als der erste Triumph der Moderne, der mit der Parole Sachlichkeit begonnen hatte und im Siegeszug eines „International Style" nach 1945 weltweit kulminierte, in den sechziger Jahren in einer wenn auch nicht ganz weltweiten Krise untergegangen war.

Wenn also in den neunziger Jahren Architektur als Leitmedium gefeiert werden konnte, dann mußte es eine erfolgreiche Antwort auf die Krise der siebziger Jahre gegeben haben. Dieser Weg aus der Krise ist heute selbst schon wieder historisch geworden, er wird als Postmoderne archiviert.

In aller problematischen Kürze: Es war die Kreativität der postmodernen Anfangsgeneration, zu denen ich Architekten wie Robert Venturi, Aldo Rossi, Charles Moore, James Stirling, die Brüder Krier und in Deutschland vor allem Oswald Mathias Ungers und Josef Paul Kleihues zähle, die Krise der Architektur, die Kritik an der Monotonie der modernen Großsiedlungen, den Rasterfassaden, den horizontalen Bänderungen, den Autobahnen und Hochstraßen und nicht zuletzt am Flächenabriß der „alten Stadt", eben diese Kritik an einer brutalisierten Spätmoderne aufzunehmen und zu sagen: Jawohl, ihr habt ja recht, wir Architekten sind Opfer unserer Hybris und unserer Anbiederung an die Bauwirtschaft geworden. Und diese damals noch relativ junge Architektengeneration hat es verstanden, durch den Rückgriff auf die rationalistisch oder historistisch reformulierte vormoderne Baugeschichte der Gesellschaft klarzumachen: wir entdecken ein neues Terrain, die Tradition der alten Stadt und damit die Gesellschaft und die Geschichte. Die moderne Architektur habe die Geschichte negiert, nun müsse wieder die historische Typologie ernstgenommen werden, so Aldo Rossi. Andere nahmen historische Formen zu ernst, wie Leon Krier oder Robert Stern, andere nahmen sie zu ironisch, wie Robert Venturi. Entscheidend war die Wiederanknüpfung an die Kontinuität der Geschichte, womit zweierlei geleistet wurde: Architektur wurde zurückgeholt in die geschichtliche Kontinuität oder zumindest in die vermeintliche Kontinuität und zweitens zurückgebunden an die Stadt als Ganzes.

Professionspolitisch entscheidend war sodann der zweite Schritt: die Definition der Stadt als Kunstwerk. Indem man den Architekten explizit als Künstler definierte, war es der Profession gelungen, ihn zum allein zuständigen Sachwalter der Stadt und der „Urbanität" zu stilisieren. Versprochen wurde die Korrektur der Verwüstungen der Moderne, die Heilung des kranken Organismus Stadt: der Künstlerarchitekt als Heiler, Architektur als Stadtbaukunst, die schöne Stadt als Ziel. Die schöne Stadt ist eine Synthese aus Baron Haussmann und Camillo Sitte, aus Beaux-Arts und dem Pittoresken: Kultur als Dienstleistung. Das Planwerk Innenstadt in Berlin und der New Urbanism in den USA sind heute wenn auch uninspirierte Erben dieser postmodernen Synthese aus touristischem Massengeschmack und professioneller Stadtbaukunst.

Berufspolitisch war der Erfolg der Postmoderne das Resultat einer im zwanzigsten Jahrhundert seltenen Harmonisierung der gesellschaftlichen Vorstellungen von schöner Stadt mit einer autonomen Rekodierung in einer akademisch-elitären Architekturlehre. Es war diese Verbindung der ästhetischen Modernekritik aus der Bevölkerung mit dem Impuls der gegen Abriß und Spekulation gerichteten sozialen Bewegungen, die es der fachinternen Opposition gegen die Spätmoderne erlaubte, als Stimme des Volkes zu erscheinen. Eine Architektur der Achtundsechziger konnte in dieser Gemengelage nicht entstehen. Deren kulturkonservative Motive werden erst heute richtig erkennbar und erklären vielleicht, warum eine grüne Bundestagsvizepräsidentin oder ein ehemaliger Jusoführer, heute im Kanzleramt, den Wiederaufbau des Berliner Schlosses fordern. Der von Jens Jessen in der *Zeit* beschriebene Populismus der heutigen Kulturpolitik hat wohl damals seinen Anfang genommen.

Nicht praktische Bürgerbeteiligung, sondern die professionelle Aufnahme eines konsumistischen Stadtverständnisses war die Leistung der postmodernen Architekten, Dienstleistung konnte also immer in Gestalt der Hochkultur erbracht werden. Indes: in dieser auf Bilder fixierten Stilisierung einer synthetischen Geschichtskonstruktion bestand auch eine Gefahr. Die Autonomie drohte in dem Maße zu verschwinden, in dem der Markt selbst kommerziell Bilder produzierte, was er tatsächlich längst tat, Charles Moore hatte bereits 1972 darüber geschrieben. Disneyland war im Unterhaltungsbereich der Massenkultur das, was die Postmoderne im seriösen Städtebau war: Simulation von Bildern und virtuellen Lebenswelten nach Wunsch.

Diese Wahlverwandschaft wurde erst in den neunziger Jahren offenbar, wo von Frank Gehry über Robert Graves, Robert Stern und Philip Johnson bis hin zu Aldo Rossi und Robert Venturi das postmodern Starsystem für Disney zu bauen begann, so etwa in Celebration.

Die Vulgarisierungen eines Charles Moore oder James Stirling, der Neoklassizismus und Historismus der New Urbanists, der neue Trend zu Simulationen und Attrappen signalisiert die drohende Abhängigkeit der Architektur vom Markt und vom Geschmack der Konsumenten. Gerade die erfolgreiche Generierung von Bildern für beliebige Lebensstile drohte zur Beliebigkeit des architektonischen Kanons zu führen und damit das Monopol des Berufsstandes ad absurdum zu führen.

Gegen diese populistische Verflachung der Postmoderne wurde der puristische Minimalismus in den achtziger Jahren zu einer Strategie jüngerer Architekten, die Autonomie der Architektur zu wahren und zugleich ihre durch die Postmoderne wieder gewonnene Aura im Interesse eben dieser Autonomie sogar noch zu steigern. Der Rückzug auf elementare Raumerfahrung, Materialästhetik, aber auch das damit verbundene Spiel mit der sakralen Aufladung von Alltagsarchitektur, die Evokation des Erhabenen etwa bei Peter Zumthor, war eine Verweigerung der Profession gegenüber der selbst mit heraufbeschworenen semiotischen Überfrachtung, der viel kritisierten „Geschwätzigkeit" des Bauens.

Die Postmoderne verfiel zunehmend der Inflation der Form, die bereits im neunzehnten Jahrhundert den Historismus zum Scheitern verurteilte. Ohne verbindliche Weltbilder wurden Stilfragen zu bloßen Accessoires von Lebensstilen, wie es bereits die Arts-and-Crafts-Bewegung erfahren mußte, deren lebensreformerischer Impetus in der Tapetenabteilung des Kaufhauses Liberty in London erstarrte.

Zur Ironie des heutigen Minimalismus gehört es aber, daß sein eben asketisches wie nobel-geistesaristokratisches Spiel mit der Erhabenheit von Räumen sich nun im Leitmotiv der Atmosphäre seit den späten neunziger Jahren wieder mit den an Events ausgerichteten Populärarchitekturen von Disney bis zu Jon Jerde trifft, wenn er auch deren Opulenz meidet – und gerade die eindrücklicheren Atmosphären schafft. Es scheint, als könne die Architektur gleich welcher Provenienz sich den Anforderungen der „Ökonomie der Aufmerksamkeit" (Georg Franck) nicht mehr entziehen und müsse damit unweigerlich Dienstleistung werden.

Innerhalb der akademischen oder professionellen Architektur ist die Postmoderne seit Mitte der achtziger Jahre in der Defensive, die Architekturschulen haben sich fast alle von der Postmoderne abgekehrt. Gleichwohl haben sie deren Rehabilitierung des Künstlerarchitekten nicht rückgängig gemacht, sondern ihn wieder mit der Tradition der Moderne verbunden. Dabei hat diese Tradition aber in der „Zweiten Moderne" ihren sozialen Begründungszusammenhang verloren. Der Architekt wird wieder als umfassender Künstler definiert, selbst da, wo er selbst gar nicht davon redet. Exemplarisch ist die Stilisierung von Rem Koolhaas zum Gesamtkünstler, der nicht nur zwei Schnellverkehrssysteme miteinander koppelt, sondern der ein ganzes Euralille entwirft, als Plastik, obwohl er nie explizit sagt, er sei Künstler. Eher repräsentiert er den neuen Typus des globalen Managers. Ein Raummanager, der für Euralille seine Gelder vom französischen Staat bekommt, einem Staat, dessen Premier zugleich der Bürgermeister von Lille ist und der, so erzählt Koolhaas fasziniert, innerhalb weniger Wochen mehrere Millionen Franc zusätzlich bewilligte: der Traum vom Hofkünstler scheint da auf.

Wie kein anderer hat Koolhaas es verstanden, das Bild des Architekten als kühnen, aber pragmatischen Visionärs zu kultivieren. Offenkundig bedient er sich der klassischen Avantgardekonzeption, befreit diese aber von ihren utopischen und politischen Verstrickungen: Tabula Rasa ist keine Utopie mehr, sondern steht für den Innovationsbedarf einer sich rasant globalisierenden Weltwirtschaft. Von der niederländischen Randstad bis hin zum Pearl-River-Delta entstehe eine Generic City, deren Wachstum mit traditionellen Rezepten nicht mehr räumlich zu fassen ist: Scheitern des klassischen Urbanismus. Daher kann Koolhaas mit souveräner Geste die traditionellen Städtebauschulen ignorieren, seine Zielgruppen sind die großen Bauherren, die Medien, die globale Öffentlichkeit.

Entscheidend für das Modell Koolhaas ist, das der Architekt immer einen Schritt voraus in der Zukunftsschau sein muß, aber ebenso pragmatisch große Projekte realisieren kann: Der Architekt in der Außenwahrnehmung als pragmatischer Visionär, als kultureller Unternehmer, in der Binnenperspektive der Profession ein Meister des Diskurses, in der Praxis ein Manager. Die Frage, ob dies nun Dienstleistung oder Kultur sei, wird gegenstandslos.

Tatsächlich taugt dieses Rollenmodell aber nur für wenige Architekten. Der Markt der Global Players wird von kommerziellen Großbüros beherrscht, und auch OMA konnte nur durch die Mehrheitsbeteiligung eines großen Bauunternehmens überleben. Auch die Hoffnung auf einen Zugang zum chinesischen Markt zerschlug sich. OMA brilliert aber mittlerweile mit ästhetischen und intelligenten Lösungen konventioneller Bauaufgaben, etwa der Bibliothek von Seattle, einem gebauten Diagramm. Der Bedarf an Visionären in der Architektur ist geringer, als es die akademische Lehre wahrhaben will.

Dennoch: gerade für die intellektuelle und mediale Meinungsführerschaft war die Melange aus Avantgardismus und neoliberaler Turborhetorik die intelligenteste Strategie. Mittlerweile aber weist wachsender Unmut bei den Jüngern, man denke an Sanford Kwinters Kommerzvorwurf auf der Anyhow-Konferenz 1997, aber auch die kurze Halbwertzeit der S/M/L/XL-Sprache auf eine Vernutzung der Images hin.

Bis Ende der achtziger Jahre schien die Perspektive von Hans Kollhoff, der Koolhaas aus der gemeinsamen Mitarbeiterschaft bei Ungers an der Cornell University in Ithaca/N.Y. kannte, in der gleichen neoavantgardistischen Rolle zu bestehen. Damals teilten sie die Faszination der Großformen, der Peripherie und des „Dirty Realism".

Tatsächlich aber hat er die Gegenbewegung zu Koolhaas eingeschlagen und sich im Verlauf der letzten zwölf Jahre von einem der großen jungen modernen Architekten hin zu einem sehr traditionalistischen, an

Konventionen orientierten Baumeister. Lange haben viele Kritiker diese Entwicklung für eine opportunistische Anpassung an den Markt gehalten, tatsächlich war es aber wohl ein klassischer deutscher Bildungsroman. Kollhoff ist im Zuge der Berliner Rekonstruktionsdebatte zusehends zu einem Verteidiger der Konventionen geworden, die erst die Urbanität als Gesellschaft der Häuser gewährleiste. An diesem Thema arbeitet er sich seit Beginn der neunziger Jahre ab. Marktkonform ist diese konservative Wende zunächst noch nur bedingt, denn natürlich weiß er, daß Konventionen als verbindliche Maximen keine Autorität mehr haben.

Aus seiner Sicht war es gerade die unselige Verbindung von Moderne und Massengesellschaft, die den noch im alten Bürgertum selbstverständlichen Sinn für das Richtige, eben die kultivierte Konvention eines in der Handwerkskultur gründenden gehobenen Bauens, zerstört hatte. Daher ist heute das alte Programm vom „Architekten als Erzieher" aus dem späten neunzehnten Jahrhundert wieder gefordert. Sein Programm ist also nicht Anpassung an den Massengeschmack, sein Programm ist der Versuch, das Verhältnis von Architektur und kultiviertem Bauherrn wiederherzustellen. Daß es für Kollhoff diese Bauherren wieder gibt, beweist die Villa Gerl in Dahlem, die er für einen reichen Anwalt gebaut hat.

Ähnlich wie Frank Lloyd Wright mit seinen Villen in Oak Park bei Chicago zu Beginn des zwanzigsten Jahrhunderts sich seine eigenen Markt in der gehobenen Middle Class selbst heranbildete, so möchte Kollhoff durch seine Rekultivierung bürgerlichen Wohnens eine Vorbildfunktion übernehmen – anders als Wrights nur vordergründig konventionelle, raffiniert-innovative Prairiehäuser sind Kollhoffs Häuser autodidaktische Gesellenstücke für das Kaiserreich, Innovation ist tabu. Mehr als ein eher schmales konservatives Marktsegment dürfte er angesichts des steifen Retrohabitus seiner Häuser zwar nicht erschließen, dennoch aber handelt es sich um eine marktfähige Lösung des prekären Verhältnisses von Bauherr und Architekt: Der Architekt liefert den Kanon, dem auch der Bauherr habituell verbunden ist, und dieser bekommt zum Haus noch als Zugabe den Status des Connaisseurs und mediale Aufmerksamkeit.

Im Sinne der Sickertheorie der Kultur könnte, so die Erwartung, der Geschmack der Eliten langsam nach „unten" diffundieren und so auf mittlere Sicht vielleicht gar den Massengeschmack prägen. Es ist eine durchaus nicht dumme, obwohl wahrscheinlich begrenzte Strategie, die Bedrohung der Architektur durch den Massengeschmack ganz langsam aufzuheben. Hans Kollhoff ist in diesem zeitlichen Sinne Kulturschaffender und Dienstleister zugleich.

Betrachten wir diese Haltung nun im Kontext der neotraditionalen Erweckungsbewegung, die mit dem New Urbanism aus den USA nun auch nach Deutschland und gar nach Holland schwappt, so dürfte das Aufgreifen verbreiteter Sehnsüchte eines „Back to the Future" und ihre bildhafte Befriedigung nicht weit von der Eventarchitektur der Themenparks entfernt liegen. In dieser Lifestylearchitektur, die im Falle Kollhoffs durchaus Qualitäten hat, verschmelzen Dienstleistung und Kultur. Die Zweite Moderne hingegen tut sich mit den Sehnsüchten der Konsumenten schwerer. Das Fazit könnte lauten, daß eine wohlverstandene Moderne, deren soziale Selbstverortung dringender denn je wird, von Disney, von Kollhoff, von Jerde lernen muß, das Spiel aber nach eigenen Regeln neu beginnen sollte. Koolhaas weiß dies seit langem.

Gute Architektur beginnt dort, wo sich Dienstleistung von selbst versteht und nicht als Gegensatz von Kultur stilisiert wird. Gleichwohl bleibt die Spannung zwischen beiden Ansprüchen gerade eine Quelle der Produktivität. Anders als bei den klassischen Professionen versteht sich die Nachfrage nach architektonischer Qualität nie von selbst. Eine stabile Profession kann Architektur nicht sein. Bei aller Differenz demonstrieren Kleihues, Kollhoff, Koolhaas oder Gehry gleichermaßen, daß erfolgreiche Architekten immer auch kulturelle Unternehmer sind, die ihre Nachfrage im sozialen Feld ständig aufs Neue erzeugen und reproduzieren. Dieses Schicksal teilen sie mit den meisten Dienstleistern und mit allen Künstlern.

Steinernes Berlin
(1994)

Vorbemerkung

Anfang Juli 1994 veröffentlichte die Architekturzeitschrift ARCH[+] unter dem polemischen Titel „Von Berlin nach Neuteutonia" ein Themenheft, das der neueren Architekturentwicklung in Berlin gewidmet ist. Hierdurch wurde der bereits länger schwelende Konflikt um das neue städtebauliche Leitbild der Hauptstadt zu einer weithin in der Medienöffentlichkeit als „Berliner Architekturstreit" ausgetragenen Kontroverse.[1] Dabei ist vor allem der Konservativismus und Traditionalismus des städtebaulichen Leitbildes der Hauptstadtplanung Gegenstand der Kritik. Der vorliegende Text rekonstruiert die Entstehungsgeschichte dieser architekturpolitischen Kontroverse und interpretiert sie zugleich als Indikator für den Stand der politischen Kultur. Der Text ist die ursprüngliche Fassung eines Manuskripts, das im Frühjahr 1994 abgeschlossen wurde. Mittlerweile sind Teile dieser Arbeit im Jahrbuch für Stadterneuerung 1994 und in dem oben genannten Themenheft der Architekturzeitschrift ARCH[+], Heft 122, erschienen. Mit letzterem Abdruck, unter dem lapidaren Titel „Berlinische Architektur", ist diese Arbeit nun selbst in die Architekturkontroverse verstrickt worden. Die von mir vorgelegte Rekonstruktion des architekturpolitischen Entscheidungsprozesses wird dabei von den Beteiligten weitestgehend bestätigt. Daher kann hier die ursprüngliche Fassung des Aufsatzes ohne Korrekturen vorgelegt werden.

(September 1994)

Architektur und Metropolenkonkurrenz

In der internationalen Diskussion über Architektur und Städtebau gilt Berlin, nicht erst seit der Internationalen Bauausstellung (IBA) in den achtziger Jahren, als ein wichtiger Ort, trotz einer bisher im Vergleich zu wirtschaftlichen Wachstumsregionen eher geringen Bautätigkeit. Dies gilt um so mehr für die spektakulären Bauvorhaben der neuen Hauptstadt im Zuge der nachholenden Metropolenbildung. Angesichts der Stagnation der Bautätigkeit in den westlichen Metropolen ist der zu erwartende Bauboom in Berlin, selbst wenn er schwächer ausfallen wird als in den ersten Jahren nach dem Zusammenbruch der DDR angenommen, ein Magnet für die internationalen Architekturbüros; Büros, die überdies Erfahrungen mit Großprojekten im Dienstleistungssektor besitzen, die bei der Architektenschaft vor Ort und den seit der IBA in Berlin geschätzten europäischen Künstlerarchitekten eher die Ausnahme sind. Überraschend ist daher, daß diese internationalen Großbüros, abgesehen von einigen Ausnahmen wie etwa Helmut Jahn oder Skidmore, Owings and Merrill, bei den zentralen Projekten im Innenstadtbereich bisher eher schwach vertreten sind. Noch im Oktober 1991 hatte die *Bauwelt* anhand von 66 „erbärmlichen oder größenwahnsinnigen" Projekten alarmierend eine Invasion internationaler Investorenarchitektur angekündigt.[2] Die damals geforderte Abwehr dieser Flut durch eine erneuerte Berliner Planungskultur scheint inzwischen, außer in den westlichen Innenstadtbezirken, das Schlimmste verhindert zu haben.

Mittlerweile gerät diese Stadtpolitik aber selbst in das Schußfeld einer vor allem auch ästhetisch motivierten Kritik: Berliner Provinzialismus verhindere innovative Architektur. Der Senator für Stadtentwicklung und Umweltschutz, Volker Hassemer (CDU), hat sich inzwischen dieser Kritik vorsichtig angeschlossen, indem er vor „gestalterischer Engstirnigkeit, die sich auch international sehr schnell herumspreche"[2] warnte. Da Hassemer der schwächeren der beiden für die Stadt- und Bauplanung zuständigen Senatsverwaltungen vorsteht, ist dies vor allem eine Spitze gegen den Senatsbaudirektor Hans Stimmann, der im stärkeren, von der SPD geführten Bauressort das Wettbewerbswesen verantwortet. Den Kritikern zufolge ist es vor allem Stimmann, der als „mächtiger Mann" (Stimmann), als „Baupapst" *(FAZ)* die städtebaulichen Leitlinien des Senats durchsetzt. Dennoch darf nicht übersehen werden, daß die von der Verwaltung Hassemers durchgeführten Wettbewerbe, darunter die spektakulären Verfahren zum Potsdamer Platz und zum Alexanderplatz, im wesentlichen denselben baupolitischen Vorgaben gefolgt sind.

Diese städtebauliche Debatte soll im folgenden kulturtheoretisch ernstgenommen und zugleich, einer Denktradition von Max Weber bis hin zu Pierre Bourdieu folgend, in ihren machttheoretischen Bezügen sozialwissenschaftlich analysiert werden. In der „negotiated order" der Stadt müssen außer den in der Regel ausschließlich wahrgenommenen politisch-administrativen und wirtschaftlichen Entscheidungsträgern vor allem die Professionen ernstgenommen werden, die letztlich die konkurrierenden Ideen städtischen Lebens „ins Bild" setzen: die Architekten und Planer. Zwar verfügt diese Gruppe weder über politisches noch über ökonomisches Kapital. Da aber Politiker, Beamte und Investoren wiederum nicht über ein konsensfähiges Bild von Stadt verfügen, erweist sich – um in der Begrifflichkeit von Bourdieu zu bleiben – das symbolische Kapital der Architekten als strategische Basis ihres Einflusses, der partiell in reale Macht umgemünzt werden kann. Die Rolle des langjährigen Leiters der Neubau-IBA, Josef Paul Kleihues, ist das für Berlin bis heute folgenreichste Beispiel einer solchen Machtkonzentration. Wie das Beispiel der IBA zeigt, ist die Inszenierung von Architektur in den Medien, in Ausstellungen, Museen oder Galerien, aber zunehmend auch in „großen Ereignissen" einer „festivalisierten Politik"[3] wie der Berliner IBA, der Olympiade in Barcelona oder der Expo in Sevilla, eine wichtige Ressource für den Einfluß von Architekten. Ein Beispiel für Bedeutung von Inszenierungen ist die Wirkung von Philip Johnson, der nicht nur als Architekt, sondern vor allem als Ausstellungsmacher am New Yorker Museum of Modern Art die Architekturgeschichte geprägt hat. International Style, Postmoderne und zuletzt noch 1987 der Dekonstruktivismus verdanken ihre weltweite Präsenz auch seiner medialen Imageproduktion.

Die Bedeutung von Images und Leitbildern, obwohl für die Baugeschichte immer schon zentral, ist gerade in einer zusehends über visuelle Kodierungen und Distinktionen vermittelten „Erlebnisgesellschaft" gestiegen.[4] Ein Erbe der mittlerweile im architekturtheoretischen Diskurs diskreditierten Postmoderne besteht in dieser kulturellen Präsenz der Architektur im gesellschaftlichen Leben. „Architekturkonsum" ist zu einem Element der Lebensstile geworden, die zunehmend an Stelle der früheren Klassenunterscheidungen soziale Identitäten und Abgrenzungen ermöglichen. Ein erfolgreiches Modell medialer Lebensstilvermittlung ist etwa die amerikanische Serie „Miami Vice", in der die Architektur Miamis, vor allem die kommerzielle Variante des Dekonstruktivismus des Büros „Arquitectonica", das setting eines ganzheitlichen Images darstellen.

Vor diesem Hintergrund hat denn auch seit den achtziger Jahren die Architektur für die Imagebildung der Städte in der Standortkonkurrenz zwischen Regionen und Kommunen an Bedeutung gewonnen. So konnte etwa das „Neue" Frankfurt mit seiner Skyline und seinen neuen Museen erfolgreich das „Krankfurt"-Image der siebziger Jahre verdrängen. Paris profilierte sich mit der etatistischen Politik der *grands projets* und erneuerte seinen Anspruch aus dem 19. Jahrhundert als führende Metropole Europas.

Die Berliner Erfolgsbilanz der achtziger Jahre erscheint demgegenüber trotz – oder, wie Kritiker meinen, gerade wegen – der IBA ambivalent. Obwohl die internationale Resonanz und die Zustimmung in der Berliner Bevölkerung für die IBA-Politik groß waren – bei letzterer wohl gerade wegen der populistischen Momente der Postmoderne von Krier bis Moore, wiesen der eher schwache Besuch ihrer Ausstellungen 1984 und 1987, das nachlassende Interesse seitens der Politik und die zunehmende Kritik in der Fachöffentlichkeit auf die Grenzen dieses Versuchs einer architekturpolitischen Imagebildung der Stadt hin. Der rasche Verfall der kulturellen Halbwertzeit der Postmoderne ließ viele noch im Bau befindliche IBA-Projekte bereits als überholt erscheinen. Die neuerliche Besinnung auf die visionäre Kraft der klassischen Moderne und ein emphatisches Urbanitäts- und Metropolenverständnis führten zu einem fast rituellen Vergleich Berlins mit anderen Metropolen, etwa Paris, New York oder Mailand. In dieser Diskursdramaturgie war das Verdikt über den Provinzialismus der subventionsabhängigen Halbstadt unausweichlich. In der zweiten Hälfte der achtziger Jahre wurden mit diesen kulturellen und urbanistischen Leitbildern zugleich neue gesellschaftliche und politische Positionen bestimmt: Die Ästhetik der Großstadt diente als Argument in der Kontroverse über die politische Kultur. Als Einspruch gegen die Hegemonie der „grünen" Themen und ihr kulturelles Milieu sowie die sozialpolitischen Themen aus den siebziger Jahren fand diese Position gerade auch in der Berliner linken Intelligenz Resonanz, so in den Architekturkritiken des *taz*-Redakteurs Martin Kieren. Mit der Postmoderne wurde die Neubau-IBA, mit dem Syndrom von Kiez und Knöterich die behutsame Stadtreperatur der Altbau-IBA in Kreuzberg obsolet. Es wird im folgenden zu zeigen sein, daß die gegenwärtige Planungsdiskussion im vereinigten Berlin ohne diese Vorgeschichte in Berlin-West nicht zu verstehen ist.

Berliner Architektur in der Kritik: Indizien

Provinzialismus ist in der aktuellen städtebaulichen Kontroverse wieder ein Schlüsselbegriff der Kritiker, zu denen so gewichtige Stimmen wie Rem Koolhaas (Niederlande), Kurt W. Forster (Schweiz), Philip Johnson

„Tradition repräsentativer Stadtvillen". Berlinische Architektur. Hans Kollhoff, Leipziger Platz Carré 1, Wettbewerb 2001

(USA) oder Daniel Libeskind (Mailand/Berlin) zählen. Es ist auffällig, daß die Kritik auf Pläne, auf Projekte, also auf Papier zielt und nicht auf die seit Jahren zu beobachtende Bautätigkeit in der Stadt.

Vier Jahre nach dem Mauerfall ist die bauliche Entwicklung der Hauptstadt im Wartestand durch eine augenfällige Zweiteilung der Stadt gekennzeichnet, die mit einigen Ausnahmen der alten Ost-West-Teilung entspricht: Im Westen hat mit einer Vielzahl von Baustellen in Baulücken der Innenstadt innerhalb des S-Bahnrings ein spekulativer Bauboom begonnen.[5] Im Osten hingegen, insbesondere in der alten Innenstadt, im Bezirk Mitte, sind große Bauprojekte, wie etwa an der Friedrichstraße und Unter den Linden, noch eher die Ausnahme. Gerade hier aber kündigt sich als Ergebnis einer aufwendigen Planungsinszenierung mit einer Vielzahl von Wettbewerben eine hochverdichtete innerstädtische Bebauung an. Zwischen den spektakulären Orten Potsdamer Platz und Alexanderplatz soll die alte Berliner Innenstadt in einer neuen Interpretation von Berlinischer Architektur wieder zum eigentlichen Zentrum der Hauptstadt gemacht werden. Zusätzlich werden dieses Gebiet und seine Ränder, insbesondere auf der Spreeinsel und im Spreebogen, von den bundesweiten Wettbewerben zu den Regierungs- und Repräsentationsfunktionen erfaßt. Als Leitbild wird dabei innerhalb der barocken Stadterweiterung das bereits seit der IBA vertraute Konzept der „kritischen Rekonstruktion" wieder aufgegriffen. Aber auch außerhalb dieses Gebietes, etwa bei der von Hans Kollhoff geplanten Hochhausbebauung am Alexanderplatz, wird der genuin Berlinische Charakter dieser Architektur herausgestellt. Interessanterweise stößt nicht so sehr der Wildwuchs spekulativer Architektur in den westlichen Innenstadtbereichen auf das Interesse der Architektur- und Städtebaudiskussion, sondern das entstehende Leitbild Berliner Architektur, in dem der Genius Loci, so die Kritiker, nur noch als rückwärtsgewandter, innovationsfeindlicher Traditionalismus beschworen werde. Die Kritik moniert vor allem die traditionalistische, provinzielle und ängstliche Fixierung des städtebaulichen Leitbildes auf ein überholtes Stadtmodell des 19. Jahrhunderts. Die Kritiker unterstellen, daß diese städtebaulichen Weichenstellungen den infrastrukturellen, baulichen und ästhetischen Anforderungen an eine Metropole des 21. Jahrhunderts nicht gerecht werden.

Dieses Verdikt wurde bereits 1991 von Rem Koolhaas, einem Mitglied der Jury des städtebaulichen Wettbewerbs zum Potsdamer Platz, gefällt, der sich mit seiner modernistischen Stadtvision dort nicht hatte durchsetzen können: „Berlin ist in genau dem Augenblick Hauptstadt geworden, in dem es politisch, ideologisch und künstlerisch am wenigsten in der Lage ist, diese Verantwortung zu übernehmen. Das Schicksal, das sich dadurch ankündigt, ist ein kleinbürgerliches, altmodisches, reaktionäres, unrealistisches, banales, provinzielles und vor allem dilettantisches Bild der Stadt."[6] Koolhaas hatte mit dieser „fiesen Attacke" (Manfred Sack)[7], in der vor allem der Senatsbaudirektor als Verantwortlicher der Fehlentscheidung genannt wurde, gegen die „Spielregel der Vertraulichkeit" verstoßen, so der Juryvorsitzende Thomas Sieverts[8], und ist seitdem – aber wohl nicht nur deshalb – im Berliner Baugeschehen nur noch am Rande präsent.[9] In der Sache wird Koolhaas Anfang 1994, nachdem eine Serie von großen Wettbewerben die Zukunft der Berliner Mitte programmiert hat, von dem einflußreichen, mit der Planungsszene in Berlin vertrauten Zürcher Architekturhistoriker Kurt W. Forster bestätigt.[10] Er vermutet in den „tantenhaften" Berliner Strategien und den „wenig beeindruckenden" Wettbewerbsergebnissen eine Überforderung der lokalen Berliner Wettbewerbskultur.

Tatsächlich laufen die städtebaulichen Vorgaben, die politisch an exponierter Stelle vom Senatsbaudirektor vertreten werden, auf einen eher restriktiven Kanon von Regeln hinaus. Block, einheitliche Traufkante, steinerne Fassade und die Bevorzugung einer rationalistischen Formensprache in der unterstellten Tradition Schinkels (Kleihues) sind Grundelemente der neuen Kodierung einer „Berlinischen Architektur". Die Befürworter dieser Leitlinien verweisen zu ihrer Verteidigung vor allem darauf, daß diese Vorgaben zum einen individuelle Architektursprachen nicht ausschlössen, sondern als verbindliches städtebauliches Leitbild lediglich die räumliche Einheit hinter der Vielfalt sicherstelle. Die Individualität und Identität des „Steinernen Berlin" könne damit über alle Veränderungen und Dimensionssprünge hinweg gewahrt bleiben. Zum anderen sei die staatliche Leitbilddefinition, die sich etwa in Wettbewerbsformulierungen oder gar in Gestaltungssatzungen (dies aber bisher nur am Pariser Platz) niederschlägt, das einzige Mittel, dem spekulativen Wildwuchs, der in anderen Metropolen, so jüngst in Brüssel, zu einer Auszehrung der urbanen Substanz der Citybereiche geführt habe, zu begegnen. Bei Anerkennung der legitimen Interessen der Investoren bleibe gleichwohl die Balance zwischen öffentlichen und privaten Belangen als Basis jeglicher Urbanität erhalten.

Planungskultur oder politische Kultur?

Regelsysteme, Leitbilder, Planungsvorgaben: in der Rhetorik gewinnen diese staatlichen Rahmenbedingungen den Status von Gemeinwohlgarantien. In der Selbstdarstellung des Senatsbaudirektors erhält dieses Argument eine politische Kontur: Das öffentliche Interesse der Stadt, vertreten durch den Senat und unterstützt durch die dem Gemeinwohl verpflichtete Architektenkammer, garantiert auf der Basis politisch legitimierter Rahmenbedingungen durch das objektivierende Verfahren der Wettbewerbe die Einbindung der partikularen Investoreninteressen in den kommunalen Konsens. In der saloppen Sprache des Senators für Stadtentwicklung und Umweltschutz, Volker Hassemer, heißt dies mit Gottfried Benn: „den Tiger reiten".

Hinter der Saloppheit der Sprache wird, wohl durchaus gewollt, der defensive Charakter dieser Argumentation erkennbar. Angesichts des massiven Investitionsdrucks, bei gleichzeitiger rapider Verarmung der Kommune, ist der Handlungsspielraum der politischen Führung und der Verwaltung begrenzt, die ohnehin starke Abhängigkeit der Städte von großen Investoren scheint im wiedervereinten Berlin potenziert. Der Dschungel der ungelösten Eigentumsproblematik und der erstmals seit Kriegsende in Berlin einsetzende metropolitane Spekulationsboom konfrontiert eine subventionsgewohnte Verwaltung mit fast unlösbaren Steuerungsproblemen. Diese einigungsbedingten Schwierigkeiten verschärfen die seit den achtziger Jahren anhaltende Tendenz zur Deregulierung, zum Rückzug der Planungsinstanzen.[11] Die grundsätzlich sinnvolle Abkehr von überspannten Planungskonzepten hat in der spezifischen Interpretation von „Public-Private-Partnership" allerdings zu einer politisch folgenreichen Einschränkung des Verständnisses von Öffentlichkeit geführt. Als daher der Berliner Senat noch während der Wende, vorbei an den Ausschüssen des Abgeordnetenhauses, den Konzernen Mercedes-Benz und Sony strategische Areale am Potsdamer Platz zum Vorzugspreis verschaffte, bestätigte dies den Verdacht, das Gemeinwohl werde mit wirtschaftlichen Interessen gleichgesetzt, diesen ausgeliefert. Der Definitionsmacht der Großinvestoren erwies eine schwache politische Führung mit Vorleistungen ihre Reverenz. Dieser Vorgang sollte in der Sicht der Kritiker seither paradigmatisch für die Berliner Planungen werden. Um so überraschender ist es da, wie – vergleichsweise erfolgreich, und ohne ernsthaft von der öffentlichen Meinung, der gern beschworenen „Zivilgesellschaft", in Frage gestellt zu werden – seither die Planungsmaschinerie funktioniert. Es fällt auf, daß sich am ehesten der populistische Unmut der „Traditionsberliner" artikuliert, der in der *Berliner Morgenpost* publizistische Rückendeckung findet. In diesem Kontext ist wohl auch der überraschende Erfolg der Schloßattrappe zu sehen. Aus der „radikalen Mitte" kommt auch der Widerstand der Kleingärtner („Laubenpieper") gegen die Bebauungspläne des Bausenators für ihre Kolonien. Darüber hinaus aber sind massive Proteste ausgeblieben. Diese Ruhe kann aber nicht als Ausdruck eines gesellschaftlichen Konsenses gedeutet werden, sondern läßt eher auf Apathie und Rückzugsverhalten schließen. Hierfür lassen sich verschiedene Gründe benennen:

- die allgemeinen Austrocknung und Erschöpfung des öffentlichen Meinungsbildungsprozesses im Gefolge des staatlich forcierten Einigungsprozesses;
- die gerade in Berlin nicht mehr überschaubare Projektfülle;
- die eher hilflose Berichterstattung in den Medien, der es nicht gelingt, Transparenz in das Planungsdickicht zu bringen;
- die durch die Zentralisierungstendenz der Hauptstadtplanung beschleunigte Entmachtung der Bezirke ;
- der Niedergang der Bürgerbeteiligung, die in den letzten 20 Jahren eher mühselig im Sog der neuen sozialen Bewegungen ein zugestandener Teil der sogenannten Planungskultur geworden war.

Dennoch: all diese Bedingungen erklären nicht hinreichend, warum die Stadtplanung des Senats angesichts des allgemeinen Mißtrauens gegenüber der „politischen Klasse" nicht bloß als „Kungelei" mit Investoren, sondern als rationaler Entscheidungsprozeß legitimiert ist. Meinen Anfangsüberlegungen folgend, vermute ich vor allem in den mit der Fachöffentlichkeit organisierten Planungsverfahren einen wesentlichen Aspekt der Legitimationsbeschaffung: Legitimation durch Verfahren.[12] Die Fachöffentlichkeit, die in Wettbewerben, Symposien und Hearings, Publikationen des Senats, Beratungsgremien wie dem „Stadtforum" von Hassemer und der „Werkstatt" von Stimmann beteiligt ist, sorgt für die wesentliche symbolische Vermittlung der Politik. Genauer: Gerade weil die Architektenschaft, trotz ständiger Konflikte über die Deutungskompetenz mit den Senatsverwaltungen, für die Politik unverzichtbar ist, hat sie einen erheblichen Anteil am Entscheidungsprozeß. Ihr – besser gesagt, einer überschaubaren Zahl von Meinungsführern, wie etwa Kleihues, Kollhoff oder Ungers – gelingt die Suggestion, als Profession nicht nur ihrem Partikularinteresse, sondern vor allem dem Gemeinwohl zu dienen. Die Besonderheit der staatlich lizenzierten Architektenschaft, die in Berlin erst seit Mitte der achtziger Jahre als Kammer mit Zwangsmitgliedschaft verfaßt ist, besteht in ihrer satzungsmäßigen Gemeinwohlverpflichtung. Vor allem die Wettbewerbe und ihre Aufbereitung in der Öffentlichkeitsarbeit leisten die eigentümliche Vermittlung interner, nicht-öffentlicher und nicht-transparenter Aushandlungsprozesse als Öffentlichkeit. Planungskultur substituiert politische Kultur, simulierte Öffentlichkeit verschafft die Legitimation von Öffentlichkeit.

Expertenkultur und politische Steuerung als Grundlage einer Gemeinwohlgarantie in der Stadtentwicklung beziehen ihre Plausibilität nicht nur aus der von Adolf Arndt benannten Schwierigkeit, Demokratie als Bauherrn zu bestimmen. Auch als Basis eines städtebaulichen Ordungsrahmens oder gar einer konkreten Stadtgestalt scheint die Demokratie nicht die gestaltende Kraft ihrer monarchischen Vorläufer zu haben. Eine politische Theorie des öffentlichen Raumes auf republikanischer Grundlage hat sich zwischen der radikalen wirtschaftsliberalen Variante privater Bodenverwertung (etwa in den USA) und einer etatistischen Ordnungsidee in der Tradition des Baron Haussmann nie entfalten können. Die einzige Möglichkeit einer empirischen und experimentellen Gemeinwohlbestimmung wäre ein diskursives öffentliches Verfahren. Daß dieser Gedanke einer realen Bürgerbeteiligung als latente Drohung auch in der inszenierten Öffentlichkeit der Berliner Hauptstadtplanungen ernst genommen wird, zeigt die Quasilizenzierung einiger Bürgerinitiativen, die vom Senator für Bau- und Wohnungswesen als offensichtlich unverzichtbarer Bestandteil simulierter Öffentlichkeit finanziell unterstützt werden.

Planungskultur der Hauptstadt: Das Erbe der westlichen Halbstadt

Rückt man diese spezifische Inszenierung von Planungskultur in den Mittelpunkt der Interpretation, relativiert sich die gängige Sicht, der Zeit- und Investitionsdruck nach der Einigung reiche als Erklärung und Begründung für die Strategie der Senatsverwaltungen aus. Vielmehr scheint sie mir eine Kompromißlösung für eine in den achtziger Jahren herangereifte Konfliktkonstellation zwischen Senat und Architektenschaft einerseits und innerhalb der Fachöffentlichkeit andererseits darzustellen. Die Konstruktion einer „Berlinischen Architektur" wäre in dieser Deutung eine professionelle und politische Strategie, den Einfluß bestimmter Strömungen und Netzwerke in der Architektenschaft angesichts veränderter Rahmenbedingungen gegenüber Senat und Investoren zu sichern.

Bereits ein Blick auf die Akteure bestätigt die Plausibilität dieser Vermutung: Als Jurymitglieder oder, wichtiger, als -vorsitzende, als Mitglieder im „Stadtforum" und deren Lenkungsgruppe, als „graue Eminenzen", Gutachter oder Preisträger von Wettbewerben erscheint eine verblüffend kleine Zahl von Architekten, die bereits in den achtziger Jahren, teilweise sogar schon in den siebziger Jahren das Berliner Baugeschehen maßgeblich beeinflußt haben. Verallgemeinernd können bei den Akteuren zwei Generationen unterschieden werden. Zum einen die Endfünfziger bis Endsechziger, z.B. Josef Paul Kleihues, Oswald Mathias Ungers, Jürgen Sawade, Edward Jahn oder, eher marginal, Thomas Sieverts aus Bonn.[13] Zum anderen die ca. Enddreißiger bis Fünfziger, z.B. Hans Kollhoff, Christoph Langhof, Walter Noebel, Hilde Leon und Konrad Wohlhage, Klaus Theo Brenner, Benedict Tonon, Jasper Halfmann, Klaus Zillich. Als Theoretiker gehört Fritz Neumeyer zu dieser Generation, ebenso der für die Beeinflussung der öffentlichen Meinung unschätzbare Vittorio M. Lampugnani, früher konzeptioneller Mitarbeiter von Kleihues bei der IBA und jetzt Direktor des Frankfurter Architekturmuseums.[14] Die Unterscheidung dieser beiden Generationen deckt sich teilweise mit der von Lehrern und Schülern, sowohl in einem ideellen als auch in einem realen Sinn: Vor allem der rationalistische Architekt Oswald Mathias Ungers, Köln, hatte seit seiner Professur an der TU in den sechziger Jahren großen Einfluß in der Berliner Architekturszene. Zu seinen Schülern und Mitarbeitern zählen etwa Hans Kollhoff, Rem Koolhaas, Max Dudler, Walter Noebel oder Bernd Faskel, aber auch bereits der ältere Jürgen Sawade, der zusammen mit dem späteren Bauhistoriker Johann Friedrich Geist Assistent an seinem TU-Lehrstuhl war.

Werner Durth hat in seiner richtungsweisenden Studie *Deutsche Architekten*[15] die erstaunliche Anpassungsfähigkeit einer Architektenkohorte, Mitarbeitern von Albert Speer, von den zwanziger bis zu den sechziger Jahren verfolgt, die sich auf der Grundlage eines ungebrochenen technokratischen Selbstverständnisses opportunistisch verschiedensten Architektursprachen öffnen konnten, so etwa Hans Dustmann (Café Kranzler) oder Hentrich und Petschnigg (Europa-Center).

In unserem Fall scheint es demgegenüber eine Überlagerung mehrerer Generationen zu geben, die in einem, wie zu zeigen sein wird, kontroversen Aushandlungsprozeß, einen architekturpolitischen Konsens erzielt haben, der gegenüber Verwaltung und Investoren als kulturelles Kapital optimal verwertet wird. Das Beschwören des Berlinischen in der Architektur von Architekten, die „als Berliner fühlen und nicht Amerika bauen wollen" (Stimmann) ist weniger die Einfühlung in den von Gilly und Schinkel geprägten Genius Loci. Vergleichbar Moeller van den Brucks Kreation eines preußischen Stils stellt sie eine kulturelle und politische Intervention dar. Unter Verwendung historischer Elemente und deren Neubestimmung findet eine „Erfindung von Tradition" (Eric Hobsbawm) statt, die auf einen in den späten sechziger Jahren einsetzenden Definitionsvorgang zurückgeht und deren letzter Höhepunkt vor etwa zehn Jahren die IBA war. Berlinisch meint wesentlich einen normativen Kampfbegriff. Er schließt wichtige baugeschichtliche Strömungen in Berlin aus: so den Barock (der barocke Stadtgrundriß ist hingegen eine Grundlage „kritischer Rekonstruktion", wird aber als aufklärerischer Rationalismus gedeutet), die Romantik und den Historismus (zwischen beiden steht etwa der gotisierende Schinkel), die Gründerzeit und den Neobarock des Kaiserreichs, den Expressionismus (bis hin zu Scharoun), aber auch – abgesehen von der Phase der „nationalen Tradition" – das problematische Erbe der DDR. Mit der begrifflichen Besetzung historischer Bezüge wird somit zugleich ein Deutungsmonopol in der aktuellen Auseinandersetzung beansprucht, mit dem die Legitimation konkurrierender Strömungen in Zweifel gezogen werden kann.

Das Ausgrenzen wichtiger Gegenwartsströmungen wiegt somit für die Kritiker auch schwerer. Nicht das weitestgehende Fehlen der postmodernen Protagonisten der IBA wird beklagt, ihre Zeit scheint vorbei. Einzig Charles Moore konnte mit einer Siedlung, einer „neuen" Vorstadt, in Berlin-Karow ein größeres Projekt für eine privaten Entwicklungsgesellschaft konzipieren (Californian Dream). Auffällig indes, und hiergegen richtet sich vor allem die Kritik, ist die geringe Präsenz der städtebaulichen Richtung, die unter den Stichworten „Dirty Realism" und Dekonstruktion eine konsequente Absage an die traditionelle Stadt vertritt und an modernistische Konzepte der Moderne der zwanziger, fünfziger und sechziger Jahre anknüpft, ohne aber das „Chaos Stadt", wie noch die klassische Moderne, einer rationalen Ordnung unterwerfen zu wollen. Städtebau im herkömmlichen Sinne erscheint dieser Position, die etwa in den Niederlanden und Frankreich einflußreich ist, nicht mehr möglich. An seine Stelle tritt eine komplexe, langfristige Organisation vernetzter Nutzungen und Abläufe in wirtschaftlichen Großräumen, der Auflösung der alten Stadt wird ohne Nostalgie Rechnung getragen. Daß ausgerechnet der führende Theoretiker dieser Position, Rem Koolhaas, mit seinen Vorstellungen in Berlin gescheitert ist, daß zudem Mitglieder der jüngeren Berliner Architektengeneration, die seiner Haltung nahe standen, vor allem Hans Kollhoff und der Theoretiker Fritz Neumeyer[16], auf den neuen „Berlinischen" Konsens eingeschwenkt sind, macht die nicht nur architekturpolitische Brisanz der Berliner Weichenstellungen deutlich. Berlins Entwicklung scheint von der zukunftsoffenen westlichen Metropolendiskussion wegzudriften: es wird, liest man zwischen den Zeilen der Kritik, nicht nur provinzieller, sondern „preußischer", konservativer, autoritärer. Da in der jüngeren Westberliner Architekturszene spätestens seit Mitte der achtziger Jahre die Polemik gegen die Idee der alten, „Europäischen Stadt" mit einer normativen Aufwertung eines „chaotischen" Ideals von Metropole (New York, Tokio) einherging, scheint der neue Konsens eine Niederlage der „Jungen" zu signalisieren. Insbesondere Kollhoffs „Konversion zur Konvention", seine „Rückkehr zur Halbzeit der Moderne"[17] erscheint unverständlich, da er zumindest bis zum städtebaulichen Ideenwettbewerb zum Potsdamer Platz 1991 als unbestrittener Wortführer der innovationsfreudigen „Jungen" galt.[18] Mittlerweile ist der Dissens innerhalb dieser Generation offenkundig.[19] Aus einer soziologischen Sicht auf die städtebauliche und architektonische Diskussion seit den achtziger Jahren, die diese immer auch als Diskurs über Einfluß und Macht versteht, erscheint die umstrittene Wende der neunziger Jahre indes nicht ganz so überraschend.

Generationen sind vor allem Erfahrungsgemeinschaften. Die ältere Generation der Berliner Architekturszene war von den Themen der sechziger Jahre geprägt: Negation der alten Stadt, daher radikale Kahlschlagsanierung, Bau von Großsiedlungen unter dem Stichwort „Urbanität durch Dichte" und eine monumentalisierende „harte", spätfunktionalistische oder brutalistische Architektursprache, eine am Individualverkehr orientierte, flächenverbrauchende Verkehrsplanung (Stadtautobahnen).[20] In Berlin gehörte Kleihues zu den ersten Kritikern dieser Zerstörung der alten Stadt. Die Rehabilitierung des traditionellen Berliner Blocks, die Orientierung am historischen Stadtgrundriß, aber auch die kulturelle Aufwertung des gründerzeitlichen Berlins, die Voraussetzung für die behutsame Stadterneuerung, wurden von ihm wesentlich befördert, obwohl der rücksichtslose Raubbau an der Stadt in den siebziger Jahren noch weiter betrieben wurde.[21] Seine rationalistische Architektur („Poetischer Rationalismus") wies eine Wahlverwandtschaft mit der an Vitruv, Palladio und Schinkel geläuterten Position des einstigen Funktionalisten

Ungers auf. Dessen Assistent an der TU, Sawade, blieb indes der älteren Richtung von Düttmann, Heinrichs und Müller treu. Sein ökonomisch reduzierter Rationalismus – sowohl in der Architektursprache, in der Bautechnik (Platte, Schotten) als auch in seiner Büroorganisation – ließ ihn zu einem investorennahen Architekten werden (Klingbeil, IBM, Otremba). Mit seinen von ihm als genuin „berlinisch" und „urban" (z.b. französische oder Chicagoer Fenster) verstandenen Großformen blieb er eine – allerdings, etwa als Mies-van-der-Rohe-Preisträger (1982), und wohl auch wegen seines ausgeprägten Machtbewußtseins, respektierte – Lokalgröße.[22] Daß er heute, mittlerweile auch Professor an der Universität Dortmund, wo Kleihues bereits seit den siebziger Jahren lehrt, ins Zentrum der Berliner Baupolitik rückt, u.a. als Juryvorsitzender im spektakulären Wettbewerb zum Alexanderplatz (1. Preis: Hans Kollhoff), signalisiert eine Verschiebung der Gewichte im Gefüge der Architekturpolitik.

Ende der siebziger Jahre konnte mit der von Senatsbaudirektor Müller seit Jahren betriebenen IBA endlich nach langer Inkubationszeit der städtebauliche Paradigmawechsel auch institutionell umgesetzt werden: in einer von der Bauverwaltung unabhängigen GmbH mit eigenverantwortlichen Geschäftsführern, beschränkt auf einige begrenzte Gebiete der Stadt. Den zwei Grundthemen des neuen Paradigmas wurden je ein Geschäftsbereich zugeordnet: Die Altbau-IBA unter Hardt-Walter Hämer wurde für die behutsame Stadterneuerung in Kreuzberg, SO 36, zuständig, die Neubau-IBA unter Kleihues für die „kritische Rekonstruktion" weitgehend zerstörter Bereiche auf altem Stadtgrundriß mit verschiedenen, aber historisch nicht beliebigen Architektursprachen.[23]

Hatten seit Mitte der fünfziger Jahre bis 1970 ein starker Bausenator und von 1960 bis 1981 zwei einflußreiche Senatsbaudirektoren, Düttman und Müller, beraten von einem Planungsbeirat, an der Spitze einer autoritären und technokratischen Bauverwaltung eine subventionsabhängige Baukultur gesteuert, so war mit der IBA ein stabsähnliches Instrumentarium in relativer Eigenregie als Einfluß- und potentielles Machtzentrum neben der Verwaltung geschaffen worden. Als informelles Netzwerk stellt es auch heute noch einen Machtfaktor dar. Das gilt zunächst besonders für die Neubau-IBA. In der Person und Programmatik von Kleihues steht sie für ein Modell professioneller Selbststeuerung, das unabhängig von politischer Steuerung und Bürgerbeteiligung einer üppig dotierten Elite von Künstlerarchitekten die Definition des gebauten Gemeinwohls überläßt. Durch die Auswahl der damaligen IBA-Teilnehmer, von der Postmoderne über den italienischen Rationalismus bis hin zum Dekonstruktivismus hat sich Kleihues ein bis heute nicht gerissenes internationales Netz von Beziehungen geschaffen, das man in der Sprache Bourdieus als akkumuliertes symbolisches Kapital charakterisieren kann. Trotz einer ähnlich autokratischen Verfassung hat die Altbau-IBA, jetzt als privatwirtschaftliche Sanierungsbetreuung (S.T.E.R.N.) vor allem im Berliner Verwaltungsbezirk Prenzlauer Berg, aber immer auch noch in Kreuzberg tätig, ein anderes Erbe von Planungskultur hinterlassen. „Kritische Rekonstruktion" bei Kleihues hieß Baukunst ohne Rücksicht auf vorhandene Sozialmilieus.[24] Das Genieprinzip des Künstlerarchitekten war mit einem diskursiven Verständnis von Stadtplanung, das auch die Nutzer einbezieht, nicht vereinbar.[25] Demgegenüber setzte behutsame Stadterneuerung bei Hämer Zusammenarbeit mit den Bewohnern vor Ort voraus. Stadterneuerung hatte hier die Bewahrung und Stärkung vorhandener Sozialstrukturen zum Ziel. Wenn sich in der gegenwärtigen Planungskultur die Kontinuität der Kleihues-Linie und zugleich der defensive Rückzug der Hämerschen Position beobachten läßt, so ist dies durch die Hauptstadtplanung gewiß forciert worden. Spätestens seit Mitte der achtziger Jahre jedoch hatte sich die Westberliner Planungskultur in diese Richtung entwickelt.

Bereits zu dieser Zeit verblaßte der Mythos des Berliner Modells von Bewohnerbeteiligung.[26] Die konsensstiftende Kraft etwa der Erneuerungskommissionen der Altbau-IBA in Kreuzberg hatte von der Existenz einer lebendigen Stadtteilkultur gelebt und nicht von der planungsrechtlich abgesicherten Mitsprache der Betroffenen in der IBA. Das Spannungsverhältnis zwischen planerischer Professionalität und Nutzerbeteiligung, das Kleihues elitär aufgelöst hatte, wurde auch für die aufgeklärt paternalistische Basisorientierung Hämers problematisch. Dessen Verständnis von Planungskultur zehrte parasitär von der politischen Kultur des Bezirks. Mitte der achtziger Jahre hatte sich diese „Kiezkultur" Kreuzbergs jedoch zu einer defensiven Enklave „alternativer" Szenen zurückgebildet, von der weiterführende Impulse nicht mehr ausgingen. Auch die Altbau-IBA, die vom CDU/FDP-Senat keine Unterstützung erhielt, konnte keine neuen Leitideen mehr für die Stadtentwicklung lancieren, die der neuen Metropoleneuphorie in der politischen Festivalkultur Berlins noch hätten antworten können. Während die Neubau-IBA als „großes Ereignis" noch medienwirksam verkauft werden konnte, geriet dem neuen Zeitgeist das Syndrom von Behutsamkeit, Betroffenenbeteiligung, Basispolitik und Kiezkultur zum Synonym von Provinzialismus.

Metropole oder Provinz: Vordergründig wurde dieser Gegensatz zum Leitmotiv der Westberliner Selbstbespiegelung in den achtziger Jahren. Bereits 1984 war das Metropolenthema auf der städtische Bühne inszeniert worden. Die jungen Architekten Hilde Leon und Konrad Wohlhage, heute anerkannte Vertreter des „modernistischen" Flügels der „Jungen", hatten in einer vielbeachteten Ausstellung über „Die Zukunft der Metropolen" in der TU Berlin den Vergleichsmaßstab vorgegeben, an dem seither der Berliner Provinzialismus beklagt werden sollte: Paris, London, New York. Der jüngeren Architektengeneration bot der international verbreite Metropolendiskurs, der vermutlich auch eine Reaktion auf die zunehmende weltweite Konkurrenz von Wirtschaftsräumen war, das kulturelle Umfeld für die Verbreitung einer neuen Stadtidee. „Großstadtarchitektur" wurde gegen die parzellierte Kleinteiligkeit der kritischen Rekonstruktion gesetzt. Das Hochhaus wurde zum favorisierten Gegenbild des Berliner Blocks. Hans Kollhoff und Christoph Langhof, der etwa neben dem Steglitzer Kreisel ein fast doppelt so hohes („eleganteres") Turmhaus von 224 Metern Höhe errichten wollte[27], wurden zu Meinungsführern dieser Bewegung.

Deren „Gegner", die Protagonisten der Neubau-IBA, hatten jedoch, was damals im Getümmel unterging, die Herausforderung bereits angenommen und waren ihr geschickt entgegengekommen. Einerseits hatten sie die jüngere Generation mit Projekten beteiligt, so Kollhoff, Langhof, Brenner/Tonon, später auch die radikaleren Dekonstruktivisten wie Zaha Hadid oder OMA. Noch 1987 konnte Daniel Libeskind mit einem „Wolkenbügel"-Projekt einen der letzten IBA-Wettbewerbe gewinnen. Aber auch in der Sache hatten Kleihues und Ungers ihre Idee der „Europäischen Stadt" mit dem Hochhaus versöhnt. In einem Ideenwettbewerb zum Kulturforum schlug Ungers 1983 einen Wolkenkratzer am damals noch nicht zugänglichen Potsdamer Platz auf dem Gelände des früheren Potsdamer Bahnhofs vor. 1985 wurde ein Wettbewerb zum Kant-Dreieck in Berlin-Charlottenburg 1985 von Haus-Rucker-Co (Düsseldorf) und Kleihues mit Hochhausentwürfen gewonnen. Der mit der Ausführung betraute Kleihues mußte zwar später wegen politischer Widerstände eine reduzierte Variante bauen, die erst 1994 fertiggestellt wurde. Die magische Grenze der Berliner Traufhöhe war jedoch überschritten.

In einer Reihe von Wettbewerben, etwa zum Victoria-Areal (Kranzler-Eck), zu einem Hotelneubau neben dem Theater des Westens oder für eine Wohnbebauung entlang der Bahnlinie am Moabiter Werder konnten sich Hochhausentwürfe durchsetzen. Dennoch blieben die Großstadtvisionen der jüngeren Generation angesichts der Schwerfälligkeit der Berliner Planungsprozesse, vor allem aber wegen des Fehlens realer Investitionsinteressen (die Berliner Bürohäuser waren nur teilweise vermietet), Papier. In einer Vielzahl von Ausstellungen wurden radikale Visionen lanciert – ohne Aussicht auf Realisierung. In dieser Situation artikulierte sich ein zusehends ungeduldigeres architekturpolitisches Selbstverständnis nicht nur der jüngeren Architektenschaft. Gegen die Bauverwaltung und die Politik wurde – mit Unterstützung der Publizistik – ein unabhängiger Senatsbaudirektor gefordert, der nach dem Vorbild von Kleihues die Definitionsmacht der Profession garantieren sollte. Die Bürgerbeteiligung, gesehen als Bauverhinderung, sollte als Partikularinteresse in ihre Schranken verwiesen werden, der Anspruch auf die Artikulation des Allgemeinen der Fachöffentlichkeit reserviert bleiben.[28] Das politische Profil dieses Verständnisses von Planungskultur war somit ganz der Tradition von Kleihues verpflichtet, ein Generationsunterschied ist in der Sache kaum auszumachen.

Das Leitbild der Großstadtarchitektur der „Jungen" differierte jedoch in zwei Punkten: Zum einen wurde die städtebauliche Idee der alten europäischen Stadt, wie sie Ungers oder Kleihues aufrechterhielten, negiert. Zum anderen wurde Großstadtarchitektur viel stärker als monumentale Steigerung von Ausdruck und Volumen der Gebäude begriffen, eine Affinität zur alten Konzeption der sechziger Jahre wurde sichtbar: Die Großform, als kraftvoller Ausdruck kollektiver Identität oder gar eines „Gemeinschaftsgedankens" (Benedict Tonon) wurde rehabilitiert, „Urbanität durch Dichte" wieder ein Ideal. Kollhoff, der unbestrittene Wortführer dieser Tendenz, sah denn auch auf einer Stadtführung im Jahre 1988 in der Architektur des lange umstrittenen Jürgen Sawade, der die „robuste" Linie der sechziger Jahre nie aufgegeben hatte, eine ihm verwandte, urbane Form. In diese Zeit fällt denn auch der Aufstieg Sawades in der Hierarchie der Berliner Architektenszene.

Anders als der ältere Sawade setzte Kollhoff aber pointiert Architektur gegen Städtebau. Das Ausspielen der monumentalen Großform gegen die städtebauliche Ordnung der alten Stadt lag in der Stoßrichtung des „Dirty Realism", dem Kollhoff damals noch zugerechnet wurde.[29] Mittlerweile eine Schlüsselfigur in der Hauptstadtplanung, hat er diese Frontstellung seit dem Wettbewerb zum Potsdamer Platz aufgegeben und – so in seinem siegreichen Wettbewerbsbeitrag zum Alexanderplatz 1993 – die Großform, z.B. das Hochhaus, in die ebenfalls monumentalisierte Blockform integriert. Dies, und die aus der konservativen Strömung einer traditionellen Moderne der zwanziger und dreißiger Jahre entlehnte „tektonische" Formensprache, die den autoritären Gestus seines Ansatzes steigert, haben den oben zitierten Widerspruch seiner früheren Mitstreiter provoziert. Kollhoff hat seinen Machtgewinn in der Berliner Baupolitik mit seiner Isolierung in der modernen Strömung der westeuropäischen Architektur erkauft. Vom Wortführer der „Jungen" wird er zusehends zu ihrem Feindbild.

Interregnum: Architekturpolitik 1989–1991

Die für die meisten Beobachter überraschende „konservative" Wende der städtebaulichen Haltung von Kollhoff bezeichnet die siegreiche Kompromißposition, die sich am Ende der Phase der „neuen Unübersichtlichkeit" in der Berliner Baupolitik zwischen dem Mauerfall und dem Ausgang des städtebaulichen Wettbewerbs zum Potsdamer Platz 1991 als politikfähig erwiesen hatte. In dieser Phase des Übergangs vom rot-grünen Senat zur großen Koalition und von der Doppelherrschaft von Senat und Magistrat hin zur vereinigten Senatsverwaltung, wurde in der öffentlichen Arena und hinter den Kulissen um die städtebauliche Deutungskompetenz gerungen.

Die Bilderproduktion der konkurrierenden Architekturströmungen, gewissermaßen die Angebotsseite der Architekturpolitik, hatte spätestens Anfang 1991 alle Prototypen geliefert. In der medialen Präsentation war das Zeitgeistmagazin *Tempo* am schnellsten gewesen. Im Heft 4, 1990 kamen mit Morphosis, Coop Himmelblau, Libeskind und Alsop, aber auch Speer jun. vor allem modernistische Tendenzen zum Zuge; der einzige historisierende Entwurf, von dem Ostberliner Büro Dreieck, war ironisch gemeint. Ausschlaggebend sollte aber die Ausstellung „Berlin Morgen" werden, die Anfang 1991 im Frankfurter Architekturmuseum (in Zusammenarbeit mit der *FAZ*) die Visionen und Ideen einer illustren Runde internationaler Architekten inszenierte.[30] Die publizistische Resonanz fiel überwiegend negativ aus, gleichwohl erschienen hier aber bereits drei Entwürfe, die sich aus heutiger Sicht in der Synthese der Berlinischen Architektur als erfolgreich erwiesen haben. Kleihues präsentierte die mittlerweile von Kollhoff am Alexanderplatz umgesetzte Kombination von Block und Hochhausturm; selbst die später kanonisierte Staffelung der über die traditionelle Traufhöhe geführten Dachgeschosse ist hier vorgebildet. Diese Dachausbildung findet sich rudimentär auch in dem Entwurf von Kollhoff, der damals am meisten Aufsehen erregte.

Er beläßt die Mitte Berlins in der alten Traufhöhe, selbst die Hochhäuser an der Leipziger Straße werden entsprechend „rückgebaut". Einzig am Potsdamer Platz und am Alex werden malerisch gruppierte, also gänzlich unamerikanische Wolkenkratzer zu einer „amerikanischen" Skyline aufgetürmt.

Die unterschwellige Affinität zwischen Kollhoff und Kleihues, die ja noch als Kontrahenten galten, wurde nicht gesehen. Einzig die Begeisterung des Kaiserreichnostalgikers Wolf Jobst Siedler für Kollhoffs „nur scheinbar modernistisches Konzept"[31] scheint sich aus einer Ahnung dieses Zusammenhangs gespeist zu haben. Ein drittes Bild, Giorgio Grassis schroffe Wand eines Hauses der Ministerien an den Ministergärten, hat 1993 in abgewandelter Form den ABB-Wettbewerb am Potsdamer Platz gewonnen. Der IBA-erfahrene rationalistische Purist scheint bereits damals erfaßt zu haben, was in der Ausschreibung von 1993 als Teilnahmebedingung am Spiel „Berlinische Architektur" gefordert werden sollte: „Nach der Vorstellung der Senatsverwaltung für Bau- und Wohnungswesen sollte sich die Architektur im Geist preußischer Aufklärung verhalten, den Berlin prägenden preußischen Klassizismus widerspiegeln, das heißt, sparsam, genau und rational gegliedert sein."[32]

Kleihues und Kollhoff als Geburtshelfer des architektonischen Berliner Zeitgeistes von 1993: ein noch 1991 unvorstellbarer Gedanke. Der Ansturm der Jungen unter ihrem Wortführer Kollhoff gegen die städtebauliche Strategie eines Masterplans, die Kleihues verfocht, beherrschte die Arena der Medienöffentlichkeit. In der überschaubaren Arena der Galerie Aedes wurde der rhetorische Showdown zwischen den beiden Protagonisten am 15. März 1991 in einer Veranstaltung von ARCH+ zum Thema „Berlin – Masterplan oder offene Planung?" ausgetragen. Zwar erwies sich der Altmeister, intellektuell und vor allem rhetorisch als überlegen, die Sympathien der versammelten Architekten galten jedoch, wie der Applaus zeigte, der Position Kollhoffs.

Übersehen wurde, daß der Impetus der Modernisten die begriffspolitischen Vorgaben von Kleihues und seiner Hofphilosophen aus der IBA-Ära, Baldus und Lampugnani, nicht unterlief, sondern übernahm: die idealistische „Europäische Stadt", verteidigt vom „Bildungsbürger" Kleihues stand gegen die hemdsärmelige, „empirische", philosophisch nicht verfeinerte amerikanische Stadt. Kollhoff, der zu dieser Zeit noch mit dem Paradigma des Rockefeller Center arbeitete, tappte zunächst in diese theoriepolitische Falle: Jenseits der engeren Fachöffentlichkeit nämlich, im Feuilleton, beim „lesenden Bürger" und eben auch in der Politik war die „Europäische Stadt" als Leitbild, trotz der Faszination der Manhattansimulation Frankfurts, so gut wie unbestritten. Die Fähigkeit des IBA-Strategen, den öffentlichen Diskurs mit Leitgedanken, -bildern und -begriffen zu prägen, erwies sich wieder einmal als erfolgreich.

Dennoch konnte Kleihues in der offenen Situation der Nachwendezeit seinen Einfluß noch nicht politisch ummünzen. Vielmehr gelang es einer dritten Gruppe, die Kleihuesrhetorik von „Europäischer Stadt" und „Kritischer Rekonstruktion" in einem anderen Sinne zu adaptieren und erfolgreich in die Öffentlichkeit zu lancieren. Diese Position, die vor dem Mauerfall im Westen bereits als Verlierer abgeschlagen schien, wurde in der „Charta für die Mitte von Berlin" vom Juli 1990 von der „Gruppe 9. Dezember" programmatisch formuliert: Wiederherstellung der historischen Stadtstruktur nicht als Bild, sondern als Orientierung an den überlieferten Ordnungselementen wie Fluchtlinien, Traufkanten, vor allem aber der Parzelle als grundlegendem Strukturelement, Rückbau der städtebaulichen Interventionen der sechziger und siebziger Jahre.[33] Diese Ausdeutung der „kritischen Rekonstruktion" sollte vor allem, anders als bei Kleihues, Funktionsmischung und soziale Vielfalt, „qualifizierte Verdichtung" mit kleinteiligen Aneignungsmöglichten, Bürgerpartizipation und Stadtökologie ermöglichen. Dieses Manifest einer kleinen Gruppe von Stadttheoretikern aus West- und Ostberlin trug natürlich unverkennbar die Handschrift von Dieter Hoffmann-Axthelm, dem langjährigen Kreuzberger Kritiker der Neubau-IBA. Als sensibler Historiker und Theoretiker der Berliner Stadt- und Baugeschichte respektiert, wenn auch praktisch einflußlos, stand er der Position der Stadtplaner und der „behutsamen" Stadterneuerer näher als den neueren Architekturpositionen, die ihn, wie etwa Kollhoff, als „Parzellenphilosophen" für unzeitgemäß hielten.

Das eigentümlich diffuse architekturpolitische Kräfteverhältnis der Übergangszeit ermöglichte Hoffmann-Axthelm, in einer Bürogemeinschaft mit Bernhard Strecker nach dem Ende der kurzlebigen „Gruppe 9. Dezember" einen unerwarteten Einfluß auf die Leitbildentwicklung der Senatsverwaltung für Bau- und Wohnungswesen zu gewinnen. Sein Wechsel von der Rolle des Kritikers zum Teilnehmer am Machtspiel endete in einem Pyrrhussieg und mittlerweile mit dem Verlust des „Ohrs des Herrschers" (Carl Schmitt). Mit einem frontalen Angriff auf das „Machtkartell" um Kleihues und Lampugnani in der *Zeit* scheint er nun zur persona non grata geworden zu sein.[34]

1991 hingegen konnte sein Verständnis der „Kritischen Rekonstruktion" an Boden gewinnen. In der öffentlichen Debatte um das städtebauliche und architektonische Leitbild veränderte sich der Frontverlauf zwischen „europäischer" und „amerikanischer" Stadtidee anders, als es der Generalstab um Kleihues und Ungers geplant hatte. Die Hochhausfrage wurde zum Angelpunkt. Entgegen den Intentionen von Kleihues und Ungers, eher im Einklang mit Hoffmann-Axthelms Position, setzte sich ein Verständnis der „Europäischen Stadt" durch, in dem Hochhäuser als stadtzerstörerische Großformen ausgeschlossen wurden. Ein Exponent dieser Richtung ist etwa der auch bei politischen Entscheidungsträgern einflußreiche Architekturkritiker der *Zeit*, Manfred Sack. Vermutlich hat gerade die Vielzahl von Hochhausentwürfen, etwa auch in der vom Senat unterstützten Ausstellung „Berlin Heute" im Mai 1991 in der Berlinischen Galerie, zu einer Fixierung auf diesen Aspekt beigetragen und die Abwehr verstärkt.

Entscheidend für die Forcierung dieser Position, die Kollhoff polemisch als Bündnis von Bürokratien und Biotopen denunzierte, waren indes Weichenstellungen in der Politik. Das Fehlen einer erkennbaren Senatslinie auf der „Nachfrageseite" war der wesentliche Grund für das Leerlaufen der medialen Leitbildkonkurrenz auf der „Angebotsseite" der Architekten gewesen. Seit Beginn der nicht vorhergesehen rot-grünen Koalition Anfang 1989 hatte sich das Verhältnis zwischen Senat und Architektenschaft rapide verschlechtert. Der neue Bausenator Nagel hatte mit der später zurückgenommenen Annullierung des Wettbewerbes zum Deutschen Historischen Museum (Entwurf: Aldo Rossi) und der Ablehnung des ersten Preisträgers im Wettbewerb um die Erweiterung der Amerika-Gedenkbibliothek (Steven Holl) einen Proteststurm der Architektenkammer, der Verbände und der Akademie der Künste ausgelöst. Am grundsätzlichen Vorrang des politischen Willens gegenüber der Fachentscheidung hat der machtbewußte Nagel seither, auch als Bausenator der großen Koalition, keinen Zweifel gelassen. Auch sein CDU-Kollege Hassemer hat seit dem beschränkten Wettbewerb zum Potsdamer Platz, der gegen den Widerstand der Architektenkammer und der Verbände durchgezogen wurde, eine vergleichbare Stellung bezogen und noch unlängst im Verfahren zum Alexanderplatz bekräftigt.

Um so drängender wurde nach der Wende die alte Forderung nach einem unabhängigen Senatsbaudirektor mit weitreichenden Vollmachten, der die Definitionsmacht der Profession gegenüber politischer Willkür endlich zur Geltung bringen sollte.

Namhafte Publizisten, Manfred Sack in der *Zeit*, Christoph Hackelsberger in der *Welt* und Wolf Jobst Siedler im *Tagesspiegel,* unterstützten diese

Forderung. Gerüchte, nach denen Kollhoff Aussichten auf dieses von Nagel mittlerweile avisierte Amt habe, machten 1990 die Runde. Entsprechend groß war die Enttäuschung, als im Februar 1991 für März die Ernennung des Lübecker Bausenators Hans Stimmann (SPD) angekündigt wurde, der bis 1985 als Stadtplaner an der TU in Berlin gearbeitet hatte und als Anhänger der mittlerweile für obsolet gehaltenen behutsamen Stadterneuerung galt. Bereits im August wird deutlich, daß Stimmann sich alle wesentlichen Ansprüche Hoffmann-Axthelms zu eigen gemacht hat, bis hin zur Favorisierung der Parzelle als Planungseinheit.[35] Noch auf den Bauwochen im Juni 1993 bekennt sich Stimmann zu dieser Programmatik, obwohl der Bezug auf die Parzelle nicht mehr praktikabel sei, da er „quer zur ökonomischen Entwicklung" liege. Auf derselben Veranstaltung kritisiert ein enttäuschter Hoffmann-Axthelm die soziale Entleerung seines Konzepts, daß monolithische Blöcke anstele von Funktionsmischung entstehen.

1991 und 92 erarbeitet das Büro Strecker/Hoffmann-Axthelm im Auftrag Stimmanns Leitlinien für den Pariser Platz, den Spittelmarkt und die Leipziger Straße, sowie den städtebaulichen Strukturplan für die gesamte barocke Stadterweiterung. In dem Maße, in dem Hoffmann-Axthelm sich auf die problematische Politik Stimmanns einließ, die den mangelnden gesellschaftlichen Konsens nicht diskursiv einholt, sondern durch administrative Anordnung ersetzt, entfernte er sich von den sozialen Intentionen seiner Version „kritischer Rekonstruktion". Obwohl sein stadtstruktureller Ansatz keine Einengung der architektonischen Kreativität wollte, trug er zur Vorbereitung der rigiden Gestaltungsvorschriften bei, wie sie jetzt etwa am Pariser Platz gelten. In dem Maße aber, in dem der Publizist Hoffmann-Axthelm von außen weiterhin seine alten Ansprüche kritisch geltend machte, wurde er für das sich herausbildende Netzwerk der „Berlinischen Architektur" störend. Die Etablierung dieser Planungsstrukturen, die 1992 sichtbar wurden, sich aber 1991 bereits vorbereiteten, beenden die Phase des Übergangs.

Von Mailand nach Berlin. Der strategische Nutzen des Genius Loci

Mit dem Entwurf von Hilmer und Sattler hatte sich im Herbst 1991 im städtebaulichen Wettbewerb zum Potsdamer Platz eine solide, biedere und uninspirierte Idee der „Europäischen Stadt" durchgesetzt, die vor allem als Absage an die Hochhausstadt begriffen wurde: „Manhattan am

Potsdamer Platz ohne Chance"[36]. Er war aber zugleich eine Absage an die „Europäische Stadt" von Ungers und Kleihues. Ersterer kam mit seiner Überlagerung von Blöcken und elf „Turm-Objekten" von 180 Metern Höhe zwar auf den ehrenvollen, aber folgenlosen zweiten Platz, letzterer fiel mit einer schematischen Abriegelung des Tiergarten durch zwölf aufgereihte Hochhäuser im zweiten Rundgang heraus. Genauso erging es Kollhoffs romantischer Synthese aus Scharounscher Stadtlandschaft und einer kreisförmig gruppierten Inszenierung von sieben gigantischen Zitaten des Rockefeller-Centers.

Hilmer und Sattlers traditionalistisches Konzept aus Kleinblöcken war der kleinste gemeinsame Nenner, auf den sich die von einem Stadtplaner geleitete Jury, in der die Architekten in der Minderheit waren, hatte einigen können. Aber auch die öffentliche Meinung reagierte im Gegensatz zur Kritik in der Fachöffentlichkeit eher zustimmend, wenn auch nicht euphorisch. Der große Wurf war das System aus 35 Meter hohen Blöcken mit 50 mal 50 Meter Grundfläche nicht. Zwar erhielt es die Zustimmung der „behutsamen" Fraktion, so von Hämer, aber auch den Maßstabsvorgaben der kritischen Rekonstruktion genügte es nicht. Der neue Blocktypus, zu klein, zu hoch und nicht parzelliert, war von den Münchner Architekten am Vorbild der Mailänder Tradition gewonnen worden: also gewiß „europäisch", aber schwerlich „berlinisch".

Das ernüchternde Ergebnis dieses symbolisch überfrachteten Medienereignisses bedeutete nicht nur am Potsdamer Platz eine Zäsur. Eine spezifische Planungspolitik im Berliner Zentrum nahm Konturen an. Zwar hatte das Modell Mailand den radikalen Modernismus der Jungen in seine Schranken gewiesen, ein Konsens aber war angesichts der Enttäuschung in der internationalen Fachöffentlichkeit noch nicht erreicht. Dieser Konsens konnte innerhalb der Berliner Architekturszene erst durch ein Feindbild gestiftet werden: den Investorenarchitekten Richard Rogers. Wie allgemein bekannt war, hatten die Investoren ein zum Wettbewerb paralleles, besser finanziertes Gutachten bei Rogers in Auftrag gegeben. Nach dem Wettbewerb wurde dieses Gutachten von den Investoren demonstrativ über den Wettbewerbsentwürfen in der Ausstellung im Sony gehörenden Hotel Esplanade präsentiert. Zusätzlich düpierten sie den Senat mit einer rüden Kritik am provinziellen Wettbewerbsergebnis: „Berlin als Posemuckel"[37]. Vom *Spiegel* bis zur *FAZ*, aber auch in der Fachpresse, fand der Entwurf von Rogers Zustimmung. Rogers unterläuft geschickt den medial aufgebauschten Gegensatz von „Amerikanischer" und „Europäischer" Stadt, indem er auf einem „Europäischen", fast barocken, rondellartigen Stadtgrundriß eine vom Potsdamer Platz strahlenförmig ausgehende, in fünf Segmente unterteilte Bebauung stufenweise aufsteigen läßt. Die Architektur verzichtet auf historische Anleihen, wahrt aber am Platz die Berliner Traufhöhe. Die fünf in die Segmente integrierten Hochhäuser bleiben mit 90 Metern eher zurückhaltend. Ein großzügiges Grünkonzept vom Landwehrkanal bis in den Tiergarten nimmt sogar das von Bürgerinitiativen immer geforderte Konzept einer „Grüntangente" auf. Trotz nicht gelöster Fragen der Verkehrsführung, zum Teil problematischer Baudichte, zuvielen glasüberdachten Passagen und eines unsensiblen Umgangs mit den historischen Relikten, Mängel die korrigierbar gewesen wären, bot ausgerechnet der Investorenentwurf Ansatzpunkte einer nicht rückwärtsgewandten, ökologischen Vorstellung von Urbanität.

Im Ergebnis erwies sich diese Intervention durch die Investoren als eine self-destroying prophecy: sie erreichte, daß der mittelmäßige Entwurf von Hilmer und Sattler als vorgebliches Bollwerk der Stadt gegen die Allmacht der Investoren für die verschiedensten Fraktionen der Berliner Stadtpolitik und der Architektenlobby funktionalisierbar und damit endlich konsensfähig wurde. Der Senat, dessen Politik die ganze Planungsmalaise des Potsdamer Platzes verursacht hatte, konnte endlich Härte zeigen und mit „symbolischer Politik" sein Gesicht wahren. Das Wettbewerbsergebnis wurde zur Ikone der Res Publica geadelt. Die linke Architekturkritik, etwa in der *taz*, nahm auch nur den Anschlag des Kapitals auf die Bürger wahr. Hoffmann-Axthelm dekretierte: „es geht letztlich um die Interessen der Investoren. [...] Investoren neigen dazu, ihre Interessen für die der Stadt zu halten [...]. Daß eine Stadtverwaltung auf ihrem Recht besteht, selber zu definieren, wie der Städtebau aussehen soll, statt ihn nur zu bezahlen, ist die Ausnahme, leider. Wer in Sachen Potsdamer Platz meint, gegen den Senat Sturm zu laufen, sollte sich also erst einmal fragen, für wessen Interessen er das tut."[38] Nachdem er die Investoren als „Borgia-Papst" entlarvt, versteigt sich der Senatsberater Hoffmann-Axthelm schließlich dazu, den „Michelangelo von London" in die Nähe von Albert Speer zu rücken. Am durchsichtigsten ist die Reaktion von Jürgen Sawade, der, aus Gründen der „Moral", allen Ernstes „Stadtverbot" für Rogers fordert.[39] Erstmals ist jetzt eine größere Interessenallianz in der Berliner Baupolitik erkennbar.

Auf einem in der Öffentlichkeit nicht bekanntgewordenen Treffen aller Beteiligten im Senatsgästehaus unter Leitung des Regierenden Bürgermeisters wird vereinbart, den politisch schädlichen Konflikt zu beenden. Der Entwurf von Hilmer und Sattler wird zur Grundlage der weiteren

Planung erklärt. Die Investoren lassen ihren Architekten fallen. Dem anwesenden Rogers wird in der Diskussion bedeutet, sein Entwurf, den er kaum erläutern darf, sei nicht erwünscht: „Wir waren im Gästehaus des Berliner Senats. Alle waren da. Das war einer der schrecklichsten Erfahrungen meines Lebens! Wir sollten eigentlich unseren Entwurf zeigen – Hilmer und Sattler zeigten den ihren – und dann sollten beide Entwürfe diskutiert werden. Wir sind kaum dazu gekommen, unseren Entwurf darzustellen. Man mag mich für einen schlechten Architekten halten; aber es waren zwanzig deutsche Architekten dar: wir haben nicht eine einzige Stimme bekommen. Sie verhielten sich wie eine richtige Gewerkschaft. Ein Club. Eine Art von Schulterschluß aus politischen Gründen – das hat mir wirklich Angst gemacht."[40]

In der Abwehr des Fremden werden zugleich Weichen für Leitlinien und für Leitfiguren der Berliner Planungskultur gestellt. So bemerkt etwa Hoffmann-Axthelm, der den „Schulterschluß" mitvollzieht, nicht, daß in der Diskussion im Senatsgästehaus sein Parzellen-Thema beerdigt wird. Gleichzeitig erweisen sich Kleihues und Kollhoff als politikfähig. Beide stellen sich, trotz ihrer eigenen gegensätzlichen Entwürfe, wenn auch nicht kritiklos, hinter den Wettbewerbssieger. Insbesondere Kollhoff wird demonstrativ vom Regierenden Bürgermeister, unterstützt von Kleihues, in der Rolle des Diskussionsleiters und Meinungsführers bestätigt.

Für den Potsdamer Platz hatte der Senat nun sogar noch nachträglich die Legitimation durch die Architektenkammer und die Berufsverbände erhalten, die zuvor das ganze Verfahren abgelehnt hatten. Der weitere Verlauf der Realisierungswettbewerbe wurde trotz einiger Kritik an dem amerikanischen Mall-Konzept von Helmut Jahn für Sony in den Medien positiv aufgenommen, insbesondere der „genuin europäische" Entwurf von Renzo Piano. Daß mittlerweile Hilmer und Sattler sich von diesem Konzept distanziert haben, daß Ungers unter Protest seine Beteiligung abgesagt hat und daß die denkmalgeschützten Reste des Hotels Esplanade im Komplex von Sony bis auf die Fassade abgerissen werden, bleibt offensichtlich unterhalb der Wahrnehmungsschwelle einer überforderten „Öffentlichkeit".

Für die Konstitution einer Berlinischen Architektur ist der Potsdamer Platz nach diesen Grundsatzentscheidungen kaum noch von Belang. Kleihues und Kollhoff waren auch in den Realisierungswettbewerben unterlegen. Kollhoff allerdings war es gelungen, in Abkehr von seinem Hochhauskonzept in einer suggestiven, viel beachteten Präsentation, das Mailänder Modell von Hilmer und Sattler neu zu interpretieren. Er

dramatisierte deren streng orthogonalen Blockraster durch eine unregel-
mäßige Straßenführung und schrieb dieser rationalistischen Interpretation
von Camillo Sitte eine Blocktypologie ein, die in der Fassadendetaillie-
rung an die Konventionen einer traditionalistischen Sachlichkeit anschloß
und mit ihren terrassierten Dachgeschossen Motive der Hamburger
Kontorhäuser aufnahm. Vermutlich war es diese Visualisierung, die einen
für Berlin neuen Blocktypus mit einer Traufhöhe von 35 Metern paradigmatisch werden ließ[41]. Kleihues hatte bereits seit 1991 mit seinem „Kontorhaus Mitte" dieses Blockkonzept mit einer Traufhöhe von 22 Metern
und einer Firsthöhe von ca. 30 Metern für die Friedrichstadt kanonisiert.
Wie anschließend in seinem Hofgartenprojekt, ebenfalls an der Friedrichstraße, gelang ihm sogar mit Hilfe befreundeter Architekten (Sawade,
Brenner, Kollhoff, Dudler, Lampugnani) die Simulation von Parzellen
nach dem Baukastenprinzip.[42] Mit diesem erfolgreichen Prototyp konnte
der politikerfahrene Kleihues Hoffmann-Axthelms Thema der Parzelle
aufgreifen und zugleich in dessen Gegenteil, den Großblock verwandeln.
Mit der Enteignung der Mailandmetaphorik der Münchner Architekten,
deren grobschlächtiger Blocktypus in der Diskussion nirgends Begeisterung ausgelöst hatte, konnte sich Kollhoff, der sich bereits als politikfähig
erwiesen hatte, nun auch als Visionär einer neuen „Berlinischen Architektur" im Netzwerk der neuen Planungskultur etablieren. Selbst Piano
übernahm in einer Überarbeitung seines Konzepts das hierarchisierte,
spannungsreichere Straßenkonzept von Kollhoff, der auch mit einem fast
100 Meter hohen Turmhaus am Platz vertreten sein wird.
Zum Zeitpunkt dieses zweiten Wettbewerbes zum Potsdamer Platz
bestand das Bündnis von Kleihues, Kollhoff und Sawade bereits. Was
von Kollhoffs Anhängern als Witz, als Verrat oder als subversive Ironie
zu interpretieren versucht wurde, war tatsächlich eine erste Bewährungs-
probe des neuen Kronprinzen von Kleihues. Diese Erkenntnis war zu
diesem Zeitpunkt nicht nur in Berlin noch kaum verbreitet. So hatte die
Schweizer Architekturzeitschrift *archithese* im März '92 ein Heft unter
dem Titel „Wie entscheidet Berlin?" publiziert. Es war offensichtlich als
Intervention gegen die Politik des neuen Senatsbaudirektors gedacht, als
dessen mediokres Resultat der Entwurf von Hilmer und Sattler präsentiert wurde. Der Herausgeber, der einflußreiche Zürcher Kunsthistoriker
Werner Oechslin, versuchte mit der Lancierung von Kollhoff und Kleihues, aber auch noch mit Rem Koolhaas eine Front aufzumachen. Sein im
Dezember 1991 geführtes Interview mit Kleihues macht jedoch deutlich,
daß Kleihues, dessen große IBA-Zeit von Oechslin beschworen und gegen

die derzeitige Berliner Provinzialität ausgespielt wird, ihm offensichtlich nicht folgen will.[43]

Vielmehr begrüßt er die Wiederaufnahme der „Kritischen Rekonstruktion", „eine ermutigendere Erinnerung und Fortsetzung meiner Arbeit kann ich mir kaum vorstellen". Er vermißt heute allerdings in der Stadt die damalige Aufbruchstimmung. Der Entwurf von Hilmer und Sattler mache „einen im positiven Sinn durchaus sympathischen, selbstgenügsamen Eindruck", auch sein Maßstabssprung führe zu einer neuen Identität. Diskursive Planungsrunden wie das „Stadtforum" des Senators Hassemer lehnt er ab: „Denn sobald jemand [...] eine Idee äußert, steht sofort jemand auf und sagt: ‚ja aber' oder ‚nein, so nicht' oder ‚vielleicht, aber das muß noch bedacht werden'." Wettbewerbe stellt er, ähnlich wie etwa Ungers oder der Frankfurter Planer Albert Speer, prinzipiell in Frage. Letztlich hänge alles vom Zusammentreffen einiger Menschen ab: „Es gibt das große Geheimnis, das zu bestimmten Zeiten und an bestimmten Orten einige Menschen – gelegentlich aus ganz verschiedenen Richtungen und mit ganz verschiedenartigen Fähigkeiten – zusammenkommen und etwas Großartiges leisten. In Amerika sagt man: wenn die ‚chemistry' stimmt." Für Berlin ist er optimistisch: „Denn die Potentiale sind da, sie müssen nur zusammenfinden." Hans Stimmann gehört zu diesen Potentialen: „Obgleich ich z.B. mit dem neuen Senatsbaudirektor Berlins, Herrn Dr. Stimmann, in vielen Bereichen nicht übereinstimme, hat er zunächst einmal einen Vertrauensvorschuß verdient. Vielleicht wäre Herr Stimmann gut beraten, wenn er seine apodiktische Ablehnung von Hochhäusern oder seine generelle Forderung nach parzellengerechter Bebauung ein wenig relativieren würde. Immerhin verfolgt Herr Stimmann ein Programm. Das ist leider selten genug." Kaum verschlüsselt findet sich hier das Kooperationsangebot an Stimmann, in das wiederholt Ungers und Kollhoff, am Rande auch Fritz Neumeyer, der theoretische Kopf neben Kollhoff, einbezogen werden. Ähnlich wie im aufgeklärten Absolutismus, in der Zeit von 1923-1933 oder während der IBA besteht nach Kleihues jetzt „nach der Vereinigung wieder die Chance [...], an diese große Tradition anzuknüpfen".

Das nur kurze Zeit darauf entstehende Bündnis zwischen den Stadtmanagern um Stimmann und der Architektenlobby Kleihues, Kollhoff, Sawade führte zu einer drastischen Verengung der Leitbilddiskussion: die strategische, operative Verwendung des Konstrukts „Berlinische Architektur" hat zu einer machtpolitischen Besetzung von Begriffen geführt, die den immer auch noch spielerischen Charakter der früheren simulativen Architekturkontroversen endgültig hinter sich gelassen hat.

Als Abwehrstrategie Berliner Architekten gegen internationale Konkurrenz wurde die „Berlinische Architektur" bereits öffentlich auf einer Podiumsdiskussion im Mai 1991 anläßlich der vom Frankfurter Architekturmuseum übernommenen Ausstellung „Berlin Morgen" von Jürgen Sawade lanciert, sekundiert von dem neuen Senatsbaudirektor, aber auch schon von Hans Kollhoff.[44] Dieser hatte bereits im Januar 1991 als Jury-Vorsitzender im Wettbewerb für das Bertelsmann-Medienzentrum den Entwurf der ersten Preisträger, Brenner und Tonon, damals noch eindeutig der „jungen" Fraktion zuzurechnen, als „sehr Berlinische Architektur" bezeichnet.[45] Die Definitionsmacht über dieses Leitbild schien bereits zu dieser Zeit als Ressource erkannt worden zu sein.

„Berlinische Architektur" bewährt sich als darwinistisches Distinktionskriterium in der Architektenkonkurrenz. Anders als Sawade oder Kollhoff beherrscht Kleihues die theoretische Ebene dieses Instrumentariums. Gegen Rogers gewendet liest sich diese Strategie etwa so: „Wir sollten uns zum Beispiel fragen, was eigentlich ,Flexible Framework' von Richard Rogers mit Berlin zu tun hat: ,Flexible Framework' ist Empirismus, aber Berlin ist eine Stadt des Idealismus. Das verstehen einige Leute nicht. Hier wird etwas nach Berlin getragen, was einer anderen philosophischen Umwelt und Haltung entspricht. Wenn man es dennoch akzeptiert, weil Rogers ein großer Architekt ist, dann sollte man wenigstens wissen, was man akzeptiert. Denn es sollte um mehr als um ,Kaisers Neue Kleider' in Architektur und Städtebau gehen."[46] Indem er Rogers' Planungsstrategie als „Haltung" mißversteht, um sie dann in ein krudes Volksgeistklischee zu pressen, in dem komplizierte Zusammenhänge zwischen Kultur-, Philosophie- und Baugeschichte zu Stereotypen zusammenschnurren, demonstriert er den strategischen Aspekt der theoretischen Begründung des „Genius Loci" oder „wie man neudeutsch sagt: ,The Spirit of the City'"[47].

Die baugeschichtliche Grundlage für das Programm des „Berlinischen" in der Baukunst, ist eher schwach. Stereotypen wie Sprödigkeit, Strenge, Klarheit, Rationalität, Nüchternheit, Kargheit, aber auch Unverfrorenheit, Grobheit, Brutalität oder mangelnde tiefere Sinnlichkeit findet der Bauhistoriker Wolfgang Schäche zwar in der „mentalen Befindlichkeit" der Stadt, nicht aber in deren Bauformen.[48] Selbst der Bauhistoriker Fritz Neumeyer weiß als Theoretiker der neuen Tektonik nicht, ob er den durch die Brüder Luckhardt im März 1933 beschworenen Preußen-Mythos eines Moeller van den Bruck als Realgeschichte nehmen oder nicht lieber gleich das ganze Unternehmen „Berlinische Architektur" in die Sphäre des Mythologischen heben soll.[49]

So fragwürdig der Begründungszusammenhang des „Steinernen Berlin" auch ist: in der Umsetzung dieses Bildes in die Verfahrens- und Verwaltungsroutine der Wettbewerbs- und Baugenehmigungspraxis der Senatsverwaltung sind die Konturen einer geschlossenen Gesellschaft entstanden, in der abweichende Vorstellungen von Urbanität und Raum zumindest im Zentrum Berlins kaum noch Chancen haben. In einer Serie von Wettbewerben, in deren Juries abwechselnd Kollhoff, Sawade, Kleihues oder seltener Neumeyer, und der Vertreter der Exekutive, Stimmann, regelmäßig als Fachpreisrichter präsent sind, ist es gelungen, eine architekturpolitische Hegemonie auch gegenüber den Investoren durchzusetzen. Diese wiederum werden mit einer maximalen Ausnutzung ihrer Blöcke belohnt. So entsteht hinter der rationalistischen Hülle einer fiktiven Berlinischen Fassadenarchitektur ein neues Berlin aus monolithischen Büroblöcken von bis zu 12 Geschossen: vier unter, acht über der Erde. Noch vorhandene Altbausubstanz wird von einer Verwaltung, in der die Denkmalpflege degradiert wurde, großzügig zum Abriß freigegeben. 1994 mehren sich die Anzeichen, daß die Hegemonie dieser Planungspraxis auch öffentlich kritisiert wird. Der Bogen scheint überspannt. Die Mitte Berlins jedoch dürfte angesichts der vielen baureifen Projekte kommenden Generationen von Kunsthistorikern als Beleg für eine Neuauflage der Theorie des Genius Loci dienen. Romantikern oder Strukturalisten kann aber bereits jetzt versichert werden: Dieser Genius Loci entspringt weder dem Zeit-, noch dem Volksgeist, auch nicht dem Geist Preußens. Er ist nur die Banalität des Bauens – in Bilder gefaßt.

1 Vgl. z.B. Der Tagesspiegel vom 20. 7., 23. 7.,29. 7., 20. 8., 21. 8. 94.; FAZ vom 6. 8. 94; Süddeutsche Zeitung vom 5. 8. 94; Neue Zürcher Zeitung vom 14. 6. 94; Tageszeitung vom 7. 7., 23. 7., 8. 9. 94; Focus 32/94, Time 35/94

2 Bauwelt 39(1991): Die Herren mit der weißen Weste am Förderband. Berlin Mitte

2 Berliner Morgenpost vom 30. 12. 93: Hassemer: Nicht engstirnig, sondern mit Visionen die Metropole planen

3 Häußermann, Hartmut/ Siebel, Walter, Die Politik der Festivalisierung und die Festivalisierung der Politik, in: dies. (Hg.): Festivalisierung der Stadtpolitik, Leviathan, Sonderheft 13, 1993

4 Bourdieu, Pierre, Die feinen Unterschiede, Frankfurt/Main, 1982. Ewen, Stuart, All Consuming Images. The Politics of Style in Contemporary Culture, New York, 1988 . Schulze, Gerhard, Die Erlebnisgesellschaft, Frankfurt/Main; New York. 1992

5 Bauwelt 17 (1992): Schaufenster des Westens

6 FAZ vom 16.10.91: Massakrierte Ideen. Offener Brief an die Jury vom Potsdamer Platz

7 Die Zeit Nr. 44/91: Fiese Attacke. Machtspiele in Berlin

8   FAZ vom 21.10.91: Ärger in einer Jury. Leserbrief von Prof.Thomas Sieverts

9   Koolhaas, Rem/ Kuhnert, Nikolaus: Berlin, offene Stadt, in: Lettre International, Nr. 18, 1992, S. 39-42

10 Forster, Kurt W. (1994), Berliner Balance, in: Die Zeit, 4/94

11 Häußermann, Hartmut/ Siebel, Walter, Wandel von Planungsaufgaben und Wandel der Planungsstrategie - das Beispiel der IBA-Emscher Park, in: Jahrbuch Stadterneuerung 1993, Berlin

12 Luhmann, Niklas, Legitimation durch Verfahren, Neuwied/Berlin, 1969

13 Hans-Christian Müller, Jahrgang 1921, war als langjähriger Senatsbaudirektor gewissermaßen ein Geburtshelfer dieser Generation: Er förderte die Berufung von Kleihues zum IBA-Gechäftsführer oder beschaffte dem noch unbekannten Jürgen Sawade den Auftrag zum Bau des mittlerweile berüchtigten „Sozialpalastes" in Schöneberg. Als „graue Eminenz", aber auch als Mitglied im Lenkungsausschuß des Stadtforums ist er immer noch präsent.

14 Mittlerweile (September '94) hat er eine Professur an der ETH Zürich angenommen und wird seinen Frankfurter Direktorenposten aufgeben.

15 Durth, Werner, Deutsche Architekten. Biographische Verflechtungen 1900-1970, Braunschweig/Wiesbaden, 1986

16 ARCH⁺ 105/106 (1990), Chaos Stadt. Stadtmodelle nach der Postmoderne: Kollhoff, Koolhaas, Rogers, Shinohara. archithese(1/1990): Dirty Realism

17 Stegers, Rudolf, Konversion zur Konvention: Hans Kollhoffs Rückkehr zur Halbzeit der Moderne, in: ARCH⁺ 117, 1993, S. 12-14

18 Stegers, Rudolf (1991), Die doppelte Downtown: Hans Kollhoffs Pläne für Berlin, in: ARCH⁺ 107, S. 20

19 ARCH⁺ 118 (1993), ARCH⁺ im Gespräch mit jungen Berliner Architekten, S. 74-78

20 Müller-Raemisch, Hans-Reiner: Leitbilder und Mythen in der Stadtplanung 1945-1985, Frankfurt/Main, 1990, insbes. der Abschnitt „Urbanität durch Dichte". S. 59-96

21 Bodenschatz, Harald, Platz frei für das Neue Berlin! Geschichte der Stadterneuerung seit 1871, Berlin, 1987

22 Konopka, Sabine (Hg.), Architektur Szene Berlin (Jahrbuch 1), Berlin 1988

23 ARCH⁺ 66 (1982), IBA-Halbzeit. Darin vor allem: Hoffmann-Axthelm, Dieter, Architektur und Stadterneuerung, S. 14-17

24 Dazu kritisch Hoffmann-Axthelm, a. a. O.

25 Fritz, Hans-Joachim, Künstlerarchitekt und Nutzer, in: Bauwelt H. 20, 1988, S. 834-837

26 Dieser, Hartwig, Bewohnerbeteiligung an der Stadterneuerung, in: Kongreßbericht. Erste Stadtkonferenz Berlin. Planen, Bauen, Wohnen. 25./ 26.Juni 1990. S. 215-226

27 Tagesspiegel vom 6. 8. 87. Kritisch dazu Harald Bodenschatz in ARCH⁺, Heft 92, September 1987, S.18-19

28 Bauwelt 44, 1986, Verfahren: Winterfeldtplatz. Ein Statement von fünf Jurymitgliedern, S. 1694-1696

29 Kollhoff, Hans, Architektur kontra Städtebau. Bundesallee, in: Großstadtarchitektur. City Achse Bundesallee. Sommerakademie für Architektur 1987, hg. v. Hans Kollhoff, Fritz Neumeyer. Berlin 1989, S. 93- 98

30 Berlin Morgen. Ideen für das Herz einer Groszstadt. Hg. v.Vittorio Magnago Lampugnani und Michael Mönninger, Stuttgart 1991

31 Tagesspiegel vom 17. 1. 91

32 Zit. n. Diener, Roger, Berlin, ein Ort für Architektur, in: Neue Berlinische Architektur: Eine Debatte, hg. v. Annegret Burg. Basel/Berlin/Boston 1994. Der Band enthält Beiträge zu den Berliner Bauwochen 1993, veranstaltet vom Senator für Bau- und Wohnungswesen.

33 Bauwelt, Heft 12, 1991, S.562. Vgl. dort auch den rückblickenden Kommentar von Dieter Hoffmann-Axthelm, S.565-571

34 Hoffmann-Axthelm, Dieter, Die Provokation des Gestrigen, in: Die Zeit, 14/ 94, 1.4.94. Dazu die Replik von Lampugnani unter dem bezeichnenden Titel „ Ende der Diskussion", in: Die Zeit, 16/ 94, 15. 4. 94

35 Tagesspiegel, 18. 8. 91

36 BerlinerZeitung, 5./6. 10. 91

37 FAZ, 16. 10. 93

38 Tagesspiegel, 25. 10. 91

39 Tagesspiegel, 26. 10. 91

40 Das Tor zum Osten. Richard Rogers im Gespräch mit Nikolaus Kuhnert, in: Lettre International, Frühjahr 1993, S.77

41 In Berlin war dieser Typus eines in den Dachgeschossen terrassierten Großblocks 1927/ 1928 von Otto Kohtz mit dem Scherl-Haus eingeführt worden, ohne aber stilbildend zu werden. Eine grobe Variante dieses Typus aus dem „Dritten Reich" steht an der Jebensstraße am Bahnhof Zoo.

42 Kontorhaus Mitte. Friedrichstraße Block 109. Berlin. Ausstellungskatalog. Juni 1993, Galerie Aedes

43 „Der Potsdamer Platz hätte einen elitären Prozeß verdient!" Ein Interview mit Prof. J. P. Kleihues, in: archithese 2/92, S. 25-30

44 Jaeger, Falk, Nerven behalten, in: Der Tagesspiegel, 16.5.91

45 Jaeger, Falk, Wer baut die Stadt?, in: Der Tagesspiegel, 20. 7. 90

46 In: archithese, 2/92, S. 29

47 Kleihues, a. a. O.

48 Schäche, Wolfgang, Zur historischen Entwicklung des Berliner Wohn- und Geschäftshauses, in: Neue Berlinische Architektur, a.a.O.

49 Neumeyer, Fritz, Auf dem Wege zu einer neuen Berlinischen Architektur?, in: Neue Berlinische Architektur, a. a. O.

Planwerk Innenstadt Berlin.
Ein Frontbericht aus der Europäischen Stadt
(1997)

Die Baukultur in Berlin unterscheidet sich von der anderer deutscher Städte oft nicht so sehr in ihren Ergebnissen als vielmehr in dem Weg dorthin: ohne große Inszenierung geht es nicht. Diese Kultur der Simulation und der Festivalisierung hat das Aufgehen Westberlins in der neuen Hauptstadt überlebt und deren Planungskultur maßgeblich geprägt.

Diese Besonderheit Berlins wurde von Michael Mönninger in einem Vergleich mit Hamburg auf den Punkt gebracht: „Schon heute sieht Hamburg in neu gebauten Citylagen so langweilig aus wie Berlin in fünf Jahren. [...] Während Berlin in der Boomphase nach 1990 erst ‚Heimatkunde' (Hans Stimmann) betreiben und sich ‚preußische Tugenden' (Jürgen Sawade) wiederentdecken mußte, um dann doch Bürocontainer wie aus der Strangpresse zu schaffen, konnte Hamburg auf solche Umwege verzichten und von Anfang an seine Meterware im norddeutschen Regionalstil produzieren."[1]

Die Planungs- und Baupolitik in Berlin wird durch die Inszenierung öffentlicher Diskurse nicht weniger autokratisch, sie ist aber transparenter als in Hamburg. Die Akteure sitzen nicht nur in kleiner Runde am Kamin, sondern stellen sich zusätzlich in der öffentlichen Arena dar. Wer öffentlich redet, gibt immer mehr preis, als er will. Berlin ist somit auch ein Eldorado für Kritiker und Analytiker aller Art.

Seit Ende November 1996 wird im Stadttheater der Berliner Senatsverwaltung für Stadtentwicklung ein neues Stück aufgeführt: Planwerk Innenstadt Berlin.[2] Vorgestellt wurde es auf der seit Jahren erprobten Bühne „Stadtforum" des früheren Senators Volker Hassemer (CDU), der nach der Wahl im Herbst 1995 als Stadtmanager in die PR-Branche (Partner für Berlin) gewechselt war, während sein Ressort in einem aufsehenerregenden Tausch zur Domäne der SPD wurde.

Die Proben zur Inszenierung hatten im Frühjahr 1996 unter dem Arbeitstitel Masterplan begonnen, nachdem Anfang 1996 ein neuer, imagebewußter Intendant das Ruder in der Senatsverwaltung für Stadtentwicklung und Umweltschutz übernommen und deren Amtsbezeichnung sofort ein und Technologie hinzugefügt hatte (SenStadtUmTech).

Die Idee zu dieser Aufführung stammte jedoch nicht vom Intendanten, der vollauf mit seiner politischen Karriere beschäftigt ist. Als Regisseur war von Senator Peter Strieder der ebenfalls im linken SPD-Flügel beheimatete ehemalige Senatsbaudirektor Hans Stimmann gewonnen worden. Dieser hatte nach einem Gastspiel am Stadttheater Lübeck Martin Wagners Rede vom „Regisseur der Weltstadt" zu wörtlich genommen und von 1991 bis zur Wahl 1995 mit harter Hand auf allen Berliner Freilichtbühnen ein einziges Stück inszeniert: „Berlinische Architektur"[3].

Mit der Senatsneubildung 1996 war das Bauressort an die CDU gefallen. Bausenator Kleemann berief als Nachfolgerin des Senatsbaudirektors Stimmann die in Berlin unerfahrene ehemalige Präsidentin der Bundesbaudirektion, Barbara Jakubeit. Dieses lange von der Architektenschaft geforderte Amt war erst 1991 geschaffen und durch seine Zuständigkeit für Baugenehmigungen zu einer Schlüsselposition in der Baupolitik geworden. Da der erste Amtsinhaber Hans Stimmann dieses Potential aber bereits in den entscheidenden, euphorischen Jahren nach dem Hauptstadtbeschluß in einer umfangreichen Wettbewerbs- und Baugenehmigungspraxis in baureife Projekte machtpolitisch umgesetzt hatte, ist der faktische Handlungsspielraum seiner Nachfolgerin nun begrenzt. Sie nutzt ihn, ganz „unberlinisch" öffentlichkeitsscheu, mit der freihändigen Vergabe von Gutachten und einer größeren Investorennähe.[4]

Als eigentümliche Melange aus ein wenig Modernismus (Oraneumwettbewerb am Schiffbauerdamm), viel historisierendem Populismus (Wiederaufbau des Schlosses) und Manhattansimulationen an Zoo und Alex zeichnen sich eher diffus Konturen einer CDU-Baupolitik ab.

Gegenüber dieser neuen Gemengelage aus Nostalgie, Kommerz und Architektur wird das Profil der bisherigen Politik von Stimmann, aber auch von Hassemer, um so deutlicher: als Politik der Profession brachte sie die Kompetenzen, das „symbolische Kapital" der Architekten gegenüber Investoren und Stadtöffentlichkeit zugleich zur Geltung.[5] Das Planwerk Innenstadt ist nun vor allem ein Versuch, diese Politik unter veränderten Rahmenbedingungen neu zu formieren. Mit ihm will sein politischer Autor Hans Stimmann, ein „städtebauender Überzeugungstäter" (Gerwin Zohlen), in dem neuen, weniger einflußreichen Amt die konzeptionelle Lufthoheit in der Berliner Stadtbaupolitik wiedererlangen, um daraus potentiell auch wieder Gestaltungskompetenzen abzuleiten. Zunächst geht es um Meinungsführerschaft.

Dieser mit dem Planwerk zumindest in den Medien schon gelungene „Versuch eines politischen Comeback"[6] bedeutet also keine Selbstkorrektur der bisherigen „Richtlinien für das ‚steinerne Berlin'" (Finer), sondern deren Durchsetzung unter veränderten Bedingungen.

Zwar konnte Stimmann als Senatsbaudirektor offiziell keinen Städtebau betreiben, gleichwohl war er im baurechtlich ungesicherten Raum des vormaligen Ostberlin, bewaffnet mit dem 34 Bau GB und seiner Genehmigungskompetenz, in der Lage, Stadtplanung im Sinne „künstlerischer Verantwortung [...] als administrative Anmaßung"[7], zu betreiben. Konflikte mit dem damals „zuständigen" Senator Hassemer waren die Regel.[8]

Jetzt formell für die Stadtplanung verantwortlich, fehlen dem Staatssekretär die materialen Machtmittel. Das stadtplanerische Instrumentarium, vom Flächennutzungsplan, der bereits 1994 verabschiedet wurde, bis hin zu den Bebauungsplänen, erlaubt keine stadtbaukünstlerische Intervention, wie sie der bisherigen informellen, dafür in der Wettbewerbspraxis umso wirkungsvolleren Leitbildformierung der Bauverwaltung zu Gebote stand.

Der neue Masterplan ist damit ein „rechtliches Nullum"[9]. Einzig eine politisch verbindliche Entscheidung des Senats könnte ihm Rechtsverbindlichkeit verschaffen, was in der ursprünglichen Zeitplanung auch für den Herbst 1997 avisiert worden war.

Angesichts der massiven Abwehr in der CDU wird sich dieses Ziel in der großen Koalition nicht mehr erreichen lassen.

Mittlerweile wurde in einer in der Sache belanglosen Grundsatzrede des Senators im Stadtforum am 16. Mai 1997 die neue politische Funktion des Planwerks proklamiert: es dient als programmatischer Köder für die Grünen, als Koalitionsangebot.[10] Entsprechend werden die ökologischen, nachhaltigen, verkehrsberuhigenden und zivilgesellschaftlichen Versatzstücke in den Leitsätzen des Plans akzentuiert: Wenn die Autolobby und die CDU dagegen sind, dann müssen die Grünen doch dafür sein.

Als ernstgemeintes Dokument einer stadtbaupolitischen Programmatik wird das Planwerk nun zusehends von seiner machtpolitischen Dimension verdunkelt. Es ist die Vermischung der zwei Ebenen, die eine sachliche Diskussion erschwert und die bisherigen Dialogrituale zur Farce gemacht haben.

Als strategische Handlungsorientierung enthält das Planwerk eine retrospektive „Sprachregelung" und eine zukunftsweisende Orientierungsfunktion. Beider Bezugspunkt ist in der Dramaturgie des Regisseurs und seiner Drehbuchautoren nicht, wie bei dem Intendanten, primär eine parteipolitische Strategie, sondern eine Politik der Profession.[11] Das informelle Netzwerk der Berlinischen Architektur wird neu geknüpft.

Krise und Amnesie: Halbzeit im Spiel „Berlinische Architektur"

Die Planungsentscheidungen der letzten fünf Jahre dürfen nicht in Frage gestellt werden. Ansätze von Selbstkorrektur würden die Legitimation des Leitbildes „Europäische Stadt", dessen Potential man erst jetzt flächendeckend ausschöpfen will, gefährden. Das Planwerk verfehlt damit die akute Problemsituation Berlins: die bisherigen Planungsparameter haben sich als falsch erwiesen. Mit diesem Realitätsverlust droht das Planwerk die Stadtkrise zu verschärfen, da sie planerische Innovation verhindert.
Zur Erinnerung: In der Zeit zwischen 1990 und 1995 war das wiedervereinigte Berlin zur „Welthauptstadt der Wettbewerbe"[12] geworden. Mit diesem medienwirksam inszenierten Instrumentarium war es den beiden Senatsverwaltungen gelungen, die Investoreninteressen in das Korsett eines städtebaulichen Leitbildes einzubinden und eine „regionalistische" Architektur durchzusetzen.
Hinter der Nebelwand eines transatlantischen Kulturkampfes, „Europäische" versus „Amerikanische Stadt", wurde die historische Innenstadt zwischen Pariser Platz, Potsdamer Platz und Alexanderplatz mittels monolithischer Großblöcke tertiarisiert. Nach der Devise „je trivialer gedacht, desto konsequenter durchgesetzt" (Axel Schultes) ist nach diesen Vorgaben inzwischen eine sozial entleerte Downtown im Entstehen, wie sie „amerikanischer" nicht sein könnte. Ironischerweise demonstrierte gerade der Wortführer der „Europäer" mit einer demonstrativ „amerikanischen" Skyline am Alexanderplatz den ideologischen Gehalt der Kontroverse.[13]
Unter den Projekten dieser Ära Stimmann/Hassemer befinden sich mit dem Potsdamer Platz, der Friedrichstadt, dem Alexanderplatz und dem Lehrter Bahnhof allein vier veritable neue Cities.
Aber bereits 1994, auf dem Höhepunkt des „Berliner Architekturstreits", wurden diese Planungen durch die reale Stadtentwicklung ad absurdum geführt. Die Wachstumseuphorie der Metropolenerwartung wich der Einsicht in die dramatische Krise des Standorts Berlin. Dessen industrielle Basis brach mit dem abrupten Abbau der Subventionen weg, während sich die erwartete Dienstleistungsgesellschaft noch nicht einstellen wollte

– ganz zu schweigen von den Headquarters der Global City, die einzig die entstehenden Bürohalden hätten rechtfertigen und füllen können.[14] Bedenken wurden damals als „lächerlich" (Stimmann) abgetan.

Der finanzielle Zusammenbruch der Stadt, längst eingetreten, wurde von den Vertretern der Großen Koalition verschwiegen und erst nach der Wahl im Herbst 1995 zum Thema gemacht und zum Anlaß für rigide Sparversuche, die allerdings die Baupolitik verschonen.

Natürlich war von dem neuen Senat der alten großen Koalition zu Beginn des Jahres 1996 vor allem in der Baupolitik ein Offenbarungseid erwartet worden, eine „Ernüchterungsplanung" schien geboten.

Tatsächlich wurden auch einige der neuen Vorstädte verkleinert und mehrere Wettbewerbsergebnisse auf Eis gelegt. Die ohnehin schon gestutzte Skyline am Alexanderplatz rückt mangels Investoreninteresse in weite Ferne.[15]

Das bisherige Innenstadtkonzept ist angesichts des Büroüberangebots und der zu erwartenden Überkapazitäten im Einzelhandel von 650 000 Quadratmetern nicht mehr zu halten. Entgegen den Planungen bevorzugt der höherwertige Einzelhandel den Kurfürstendamm und, von den Planern völlig übersehen, die vorstädtische Schloßstraße in Steglitz, das wichtigste Subzentrum Berlins.[16]

Krisenmanagement und Konzentration auf Prioritäten wären das Gebot der Stunde, das Gegenteil ist der Fall.

Den von einigen Bauherren eingeleiteten Bremsversuchen entspricht auf der Seite des Senats überraschenderweise keine konzeptionelle Abkehr von der illusorischen Wachstumsstrategie, keine Revision falscher Weichenstellungen, keine „Entschleunigung", kein realistisches Entwicklungsmodell. Das Planwerk übernimmt nicht nur alle Fehlplanungen „nachrichtlich" (Harald Bodenschatz), sondern überbietet diese sogar noch, so etwa im Charlottenburger Spreebogen oder hinter dem Bahnhof Zoo. Dort soll die bereits gebremste Tertiarisierung wieder forciert werden.

Die Unfähigkeit zur Selbstkorrektur ist um so unverständlicher, als diese Abkehr von der Expansionsplanung mit guten Gründen schon vor dem finanzpolitischen Debakel der Stadt, 1995, am Ende der Serie der großen Wettbewerbe, erwartet wurde: „Der Wahn, jeden Freiraum in der Stadt beplanen zu müssen, hat ein vorläufiges Ende gefunden. Senatsbaudirektor Hans Stimmann spricht bereits offen über Aufgaben, die er seinen Enkeln überlassen möchte, und verweist auf das Flächenpotential zwischen dem Palast der Republik und dem Fernsehturm."[17]

„Europäische Stadt", Berlin, Leipziger Platz 14, Jan Kleihues, 1999–2001

1995 konnte niemand ahnen, daß eben dieser „Wahn" nicht nur kein Ende gefunden hatte, sondern zur Leitidee von Stimmanns Planwerk Innenstadt avancieren sollte: Keine Chance den Enkeln. Der Wahn ist zur Methode geworden: 450 Hektar umfaßt das beplante Areal der beiden Innenstadtbereiche zwischen Leninplatz und Oberbaumbrücke im Osten und Ernst-Reuter-Platz im Westen, zwischen Bernauer Straße im Norden und Mehringplatz im Süden. Mit 523.161 DM wurde ein Großteil des Gutachtenetats der zuständigen Verwaltung ausgeschöpft. Für das Jahr 1997 werden öffentliche Schauveranstaltungen („Dialog") und verwaltungsinterne Planwerkstätten zu 13 Schwerpunktbereichen[18] organisiert, die 1,5 Millionen DM kosten.

In der auf drei Jahrzehnte angelegten Realisierung würden 4, 75 Millionen Quadratmeter Bruttogeschoßfläche, davon 2,8 Millionen für Wohnen entstehen. Letzteres ist übrigens die einzige wesentliche Kurskorrektur: statt nur zwanzig Prozent Wohnanteil sind nun sechzig Prozent vorgesehen, obendrein teilweise als parzelliertes Kleineigentum.[19]

Es ist der „Totalitätsanspruch" des ursprünglich als Masterplan konzipierten Planwerks, der es in die Tradition der gescheiterten gigantomanischen Berliner Großplanungen seit dem Wettbewerb „Groß-Berlin" von 1910 stellt.[20] Wenn auch im Lauf der Kontroverse der Anspruch eines Masterplans dementiert wurde, ist es doch diese zentralistische gesamtstädtische Geste, die das Berliner Unternehmen von den neueren diskursiven und inkrementalistischen Planungskulturen, etwa in den neueren Regionalkonferenzen oder in der IBA Emscher Park, unterscheidet. Der frühere Stadtentwicklungssenator Volker Hassemer hält das Planwerk denn auch für eine „antiquierte Form von Planungsarbeit"; er bezweifelt, „ob auf diese Weise eine seriöse Planungsarbeit angestoßen werden kann"[21].

Dennoch: Die umfassene Geste, der Übergang von der „administrativen" zur konzeptionellen Anmaßung der raumgreifenden Vision, dürfte zwar auch auf einen staatsfixierten, autoritären Ansatz schließen lassen, ein Rückfall in die „geschlossene Planung" älteren Verwaltungshandelns oder in die Planungseuphorie der siebziger Jahre scheint aber nicht das Hauptmotiv zu sein.

Tatsächlich enthält der Plan weder eine Strategie staatlichen Handelns, noch stellt er überhaupt eine zusammenhängende Konzeption aufeinander bezogener Mittel und Ziele dar. Eine stadtentwicklungspolitische Perspektive ist nicht zu erkennen.[22]

Als Plangrafik und Bild zerfällt der Masterplan, der keiner ist, vielmehr in eine bloße Zusammenschau möglicher Verschönerungsmaßnahmen, die eine theoretische Begründung allenfalls bei Aldo Rossis Mythologie von der Permanenz der „Europäischen Stadt" aus den sechziger Jahren findet. Die schematische „Einräumung der Mitte" (Planwerk) nach der Maßgabe von „historischem" Stadtgrundriß (vor 1945), Block, Trauf-kante und (manchmal) Parzelle folgt Rossis These, neben den histori-schen Monumenten verbürge einzig der Stadtgrundriß, nicht aber die bauliche Struktur der Quartiere das kollektive Gedächtnis der Stadt, seine Identität.[23]

Da die Monumente in Berlins Mitte fast alle noch vorhanden sind, bleibt als Aufgabe nur noch die Auffüllung des annähernd wiederherzustel-lenden Stadtgrundrisses.[24] Diese Logik des Planwerks wurde von Hans Stimmann bereits im Juli 1995 geahnt: „Die großen, strukturbestimmen-den Gebäude sind bis auf das Schloß noch erhalten. Was fehlt, ist die Füll-masse ..."[25] Und das Schloß?

Es hätte keines umfassenden Planwerks bedurft, um dieses urbane Auffor-stungsprogramm zu exekutieren. Als Maximen städtebaulicher Interventi-onen hätten Block, Parzelle, Grundriß und Traufkante lediglich durch eine Kasuistik ergänzt werden müssen. Daher scheint mir der große Anspruch der Planverfasser eher strategisch motiviert zu sein. Er entspringt aus der strukturellen Defensive der Senatsverwaltung für Stadtentwicklung und soll deren politisch-administrative Schwäche kompensieren, genauer: er soll diese Schwäche in Stärke verwandeln. Mangels realer Entscheidungs- und Problemlösungskompetenz versuchen sich die Planwerker mit der medialen Mobilisierung der Öffentlichkeit vor allem Legitimation zu verschaffen. Der dadurch erzeugte Druck der Stadtöffentlichkeit, so die Hoffnung, soll die politische Diskussion in die gewünschte Richtung, die fraglose Anerkennung ihres städtebaulichen Leitbildes, lenken.

Neu ist dieser Gedanke nicht, neu ist nur die Dimension des Plans. Bereits 1995 hat Stimmann seine bisherigen Strategien in dieser Weise erklärt: „Ja, ich habe das von Kleihues gelernt, der bei der IBA-Planung zur Empö-rung aller Gremien plötzlich einfach einen städtebaulichen Plan vorlegte, der dann allein dadurch, daß er da war, offiziös und so zur Richtschnur der Entwicklung wurde."[26]

Angesichts des heutigen Planungsstandes ist dieser „Kleihues-Effekt" nicht mehr ganz so einfach zu erzielen und dann wohl nur noch in der Größenordnung des Planwerks. Alle anderen Projekte werden damit gezwungen, sich argumentativ auf die umfassendste Stadtvision zu beziehen und geraten somit in Begründungszwang gegenüber der gesamtstädtischen Deutungskompetenz der Masterplaner.

Diesem Ziel dient denn auch die weltanschauliche und bildhaft-assoziative Rhetorik des Plans. Die „Politik der Bilder" verdrängt damit empirische stadtplanerische Wirkungsanalysen, also mögliche Kriterien für eine nicht bloß normative und ästhetisierende „Stadtidee".

Die bildliche Darstellung ausgewählter Orte, von der Friedrichsgracht in Mitte bis hin zum Hardenbergplatz am Bahnhof Zoo soll, so Stimmann auf einer BDA-Veranstaltung Anfang 1997, „Kommunikation herstellen" und, so Bernd Albers, „Atmosphäre transportieren, Gefühle" – der Rationalist Albers ergänzt: „nicht im romantischen Sinn". In welchem dann?

Bisher scheinen die Bilder ihre Wirkung verfehlt zu haben. Die schematischen Großformen, die etwa Manfred Ortner, der Bilderlieferant für die City West an der Schillstraße in Schöneberg vorschlägt, erinnern an die „erbarmungslosen Blöcke" (Axel Schultes) in der Friedrichstraße. „Liebe, Kultur und Grappa" – diese Assoziation für Urbanität, die Hoffmann-Axthelm vorschlägt, will sich bei diesen Bildern so recht nicht einstellen.

Die über das Visuelle hinausgehende ganzheitliche Vermischung der unterschiedlichsten Dimensionen (Architektur, Stadtbaukunst, Ökologie, Energie, Klima, Verkehr, Stadtkultur, städtische Identität, Geschichtsbezug, Eigentumsbildung, Flexibilisierung der Arbeitswelt, Arbeitslosigkeit etc.) gehört ebenfalls in die Marketingstrategie. Die Themen werden nicht mit Argumenten eingeführt und verbunden, sondern lediglich assoziativ beschworen. Sie dienen bestenfalls der „Öffentlichkeitsunterhaltung" (Hassemer) und der Mobilisierung von Meinung, nicht der rationalen, sachbezogene Analyse („Images Unite – Issues Divide").

Die Suggestion von Leitbildern, Konsens als Ressource strategischen Planungshandelns: mit diesem Politikverständnis bewegt sich das Planwerk durchaus im Rahmen der neueren diskursiven Planungsmodelle. Auch Hassemers Stadtforum diente allein diesem Zweck der Beschaffung von Legitimation: Public Relations als Öffentlichkeitsersatz.

Stimmanns Strategen können ihren machtpragmatischen Impetus allerdings schlechter kaschieren. Unverhohlen ironisch spricht etwa Stimmann davon, die Grundsätze des Plans seien „geradezu unheimlich politisch korrekt"[27].

Dieses Erschleichen von Zustimmung durch allgemeine Leerformeln gilt sowohl für die einzelnen Programmpunkte als auch für deren assoziative Verknüpfung: Wie hängen etwa der Rückbau einiger weniger Verkehrsschneisen, über den seit längerem unter Planern Konsens herrscht, mit dem sozialen „Zusammenwachsen" der beiden Stadthälften zusammen? Muß ich die Umbauung der mittelalterlichen Marienkirche in der historischen Mitte aus Gründen des kollektiven Gedächtnisses akzeptieren, wenn ich für Nachhaltigkeit und Verkehrsreduzierung bin? Wird letzteres aber überhaupt durch geringen Rückbau bei gleichzeitiger Öffnung anderer Straßenzüge erreicht? Wie beeinflussen bauliche Maßnahmen soziales Verhalten? Welche empirischen Untersuchungen stützen die Behauptungen und normativen Setzungen des Planwerks?

Es enthält keine einzige ökologische, sozialwissenschaftliche, juristische, demographische ökonomische oder kulturtheoretische Forschungs- oder Problemdiskussion. Statt dessen bestimmen normative Zielprojektionen den Text zum Bild: Die Abwanderung der Mittelschichten in den Brandenburger Speckgürtel soll aufgehalten werden, die Zersiedelung der Peripherie soll durch 28 000 neue Wohnungen in einer „belebten Mitte" verhindert werden. Die staatliche Förderung privater Bauherren, etwa durch verbilligtes innerstädtisches Bauland, soll ein neues Stadtbürgertum ermöglichen. Die Innenverdichtung der „brachliegenden Mitte", die kompakte Stadt garantiere kurze Wege, reduziere den Autoverkehr, ermögliche soziale Mischung und Nutzungsvielfalt, fördere damit also Nachhaltigkeit und die Schonung der Ressourcen.

Da die meisten Kritiker einigen Zielen allgemein durchaus zustimmen, etwa denen, die aus der Agenda 21 übernommen sind, lautet die Senatsparole mittlerweile: Generell stimmen alle zu, nur in Details besteht Dissens.

Dennoch: die Premiere der Konsensinszenierung war ein Fehlschlag, als Provokation hingegen war sie erfolgreich. Zwar war ein Teil des Feuilletons wohlwollend, die Fachöffentlichkeit hingegen reagierte überwiegend mit Kritik – oder schwieg.[28]

Worin besteht die Provokation des Planwerks? Es ist wohl vor allem die „Provokation des Gestrigen". Es ist fast vergessen: mit diesem Titel hatte Dieter Hoffmann-Axthelm im Frühjahr 1994 in der *Zeit* den Berliner Architekturstreit eröffnet. Heute ist er als Theoretiker des neuen Planwerks an der Fortsetzung eben dieses rückwärtsgewandten Leitbildes führend beteiligt und konnte nun endlich auch seine Parzellenidee in mehr als zwanzig Blöcken und Teilblöcken vorschlagen.

Die irritierende Botschaft des Planwerks lautet: Die Stadt des einundzwanzigsten Jahrhunderts wird die Stadt des neunzehnten Jahrhunderts sein. In der Sprache Dieter Hoffmann-Axthelms: Die dritte Stadt, die

Stadt der Zukunft, wird strukturell der zweiten Stadt, die vom Mittelalter bis zum Ende des neunzehnten Jahrhunderts lebensfähig war, folgen.[29] Die „drohenden irreparablen Schäden des Stadtkörpers", die der modernen Bewegung mehr als den Kriegen geschuldet seien, sollen durch eine an die Geschichte anknüpfende neue Identitätsstiftung abgewehrt werden. „Wer das nicht will, will keine gemeinsame Stadt", droht der Mastertext.

Die Ordnung der Stadt:
das Planwerk und die Politik der „cleveren Bürger"

Die aggressive Ausgrenzungshaltung, die sich hinter dieser Sprache einer zwanghaften Identität verbirgt, war zunächst den ohnehin an den Rand gedrängten Planern aus dem Osten der Stadt, aber auch Redakteuren der *taz* aufgefallen. Ihnen war das hinter dem ruppigen Umgang gerade mit dem Städtebau der sozialistischen Moderne stehende Ressentiment nicht entgangen.[30] Hinter der konsens- und identitätsstiftenden Leitbildkulisse der nachhaltigen und zukunftsoffenen Stadt wurde die „‚Kampfansage'an die bisherigen Vorstellungen der Bezirke, Senatsverwaltungen, Bürgerinitiativen und Parteien" erkannt.[31]

Das diffuse Bild einer neuen stadtbürgerlichen Gesellschaft in der exklusiven, an Eigentum gebundenen Honoratiorentradition der Steinschen Reformen von 1808 erscheint zusehends als Selbstdefinition eines partikularen sozialen Milieus mit Führungsanspruch, als Politik der Ausgrenzung.

In diesem Sinne läßt sich der Masterplan als soziale Selbststilisierung einer aus den sozialen Bewegungen und den Simulationen des alten Westberlin hervorgegangen neuen Mittelschicht von „cleveren Bürgern" (Anthony Giddens) interpretieren, die ihre Bedeutung nicht aus Besitz ableitet, sondern über ihre symbolischen Dienstleistungen und ihre Netzwerkkompetenz bezieht. Als postmoderne Schwundstufe des Bildungsbürgertums versuchen sie noch einmal, was dem städtischen Bildungsbürgertum im Kaiserreich gelungen war: seinen ideellen Führungsanspruch im Medium städtischer Leistungsverwaltung zur Geltung zu bringen. Nicht zufällig hat Stimmanns Verständnis von Stadtentwicklung als Stadtbaukunst seinen historischen Ort in der Zeit um 1900.[32]

Angesichts des Rückzugs der öffentlichen Verwaltung tritt heute aber der informale Charakter dieses Führungsanspruchs deutlicher zu Tage. Die Erstellung des Planwerks durch einen Freundeskreis des Staatssekretärs, der sein Amt als Anwalt seiner Profession versieht, verweist auf ein zentrales Thema aktueller Politik: der Staat als Beute. Nicht mehr die Beamten als „allgemeiner Stand", wie noch Hegel, und vor ihm bereits der Freiherr vom Stein glaubten, garantieren das Gemeinwohl, sondern informelle „Freundeskreise". „To have friends, is power", wußte bereits Thomas Hobbes. „Städte werden im Modus der Freundschaft regiert"[33], eine aktuelle Einsicht, die schon in den oberitalienischen Stadtkulturen der Renaissance formuliert wurde. Es handelt sich also um das Gegenteil eines romantischen Freundschaftsbegriffs.

Nun verkörpert unser, nennen wir ihn „Freundeskreis Masterplan" einen spezifischen, sozial nicht gerade mächtigen Sozial- und Generationstypus: der Regisseur hatte als Drehbuchautoren natürlich verläßliche Mitspieler aus dem Netzwerk der „Berlinischen" Architekten und Planer ausgesucht: Manfred Ortner und Fritz Neumeyer als Bearbeiter der westlichen Innenstadt, Bernd Albers und Dieter Hoffmann-Axthelm, die für das im Mittelpunkt stehende historische Zentrum verantwortlich zeichnen.[34]

Mit Ausnahme des vierzigjährigen Bernd Albers, der als Schuler von Hans Kollhoff hier seinen ansonsten omnipräsenten Meister vertritt, ist das Planwerk ein Manifest der Fünfzigjährigen, genauer: von staatstragend und wertkonservativ gewendeten 68ern. Mit Ausnahme der Bildproduzenten Albers und Ortner und einschließlich des noch jüngeren Senators, des publizistischen Sprachrohrs Klaus Hartung *(Die Zeit)* und des Festredners des „Stadtforums" Karl Schlögel ist von Stamokap bis K-Gruppe das komplette Erbe der Studentenbewegung vertreten.[35]

Erstmals in der Generationenfolge der Berliner Architekturszene tritt hier die noch vor kurzem „junge Generation" als leitbildformulierende Autorität auf, ohne noch durch die Power-Broker der älteren Generation, etwa Kleihues, eingeengt zu werden. Die patriarchale Erbfolge scheint vollzogen zu sein.[36] Die Fünfzigjährigen übernehmen nun eine „Tradierungsaufgabe", sie sind „mit der Erwartung konfrontiert, eine Art überpersönliches Interesse an der Erhaltung und Erneuerung der gesellschaftlichen Institutionen und der kulturellen Werte zu zeigen"[37].

Die Konversion dieser Generation zur Konvention, die Rudolf Stegers schon vor Jahren in der Architektursprache beobachtet hatte, scheint ihren Habitus zu prägen: Eigentum, Mittelstand, Identität, Zivilgesellschaft als Schule für gutes Benehmen, Städtebau als Ordnungsgarant, Ökologie als wertkonservatives Anliegen. Das unterschwellige Motiv der Ordnung und die Angst vor Offenheit und Ambivalenz, vor Experiment und Risiko, vor dem Generationsgenossen Rem Koolhaas und dem

Urban Sprawl sind das Signum dieser Kopfgeburt der neuen Stadtbürger. Der Beitrag des Planwerks zur Geschichte des Städtebaus ist dabei eher gering: eine dürftige Reprise von Rossi und kritischer Rekonstruktion. Sein Beitrag zur politischen Theorie hingegen ist bahnbrechend: erstmals seit der Ausweitung von Bürgerrechten im neunzehnten Jahrhundert wird der Bürgerbegriff wieder exklusiv an Eigentum gebunden. Diese konservative geistige Revolution meint nun keineswegs den souveränen republikanischen Stadtbürger im Sinne der Polis oder mittelalterlichen Kommune, so wie noch Edgar Salin oder Dolf Sternberger ihn verstanden haben und wie er in der Residenzstadt Berlin seit Mitte des 15. Jahrhunderts nicht mehr existiert hatte.

Vielmehr erlebt der Häuslebauer, der Wirtschaftsbürger, der Bourgeois seine Nobilitierung zum Stadtbürger. Neoliberalismus wird als republikanisches Modell bürgerlicher Selbstverwaltung verkauft.[38] Nicht als Masterplan, aber als beunruhigendes Dokument der politischen Kultur der neuen Hauptstadt sollte man das Planwerk ernst nehmen.

1 Michael Mönninger, Norddeutsche Aussichtslosigkeit, in: Baumeister 2, 1997, S. 48
2 Erst seit April 1977 ist es als Publikation erhältlich: Planwerk Innenstadt Berlin. Ein erster Entwurf, hg. von der Senatsverwaltung für Stadtentwicklung, Umweltschutz und Technologie, Berlin 1997. Der Berliner ZEIT-Redakteur Klaus Hartung hatte rechtzeitig zur Vorstellung im Stadtforum am 29.11.1996 ein Dossier über den „Hauptstadtplan" veröffentlicht. Die Zeit, Nr. 49, 29.11.1996
3 Vgl. meinen Aufsatz: Berlinische Architektur, in: ARCH+ 122, 1994, S. 60-69.
4 So konterkariert sie die Ideen des Planwerks zur City West (Zoo, Breitscheidplatz) mit einem Gutachten des Frankfurter Architekten Christoph Mäckler, wie die Öffentlichkeit erst kurz vor dessen Vorstellung im Juni 97 erfuhr: Entgegen der Stimmannlinie setzt Mäckler auf eine forcierte Skylinebildung mit hohen Hochhäusern, die auffallend dem Konzept von Hans Kollhoff für den Alexanderplatz ähnelt. Damit greift er im Anschluß an Entwürfe von Christoph Langhof und in Absprache mit Investoren die Hochhausideen wieder auf, die seit Mitte der achtziger Jahre von den heutigen Stimmannvertrauten Kollhoff, Ortner, Kleihues und Neumeyer lanciert worden waren. Vgl: AG Zentrum Berlin: „City West"? Ku'damm is almost all right, in: Architektur in Berlin. Jahrbuch 1997, hg. von der Architektenkammer Berlin, Hamburg 1997, S. 25ff. Bleibt Jakubeit konsequent, so könnte ein Kernstück des Masterplans bereits Makulatur sein.
5 So erklärt sich denn auch die fast einstimmige Solidaritätsbekundung der Architektenschaft für Stimmann nach dessen Sturz als Senatsbaudirektor im Januar 1996. Die Unterschriftenaktion war 19.1.96 von Meinhard von Gerkan initiiert worden..
6 Kim Finer, in: Architektur Aktuell, 199/200, 1997, S. 43
7 Hans Stimmann, Berliner Morgenpost, 2.4.1995
8 Gleichwohl war es hinsichtlich des städtebaulichen Leitbildes eher ein Familienstreit: das konzeptionell verantwortliche Architektennetzwerk dominierte in beiden Verwaltungen. Die spektakulären städtebaulichen Ideenwettbewerbe vom Potsdamer Platz bis

hin zur Spreeinsel wurden von Hassemer mit eben den Architekten inszeniert, die auch in Stimmanns Bauwettbewerben Regie führten. Der Senatsbaudirektor wiederum war als Fachpreisrichter (!) regelmäßig in den Jurys von Hassemer vertreten.

9 So der TU-Baurechtler und langjährige Moderator des Stadtforums, Rudolf Schäfer, während einer Diskussion in der TU Berlin am 12.5.1997

10 Tagesspiegel, 17.5.1997

11 Einzig der Planverfasser Hoffmann-Axthelm dürfte ein abweichendes Selbstverständnis haben.

12 Philipp Meuser, Neue Zürcher Zeitung, 23.5.1995

13 Mittlerweile wurde dieser „berlinische" Regionalismus im Organ des amerikanischen „New Urbanism" als Verwandter im Geiste gefeiert und ausführlich präsentiert: „The position of Hans Kollhoff – who cannot be accused of being a classicist – is the right one, i.e. the redefinition of the 'Berliner vernacular'. He echoes historian Fritz Neumeyer..." in: The New City. 3. Modern Cities, ed. by Jean-Francois Lejeune, Miami 1996, S. 122ff., S. 132 ff, hier S. 128

14 Werner Sewing, Die Bürotisierung Berlins, in: die tageszeitung, 24.2.95

15 Dennoch wird sie im Planwerk unverändert übernommen, obwohl es den Prämissen seiner „kritischen Rekonstruktion" widerspricht.

16 Mitteilungen aus der Forschungsstelle für den Handel, 11. Jg./ Nr.4, Dezember 1996

17 Meuser, a.a.O. Gerade dieser Freiraum wird nun im Planwerk mit „historischen Schichten" (d.h. unmotivierten Baukörpern), massiv verstümmelt, anstatt, was notwendig wäre, als öffentlicher Raum qualifiziert zu werden.

18 Diese Zerlegung des Plans in Einzelsituationen bestätigt die Kritik, das „gesamtstädtische" Konzept sei nur „ein Patchwork von partikularen Projekten". Werner Sewing, Kein Masterplan, kein Meisterwerk, in: Planwerk Innenstadt, eine Provokation, hg. von der Architektenkammer Berlin, Berlin 1997, S. 88 ff

19 Mit diesem Pendelschlag hin zu Parzelle und Kleineigentum, dessen finanzielle, rechtliche und wohnungspolitische Problematik völlig ungeklärt ist, darf sich der in der ersten Spielhälfte verdrängte Autor der Stimmannschen Programmatik, Dieter Hoffmann-Axthelm, wieder am Spiel beteiligen.

20 Heinrich Wefing, Frankfurter Allgemeine Zeitung, 18.12.96

21 Volker Hassemer, in: die tageszeitung, 7.1.97

22 Eine in der Bilanz vernichtende Kritik findet sich in Hanns Adrians eigentlich als Unterstützung gedachtem Vortrag auf dem Stadtforum vom 3. 2. 1997. abgedruckt nicht in den Materialien des Stadtforums. In: Mitteilungen der Deutschen Akademie für Städtebau und Landesplanung, N.F., 1/97, 30.5.1997. S. 3-14

23 Aldo Rossi, The Architecture of the City, Cambridge, Mass., London 1982, S. 57ff. (Ital.Orig. 1966. Die deutsche Ausgabe ist unbrauchbar) Erst im Februar 1996 hatte Hoffmann-Axthelm noch in der Bauwelt (H.5, 1996) Rossis Ansatz einer vernichtenden Kritik unterzogen.

24 Dort, wo die Nachkriegsplanungen akzeptiert werden müssen, etwa an der Karl-Marx-Allee, im Hansa-Viertel (nur in der ersten Planfassung) oder entlang der Straße des 17. Juni (erst in der letzten Planfassung), werden diese derart aufdringlich mit neuen Bauten belagert, daß die bisherige Raumqualität verlorengeht, ohne daß eine neue entsteht. Sinn der pädagogischen Übung: „historische Schichten" sollen „sichtbar" oder „lesbar" werden.

25 Hans Stimmann, in: FAZ-Magazin, 28.7.1995

26 Hans Stimmann, in: Berliner Morgenpost, a. a. O.. Noch 1985 war er ein vehementer Kritiker dieses Vorgehens, vgl. seinen Beitrag zur IBA in: Und hinter der Fassade, hg. v. Wolfgang Kabisch, Köln 1985, S. 370-384

27 Beitrag von Stimmann auf der Planwerksveranstaltung „Stadtdialog. Die Form der Stadt als öffentlicher Diskurs" am 5.5.97

28 Anfang 1997 erschien eine von der Architektenkammer Berlin herausgegebene, von Harald Bodenschatz zusammengestellte Textsammlung, die neben vorwiegend kritischen Stellungnahmen auch die Texte der Planwerkverfasser dokumentierte. Alle zentralen Einwände finden sich bereits in dieser Publikation, eine Antwort der Planwerker steht bis heute aus. Vgl.: Planwerk Innenstadt Berlin. Eine Provokation. Berlin 1997. (2.Aufl. Juni 97)

29 Dieter Hoffmann-Axthelm, Die dritte Stadt Frankfurt am Main 1993. Das unhistorische Konstrukt der zweiten Stadt suggeriert eine Kontinuität, die durch die Industrialisierung jedoch gebrochen wurde. Von Riehl und Burckhardt über Tönnies bis hin zu Durkheim, Weber und Huizinga war diese Einsicht den älteren Theoretikern bewußt.

30 Zur Kritik an der Zerstörung der Räume im Ostteil der Stadt vgl. für viele den treffenden Beitrag von Bernhard Schneider, dem langjährigen Berater von Hassemer. In: Berliner Zeitung, 9.1.1997

31 Stadtmitte. Thesenpapier (Entwurf) zur 60. Sitzung des Stadtforums. Dieser Entwurf gelangte nicht an die Öffentlichkeit, war aber den meisten Beteiligten bekannt. Später wurden die Kritiker in der ZEIT (2/1997) von Hartung als „Rechthaber, Ideologen, Fundamentalisten" an den Pranger gestellt.

32 Ladd, Brian, Urban Planning and Civic Order in Germany, 1860-1914, Cambridge,Mass., London 1990. Albert Erich Brinckmann, Stadtbaukunst, Berlin-Neubabelsberg, 1920. Aktuell ist auch das Planwerk Indiz für die seit Jahren zu beobachtende Verdrängung der Stadtplanung durch Baukunst

33 Tilo Schabert (Hg.), Die Welt der Stadt. München 1991, S.191. Dort auch das Hobbes-Zitat.

34 Der kooptierte Manfred Ortner war durch einen preisgekrönten Entwurf zum Pariser Platz mit Satteldach und Gauben 1996 endgültig netzwerkkompatibel (und Adlonverträglich) geworden.

35 Ein wichtiger Subtext des Planwerks lautet daher. „Das Altern einer Generation". So der Titel der Analyse von Heinz Bude der „Jahrgänge 1938-1948", Frankfurt am Main 1995.

36 Der Generationenbegriff ist als Schlüsselkategorie der Baugeschichte von Werner Durth, Deutsche Architekten, Braunschweig, Wiesbaden 1986, vorbildlich demonstriert worden. Allgemein vgl. die Pionierleistung von Wilhelm Pinder, Das Problem der Generation, Leipzig 1928.

37 Heinz Bude, a.a.O., S.95

38 Nachzulesen in: Dieter Hoffmann-Axthelm, Anleitung zum Stadtumbau, Frankfurt am Main, 1996, Kapitel 10, passim. Die Mitsprache-, Autonomie- und Basisrhetorik des Autors bezieht sich immer nur auf die enge Bestimmung des Nutzers vor Ort auf seiner Parzelle etc. Self-Help, Self-Interest. Einen politischen Begriff von Bürgerschaft gibt es ebensowenig wie eine Gemeinwohlbegründung, Stadt wiederum wird nur als Stadtbehörde eingeführt. Teilhabe erscheint in der Tradition der preußischen Reformer als Erziehungsleistung (S.136). Das Buch verrät aber nicht, wer heute der Freiherr vom Stein sein könnte: es war noch vor dem Masterplan erschienen.

Stadtbürger mit Speckgürtel?
Bericht aus dem Berliner Biedermeier
(1998)

„Groß, schlank und modisch gekleidet, eher jung, sehr cool, sehr selbstverständlich, sehr international. [...] Elegant und dennoch lässig. [...] Definitiv dernier cri."
Glaubt man dem Berliner *Tagesspiegel* vom 16. August 1998, sehen so die neuen „Gesamtberliner" und ihr Setting auf der „globalisierten" Friedrichstraße in Berlin aus. Wenige Wochen zuvor erst hatten die Medien die Suche nach einer „Generation Berlin" ausgerufen. Dieser Homunkulus scheint damit zumindest in der Rubrik „Stadtleben" gefunden zu sein.
Anders steht es mit dem neuen „Stadtbürger", dem sozialen Herzstück des Planwerks Innenstadt aus der Senatsverwaltung für Stadtentwicklung, Umweltschutz und Technologie. Im Juni '98 richtete der zuständige Senator einen erneuten Hilferuf an die Öffentlichkeit: „Stadtbürger gesucht!" (Stadtforum 30, Juni 1998). Dabei scheint er zu ahnen, daß seine Beschwörung ausgerechnet der Berliner Tradition des Parvenüs das Ziel einer Bürgerschaft wohl verfehlen muß, „die sich um die Anliegen ihrer Stadt kümmert und Stadt nicht nur als den Ort des individuellen Vergnügens versteht". Biedermeier oder Gründerzeit? Eher Letzteres, folgt man dem *Tagesspiegel* in seinem verkappten Werbeartikel für den um Kundschaft ringenden Einzelhandel in der immer noch öden Friedrichstadt. Die urbane Begierde der neuen „Gesamtberlinerin" auf ihrer Suche nach „hinreißenden Blusen" und „hübschen Gucci-Teilen" scheint sich im individuellen Vergnügen zu erschöpfen. Zwischen den geschwätzigen Zeilen des Artikels scheint aber die nüchterne Wirklichkeit eines Konkurrenzkampfes von immer mehr Citystandorten um die stagnierende schwache Kaufkraft einer Armutsmetropole auf. Dieser wird mit der Eröffnung der Konsumstadt von Debis am Potsdamer Platz im Herbst 1998 die Lage der Friedrichstraße wohl noch verschärfen.
Im medialen Sommertheater 1998 scheint Berlin nun aber zuviel Realität nicht zu verkraften, die Zeit der Schaustellen ist angebrochen. Die öffent-

liche Selbstinszenierung scheint wieder ihren bewährten Simulationsspielen zu verfallen.

Bereits im Sommer 1997 hatte der Publikumserfolg der Imitation des Hotels Adlon am Pariser Platz den Bedarf an historischen Attrappen demonstriert. Hieran knüpfen nun in einer zeitgleichen Initiative der *Spiegel* (29/98, 13. Juli) und der designierte SPD-Kulturstaatsminister Michael Naumann (*Tagesspiegel*, 21. Juli 1998) an, indem sie den Aufbau der Schloßattrappe wieder auf die nationale Prioritätenliste setzen: Nimmt hier ein „neuer linker Wilhelminismus" (*FAZ*, 25. Juli 1998) „Abschied vom linken Nationalmasochismus" (*Welt*, 30. Juli)?

Diese neuerlichen Ersatzhandlungen symbolischer Politik können jedoch den Realitätseinbruch nicht mehr vergessen machen, der seit Ende letzten Jahres zu einer beträchtlichen Ernüchterung in der öffentlichen Stadtwahrnehmung geführt hat. Zunächst fand das zu Beginn des Jahres vorgestellte überarbeitete, präzisierte und reduzierte Planwerk Innenstadt in der Presse ein verhaltenes und eher kritisches Echo. Die Hoffnung der *taz*, es handele sich um ein „Luftschloß", sollte sich allerdings als verfrüht herausstellen.

Ferner ging im April '98 erstmals mit dem BDA ein Fachverband auf Distanz zu dem verwaltungsinternen Planwerksverfahren und forderte die Ausschreibung öffentlicher Wettbewerbe.

Überlagert wurde diese vorwiegend an Stadtbaukunst interessierte Diskussion des Planwerks aber von dem überraschenden Einbruch der sozialen Realität in die Simulakren der Bildproduzenten. Deren Leitbild der sozial integrierten und baulich geschlossenen „Europäischen Stadt" wird durch die sozialräumliche Entwicklung des Großraums Brandenburg-Berlin zusehends ad absurdum geführt. Citybildung, soziale Polarisierung der Innenstadtquartiere und der Exodus junger Mittelschichtsfamilien in das Umland folgen der Logik der Amerikanischen Stadt oder der Generic City im Sinne von Rem Koolhaas.

In der vom Netzwerk der Berlinischen Architektur bespielten historischen Mitte entsteht hinter den Fassaden der neuen Tradition eine tertiäre Monokultur, eine Downtown, die sich nun langsam durch Touristen und eine stärkere Nachfrage nach Büroräumen zumindest bis Geschäftsschluß belebt. Die Immobilienwerte haben sich allerdings innerhalb von fünf Jahren teilweise halbiert. Große Areale in der östlichen Innenstadt bleiben hingegen trotz aufwendiger Wettbewerbsvorläufe unbebaut. Insbesondere am Alexanderplatz erweist sich die überdimensionierte Manhattan-Imitation des für eine 1a-Lage konzipierten Wettbewerbs von 1993, der in der Realität einer 2b-Lage keine Nachfrage entspricht, als entwicklungshemmend.

Dagegen behaupten sich die vielen dezentralen Einkaufsstraßen vom Kurfürstendamm bis zur Karl-Marx-Straße in Neukölln, die aber zusehends Konkurrenz durch die Shopping-Malls im Brandenburger Umland bekommen. Die ursprünglichen Verdichtungskonzepte für die historischen Zentrumsbereiche scheitern somit auch an der von den Planern ignorierten Polyzentralität von Stadt und Region.

Damit bleiben vor allem neben einigen Teilen von Mitte, so in der urbanen, fast kleinstädtisch anmutenden Spandauer Vorstadt, vor allem die großen Gründerzeitquartiere innerhalb des S-Bahn-Rings die eigentlichen, funktional gemischten Zentren städtischen Lebens, vom Kollwitzplatz in Prenzlauer Berg bis zum Winterfeldtplatz in Schöneberg. Naserümpfend hatten die Hauptstadtplaner diese „Kieze" zunächst ignoriert, Global City konnte hier, anders als am Alex, nicht gespielt werden.

Inzwischen vollziehen sich aber gerade im Bestand der wilhelminischen Stadt dramatische Veränderungen. Die für städtisches Leben neben der funktionalen ebenso wichtige soziale Mischung weicht in einigen Stadtteilen einer sozialen Polarisierung. Neben der erwartbaren Gentrification in Teilen der östlichen Innenstadt, insbesondere in Mitte und Prenzlauer Berg, und natürlich in den grünen Wohnvororten Pankow und Weißensee hat insbesondere in Teilen der westlichen Innenstadt eine rapide Verarmung eingesetzt. Von Politik und Öffentlichkeit lange ignoriert, wurde erst durch zwei alarmierende Gutachten vom Beginn dieses Jahres das Ausmaß der sozialen Desintegration in einigen Quartieren deutlich.

Der „Sozialstrukturatlas 1997" der Senatsverwaltung für Gesundheit und Soziales und das soziologische Gutachten zur „Sozialen Stadtentwicklung" (Häußermann u.a.) für die Senatsverwaltung für Stadtentwicklung, Umweltschutz und Technologie hatten erstmals die ohnehin im Straßenbild nicht zu übersehende Armut benannt und sozialräumlich bestimmt. Dieser erste Realitätsschock des Jahres, dessen Dimensionen von Markus Wehner in *Centrum. Jahrbuch Architektur und Stadt 1998-1999* näher beleuchtet werden, führte seit März '98 zu einer neuem medialen Berlin-Diskussion, die aber politisch fast folgenlos blieb und bereits im Sommer wieder verebbte.

Ausgelöst durch eine Diskussion zwischen dem CDU-Fraktionsvorsitzenden Landowsky und den für des Planwerk Innenstadt verantwortlichen Staatskretät Stimmann (SPD) im *Tagesspiegel* vom 9. März 1998, die sich gemeinsam für den Abriß zweier „sozialer Brennpunkte" aussprachen, richtete sich die öffentliche Neugierde vor allem auf einen dieser Orte, den „Sozialpalast" in Schöneberg.

Diese gigantische verwahrloste Straßenüberbauung, erst Anfang der siebziger Jahre errichtet, behaust auf dem Grundstück des historischen Sportpalastes in 514 Sozialwohnungen über 2000 Bewohner aus über 100 Nationen, erreichbar über Fahrstühle vom Typ „Vandale". Bereits 1988 hatte ein Gutachten für das Bezirksamt eben die Diagnose sozialer Verwahrlosung gestellt, die nun zehn Jahre später Aufsehen erregt. Die bereits damals geforderten aufwendigen Verbesserungen wurden nach der Wende zu Gunsten der Sanierung der östlichen Wohnquartiere zurückgestellt. Im Ostteil der Stadt wurden nicht nur die von weit über 450 000 Berlinern bewohnten Plattensiedlungen aufgewertet, sondern auch in den Gründerzeitvierteln über 100 000 Wohnungen saniert – eine der großen, zu wenig beachteten Leistungen der Baupolitik.

Anfänglich hatte man in einer falschen Übertragung westlicher Erfahrungen mit Großsiedlungen auf die „Platte" dort die „sozialen Brennpunkte" erwartet. Tatsächlich aber haben aber deren relativ stabile Nachbarschaften bis jetzt gehalten, wenn auch zusehends die Besserverdiener wegziehen. Demgegenüber durften nun die realen Probleme andernorts, insbesondere im Westen der Stadt in der öffentlichen Debatte nicht mehr benannt werden. Besonders beunruhigend war hier vor allem der soziale Abstieg Kreuzbergs, dessen östlicher Teil, SO 36, ein Glanzstück der Stadterneuerung der achtziger Jahre gewesen war. In der Metropoleneuphorie der „Hauptstadt der Verdrängung" (Uwe Rada) fanden die Verlierer des städtischen Umbruchs kein Gehör.

Selbst bei einem Veteranentreffen anläßlich des zehnjährigen IBA-Jubiläums im Frühjahr 98, in dem die Planerelite der Hauptstadt, fast alle aus der IBA hervorgegangen, unterstützt von auswärtigen Freunden wie Werner Oechslin oder Oriol Bohigas, diese als gültiges Modell für die Gegenwart feierten, hatte man die damaligen Kreuzberger Bürgervertreter und deren Sprecher Werner Orlowsky einzuladen vergessen. Das soziale Scheitern des damaligen Luxusprojekts scheint ein böses Omen für die heutige Stadtbildverschönerung unter Ernstfallbedingungen zu sein.

So traf denn die Wiederkehr des Verdrängten, die „neue Soziale Frage", die vor allem mit dem Planwerk beschäftigte Stimmanntruppe unvorbereitet. Noch Ende 1996 hatte der Staatssekretär stolz erklärt, den ersten städtebaulichen Plan ohne sozialpolitische Begründung vorzulegen. Sein Senator hingegen, der nun lediglich zwei Millionen DM für die Organisierung von Selbsthilfe in den Armutsgebieten aufbringen kann, betont die

Neue Tradition. Berlin, Leipziger Platz Carré 8 , Tobias Nöfer, Wettbewerb 2001

sozialpolitische Bedeutung des Planwerks. Die innere Kolonisation der innerstädtischen Brachen durch einkommensstarke Mittelschichten sei die beste Garantie gegen deren sozialen Verfall.

So unplausibel dieses Argument auch ist – die Interventionen des Planwerks finden alle außerhalb der sozialen Problemgebiete statt –, der Exodus der Hoffnungsträger des Senators, der „Besserverdiener", hat ihm längst den Boden entzogen.

Was ich 1997 (in: *Centrum. Jahrbuch Architektur und Stadt 1997-1998*) noch, trotz eindeutiger Indizien, als Frage formuliert hatte, ist mittlerweile, hierin besteht der zweite entscheidende Realitätsschock dieses Jahres, eine offiziell eingestandene säkulare Tendenz. Allein 1997 sank die Bevölkerung der Stadt um 33 004 auf 3 425 759 Einwohner. Die „vielen Orte" (Werner Düttmann) Berlins verloren einen Ort von der Größe einer mitteldeutschen Kleinstadt.

Bereits 1997 hatten Gutachten des Hannoveraner Pestel-Instituts und des Basler Prognos-Instituts ein langfristiges Stagnieren der Bevölkerung der Stadt (Prognos erwartete für 2010 eine Einwohnerzahl von 3,4 Millionen) bei gleichzeitig großen Wanderungsbewegungen und einem beträchtlichen Wanderungsgewinn des Umlandes vorausgesagt.

Dieser Boom des Speckgürtels, des „engeren Verflechtungsraums Brandenburg-Berlin", wurde von der Berliner Planung lange Zeit ignoriert. Mit dem Land Brandenburg, das trotz seines gegenteiligen Leitbildes der „dezentralen Konzentration" den Speckgürtel als seine einzige Wachstumsregion planerisch akzeptiert hatte, wurde erst Anfang 1998 eine gemeinsame Planungsgrundlage vereinbart. Im Sommer '98 liegt der erste Bericht der gemeinsamen Landesplanungsabteilung vor, der die älteren Gutachten im wesentlichen bestätigt. Seit 1990 haben demnach Stadt und Region zusammen einen Wanderungsgewinn von 110 000 Einwohnern, der Speckgürtel im gleichen Zeitraum einen Zuwachs von 168 500 Zuzüglern zu verzeichnen. Er wird schätzungsweise jährlich um 24 000 Bewohner steigen. Die Bevölkerungsprognose für Berlin mit 3 560 000 Einwohnern im Jahre 2005 unterstellt einen – unrealistischen – Zuwachs von 170 000 Neubürgern allein als Folge des Regierungsumzugs. Obendrein ist bereits jetzt eine Präferenz der Beamten, wie bereits in Bonn, für das Umland als Wohnort erkennbar. Die Vermutung, der Trend in das Umland könne durch die Fremdenfeindlichkeit in Brandenburg gebremst werden, unterschätzt den Zivilisierungsdruck, der von der Hauptstadt ausgehen wird: keine Regierung wird es sich leisten können, daß im Umland der Hauptstadt farbige Diplomaten Gefahr laufen, zusammengeschlagen zu werden.

Mit diesen Befunden ist das noch 1996 vorgetragene Hauptmotiv des Planwerks entfallen. Selbst bei erfolgreicher Umsetzung könnte der nur sehr langfristig mögliche Stadtumbau die aktuelle Randwanderung nicht mehr eindämmen.

Der Raumordnungsbericht kann aber auch das von den Befürwortern der kompakten Stadt entworfene abschreckende Szenario einer breiartigen Zersiedlung des Umlandes nicht bestätigen. Die Konzentration von Siedlungskernen in clusterartigen Wohnparks hat gleichsam im spekulativen Selbstlauf ohne staatliche Steuerung eine Grundidee Ebenezer Howards, allerdings in belangloser Architektur, realisiert und die Entstehung eines suburbanen Sprawl gebremst. Der Speckgürtel zerfällt in Speckwürfel.

Mit der Abwanderung der Mittelschichten in die suburbanen Speckwürfel zerfällt die theoretische Konstruktion des Planwerks, was auch dessen Protagonisten nicht entgangen ist. Ein erster Anlauf, den Stadtbürger als „handybewaffneten Urbaniten" (Stimmann) umzudefinieren, eine Kreuzung aus Yuppie und „Generation Berlin", scheiterte bereits 1997. Es war nicht plausibel, daß dieser hochmobile „global player", wenn es ihn denn gibt, seine Energien ausgerechnet als heimatverbundener Häuslebauer am Molkenmarkt verausgaben sollte.

Tatsächlich aber hat sich, von der Öffentlichkeit kaum bemerkt, 1998 die Agenda drastisch verändert. Hinter der nach wie vor biedermeierlichen Rhetorikkulisse haben die Realpolitiker nachgebessert. Professionell wurde die dilettantische Plangraphik in einer Serie von Planwerkstätten unter umsichtiger Leitung durch einen alten Freund aus IBA-Zeiten und tatkräftig unterstützt durch Bauunternehmen wie die Trigon qualifiziert und von den gröbsten Fehlern gereinigt. In acht bereits beendeten Verfahren wurde das Planwerk innerhalb seines beschränkten und überraschungsfreien Horizonts verbessert.

In diesem „Dialog ohne Worte", so unfreiwillig treffend eine Berliner Zeitung, hat sich allerdings die Legitimationsbasis des Verfahrens nicht verbessert. Nach wie vor ist das Planwerk ein „rechtliches Nullum" (Rudolf Schäfer).

Erfolgreiche Stadtpolitik hängt indes weniger von juristischen Feinheiten als vielmehr von gelungenen Koalitionsbildungen mächtiger Interessengruppen ab: Regime Politics, wie es in der amerikanischen Stadtforschung von Clarence Stone, genannt wird.

Stimmann scheint dies im Ansatz gelungen zu sein, es zeichnet sich die Kontur eines neuen, gleichwohl nur zu vertrauten Stadtvertrags ab. Am 6. Juni 1998 wurde der überraschten Öffentlichkeit der erste Stadtbürger präsentiert, kein Homunkulus, auch kein Häuslebauer: ein Häuserbauer namens Klaus Groth, Jahrgang 1938. Auf einer Veranstaltung zum Planwerk Innenstadt, veranstaltet von der Industrie- und Handelskammer zu Berlin (IHK), dem Landesverband freier Wohnungsunternehmen Berlin-Brandenburg e.V. (BFW) und dem Verband Berlin-Brandenburgischer Wohnungsunternehmen (BBU), hielt dieser Stadtbürger die Festrede, artig sekundiert vom Staatssekretär (SenStadtUmTech) und der Baudirektorin (SenBauWohn). Groth, Vorsitzender des BFW und „einflußreichster Bauunternehmer" (*Spiegel*, 30/98) der Stadt, verkündete die Unterstützung der Wohnungsbauunternehmen für das Planwerk Innenstadt. Offensichtlich hatte dies Argument auch die Abwehr der Baudirektorin aus dem CDU-geführten Bauressort überwunden. Sie stimmt nun dem Planwerk „zu siebzig Prozent" zu, mahnt aber immerhin noch einen sensibleren Umgang mit dem Städtebau der sechziger Jahre an.

Groth, als Chef von „Groth und Graalfs" bisher eher durch postmoderne Stadtrandsiedlungen bekannt und neuerdings Berliner Pionier für stadtfeindliche „Gated Communities" mit „Doormanservice" („Tiergarten-Dreieck" in Berlin und „Preußisches Arkadien" in Potsdam), präsentierte sich als wahrer Urbanit, als Stadtliebhaber. Er machte aber den anwesenden öffentlichen Händen klar: wer Urbanität wolle, müsse dafür zahlen. Als Virtuose im Verbauen öffentlicher Mittel, zuletzt in Karow-Nord, weiß der CDU-nahe Unternehmer, wovon er spricht. Das Planwerk wird teuer werden.

Drucknachweise

No more Learning from Las Vegas
ARCH⁺, Heft 162, Oktober 2002, S. 26–29, für diesen Band erweitert

Die Gesellschaft der Häuser
ARCH⁺, Heft 139/140, Dezember 1987/Januar 1988, S. 83–85

Neotraditionalismus in den USA und Großbritannien
Die Alte Stadt, 25. Jg., Heft 4, 1998, S. 359–371

www.janejacobs.com
CENTRUM. Jahrbuch Architektur und Stadt 2000–2001, Basel/Gütersloh 2000, S. 122–127

Die Moderne unter den Teppich gekehrt
ARCH⁺, Heft 133, September 1996, S. 72–76

Reflexive Moderne. Das Erbe des Team Ten
L'héritage du Team X ou la modernité repensée, in: Finn Geipel, Nicolas Michelin, LAB-FAC. Laboratory for Architecture. Sous la direction de Jac Fol. Paris 1998.
Centre Georges Pompidou: Supplémentaires, S. 73–88

Von Deleuze zu Dewey?
ARCH⁺, Heft 157, September 2001, S. 10–11

Mass Customization und Moderne
ARCH⁺, Heft 158, Dezember 2001, S. 96–100

Next Generation. Neue deutsche Architekten?
in: Ulrich Schwarz (Hg.), Neue Deutsche Architektur – neue deutsche Architekten, Katalog zur Ausstellung „Neue Deutsche Architektur", Martin-Gropius-Bau, Berlin 2002, München 2002, S. 304–311, 351

Architektur und Gesellschaft. Deutsches Architektenblatt, Heft 4, 1996, S. 594–596

Kultur als Dienstleistung?
Ambivalenzen der Architektur. Universität der Künste (Hg.), Lecture series 01, Kultur oder Dienstleistung, Berlin 2001, S. 9–25

Steinernes Berlin
in: Wissenschaftliche Zeitschrift der Hochschule für Architektur und Bauwesen [heute Bauhaus-Universität], Weimar, Jg. 40, 1994, Heft 3, S. 57–71

Planwerk Innenstadt Berlin
CENTRUM. Jahrbuch Architektur und Stadt 1997–1998, Braunschweig/Wiesbaden 1997, S. 37–48

Stadtbürger mit Speckgürtel?
CENTRUM. Jahrbuch Architektur und Stadt 1998–1999, Braunschweig/Wiesbaden 1998, S. 98–101

Bildnachweis

1   Beth Dunlop, Building a Dream. The Art of Disney Architecture, New York (Harry N. Abrams Inc., Publishers) 1996
2   Domus Dossier, Nummer 3, 1995
3   Robert A. M. Stern, Moderner Klassizismus, Stuttgart (Deutsche Verlags Anstalt) 1990
4   David Mohney und Keller Easterling, Seaside. Making a Town in America, New York (Princeton Architectural Press) 1991
5   Wim J. van Heuvel, Structuralism in Dutch Architecture, Rotterdam (001 Publishers) 1992
6   Reyner Banham, Brutalismus in der Architektur. Ethik oder Ästhetik, Stuttgart, Bern (Karin Krämer Verlag) 1966
7   Quaderns, 220, 1998
8   Alan Gowans, The Comfortable House. North American Suburban Architecture 1890–1930, Cambridge/Mass. und London (The MIT Press) 1986
9   Katalog Allmann Sattler Wappner Architekten, München o. J.
10 Andrew Saint, The Image of the Architect, New Haven und London 1983
11 Vittorio Magnago Lampugnani (Hg.), Hongkong Architektur. Die Ästhetik der Dichte, München, New York (Prestel Verlag) 1993
12-14 Tanja Schult, Jochen Visscher (Hg.), Der Leipziger Platz. Leipziger Platz Carré. Lennédreieck, Berlin (Jovis Verlag) 2002

Bauwelt Fundamente
(lieferbare Titel)

Ulrich Conrads (Hg.)

**Programme und Manifeste zur
Architektur des 20. Jahrhunderts**

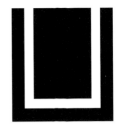

Immer wieder haben diejenigen, die für die Verwirklichung neuer Baugedanken in unserem Jahrhundert kämpften, ihre Mitwelt mit Grundsätzen, Programmen und Manifesten konfrontiert. In diesem Band sind die wichtigsten dieser Verlautbarungen zusammengefaßt: die des Werkbundes, der Futuristen, des Stijl bis zum Verschimmelungs-Manifest '58.

184 Seiten, Broschur
(BF 1) ISBN 3-7643-6353-3
Architekturtheorie/Ideengeschichte

Gerd de Bruyn

Fisch und Frosch

**oder die Selbstkritik
der Moderne**

Überschattet von der nicht enden wollenden Kritik an der modernen Architektur ist ihre Fähigkeit zur Selbstkritik. Diese kommt in den Gedanken so unterschiedlicher Architekten wie Bruno Taut, Hugo Häring und Rem Koolhaas zum Ausdruck und ebenso in den Begegnungen Hans Scharouns mit Martin Heidegger und Peter Eisenmans mit Jacques Derrida.

168 Seiten, 40 sw Abb., Broschur
(BF 124) ISBN 3-7643-6497-1
Architekturtheorie